朱雷学记

刘进宝 编

U0862890

浙江古籍出版社

图书在版编目（CIP）数据

朱雷学记 / 刘进宝编 . -- 杭州 : 浙江古籍出版社，2022.5

ISBN 978-7-5540-2218-4

Ⅰ . ①朱… Ⅱ . ①刘… Ⅲ . ①朱雷（1937–2021）— 纪念文集 Ⅳ . ① K825.81-53

中国版本图书馆 CIP 数据核字（2022）第 051295 号

朱雷学记

刘进宝　编

出版发行　浙江古籍出版社
（杭州体育场路 347 号　电话：0571-85068292）
网　　址　https://zjgj.zjcbcm.com
责任编辑　伍姬颖
责任校对　吴颖胤
责任印务　楼浩凯
照　　排　浙江时代出版服务有限公司
印　　刷　浙江海虹彩色印务有限公司
开　　本　880mm × 1230mm　1/32
印　　张　11.5
插　　页　4
字　　数　240 千字
版　　次　2022 年 5 月第 1 版
印　　次　2022 年 5 月第 1 次印刷
书　　号　ISBN 978-7-5540-2218-4
定　　价　78.00 元

朱雷八十华诞学术座谈会合影

朱雷在家里读书（摄于2013年）

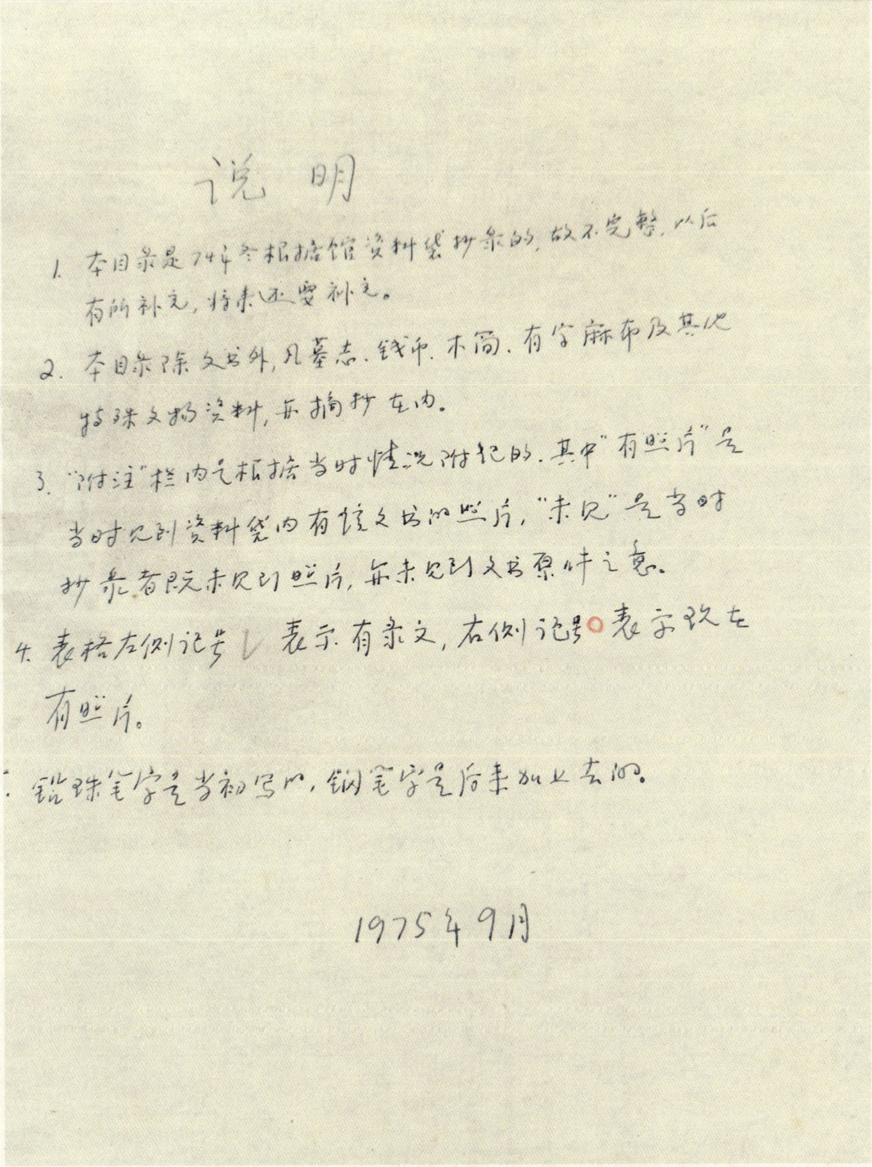
说明

1. 本目录是74年冬根据馆资料袋抄录的，故不完整，以后有所补充，将来还要补充。

2. 本目录除文书外，凡墓志、钱币、木简、有字麻布及其他特殊文物资料，亦摘抄在内。

3. "附注"栏内是根据当时情况附记的。其中"有照片"是当时见到资料袋内有该文书的照片，"未见"是当时抄录者既未见到照片，亦未见到文书原件之意。

4. 表格右侧记号✓表示有录文，右侧记号○表示现在有照片。

5. 铅笔字是当初写的，钢笔字是后来加上去的。

1975年9月

1975年9月，朱雷起草的《吐鲁番出土文书》整理说明

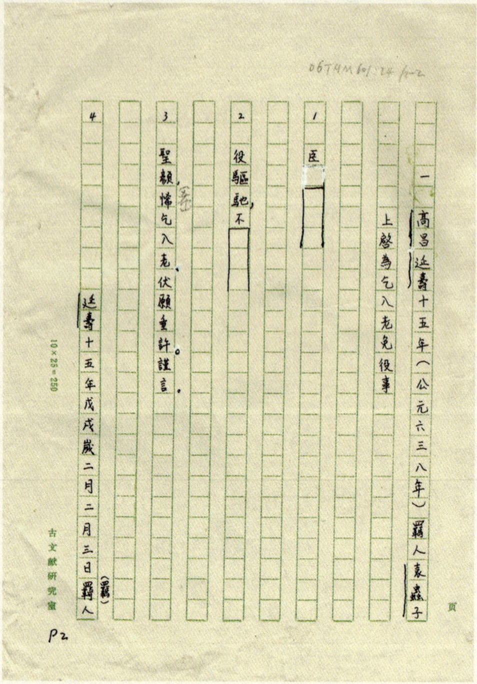
06TAM601:24/1-2

一、高昌延壽十五年（公元六三八年）羈人袁蟲子

上啓為乞入老免役事

1 匡□□

2 役驅馳，不□□

3 聖顏，憐乞入老，伏願重許。謹言。

4 延壽十五年戊戌歲二月二月三日羈人（羈）

10×25=250
古文獻研究室
頁
P2

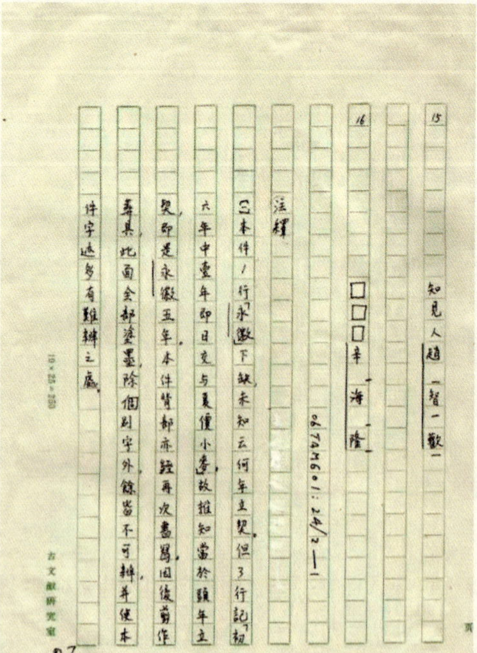
15 知見人趙—智—歡—

16 □□□辛—海—隆—

06TAM601:24/2—1

注釋

〔一〕本件1行「永徽」下缺，未知云何年立契，但3行記「初六年中壹年卯日交与夏價小麥」，故推知當於頭年立契，即是永徽五年。本件背部亦經再次書寫，因後剪作壽具，此面全部塗墨，除個別字外，餘皆不可辨，并使本件字迹多有難辨之處。

10×25=250
古文獻研究室
頁
P7

朱雷《吐鲁番出土文书补编》手稿

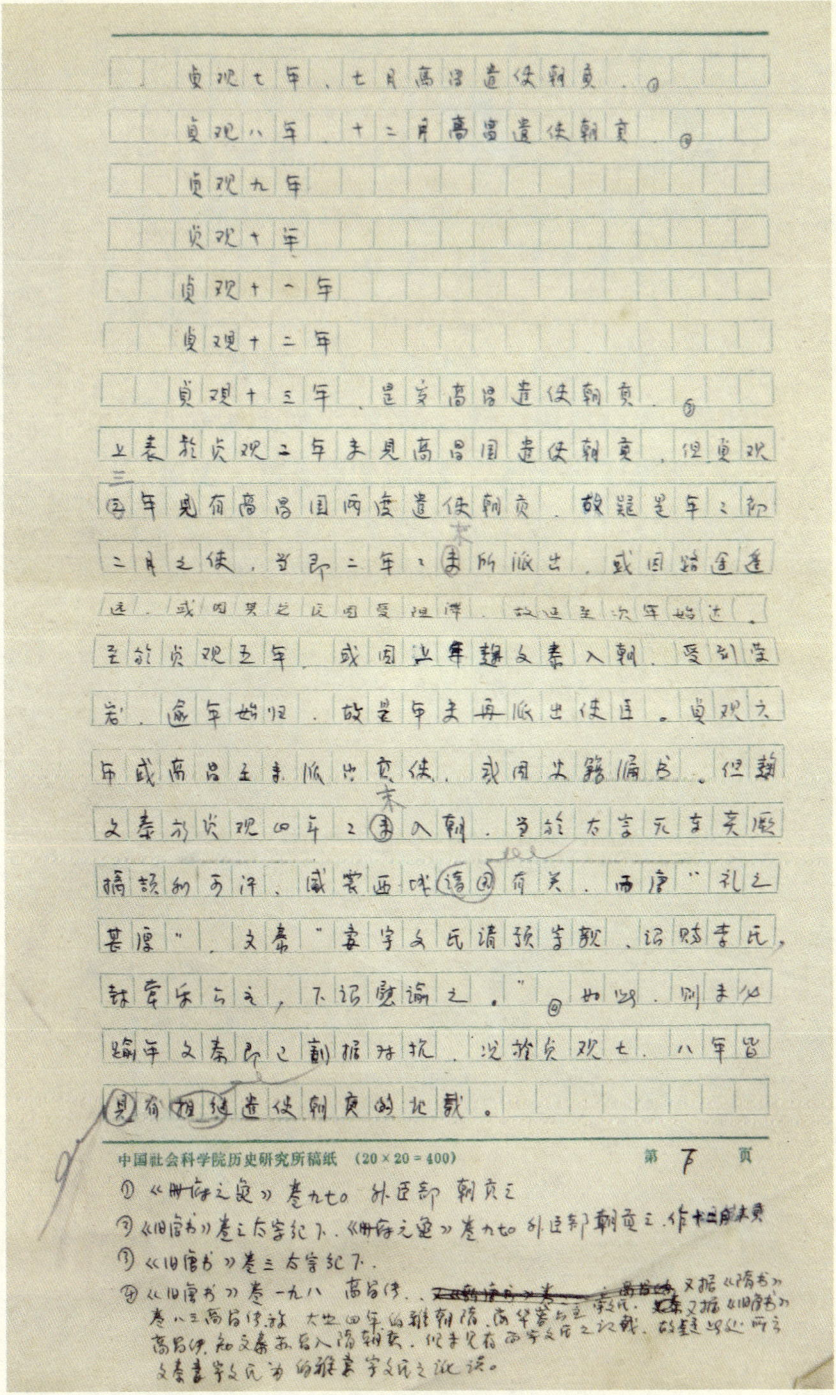
贞观七年，七月高昌遣使朝贡。①

贞观八年，十二月高昌遣使朝贡。②

贞观九年

贞观十年

贞观十一年

贞观十二年

贞观十三年，是岁高昌遣使朝贡。③

上表於贞观二年未见高昌国遣使朝贡，但贞观三年见有高昌国两度遣使朝贡，故疑是年之[illegible]二月之使，当即二年之末所派出，或因路途遥远，或因[illegible]受阻滞，故延至次年始达。至於贞观五年，或因上年麹文泰入朝，受到[illegible]，逾年始归，故是年未再派出使臣。贞观六年或高昌王未派出贡使，或因史籍漏书。但麹文泰於贞观四年之末入朝，当於太宗[illegible]，[illegible]西域[illegible]有关。而唐“礼之甚厚”，文泰“妻宇文氏请预宗亲，诏赐李氏，封常乐公主，下诏慰谕之。”④如此，则未必[illegible]文泰即之[illegible]，况於贞观七、八年皆[illegible]有[illegible]遣使朝贡的记载。

中国社会科学院历史研究所稿纸 （20×20＝400） 第 [illegible] 页

① 《册府元龟》卷九七〇 外臣部 朝贡三

② 《旧唐书》卷三太宗纪下、《册府元龟》卷九七〇 外臣部 朝贡三，作十二月朝贡

③ 《旧唐书》卷三太宗纪下。

④ 《旧唐书》卷一九八 高昌传。[illegible] 又据《隋书》卷八三高昌传[illegible]大业四年[illegible]朝[illegible]，[illegible]宇文氏。[illegible]又据《旧唐书》[illegible]之记载，[illegible]高昌传，知文泰[illegible]入隋朝贡，[illegible]宇文氏之记载，[illegible]文泰妻宇文氏[illegible]宇文氏之[illegible]。

朱雷《张雄妻麹氏墓志铭跋》未刊稿的手稿

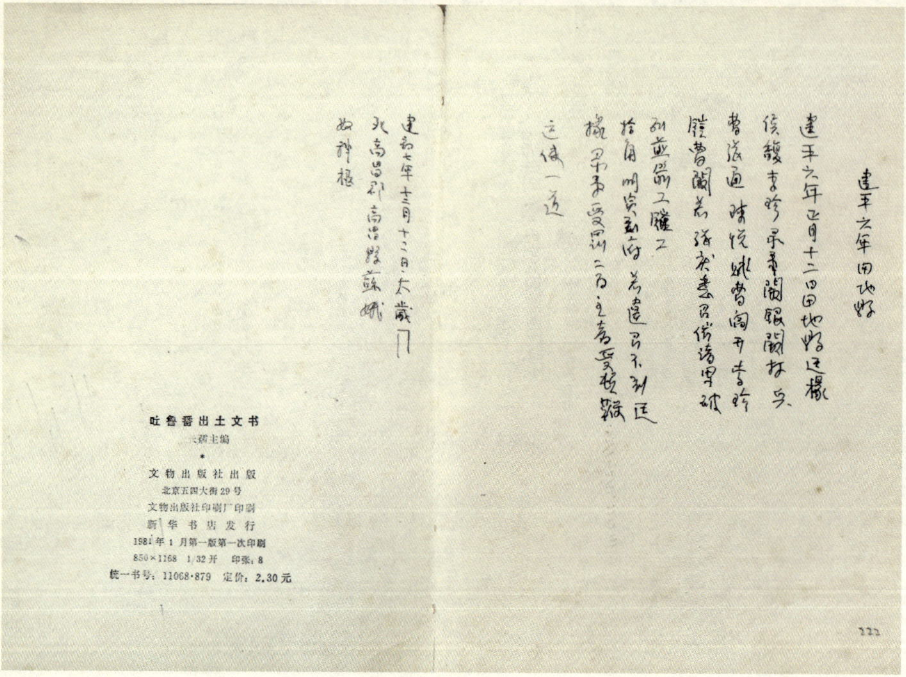

朱雷在《吐鲁番出土文书》第一册后抄录的文书

目　录

忆朱雷…………………………………………………………… 郑学檬 3

深切怀念朱雷教授……………………………………………… 杜文玉 7

人生有大爱　学海觅真金——深情缅怀朱雷先生………… 周国林 15

风躅温如玉　文章稳若山——缅怀朱雷先生……………… 王　素 26

只言片语的回忆——怀念朱雷老师………………………… 黄正建 39

做一个纯粹的学者——记与朱雷先生的一次通话………… 杨　果 45

朱雷先生二三事………………………………………………… 郝春文 50

回忆朱雷先生二三事…………………………………………… 张国刚 54

严格的学者　亲切的长者——深切怀念朱雷先生………… 郑炳林 59

我所认识的朱雷先生…………………………………………… 李华瑞 65

深切怀念朱雷老师……………………………………………… 徐少华 70

捧读遗编泪满裾——纪念朱雷先生………………………… 荣新江 84

追忆与朱雷教授交往的几件事……………………………… 拜根兴 97

如果有来生……………………………………………………… 余西云 103

人品、学品与师品——重温问学记忆中的朱雷老师……… 向　群 108

朱雷先生与历史地理研究……………………………………… 鲁西奇 115

先生之风，山高水长…………………………………………… 王启涛 122

点滴追忆当初，敬怀朱雷先生 ……………………………… 万　毅 129

邂逅西域源于文书——深切缅怀朱雷老师………………… 鲁礼鹏 141

由文献学而入史学者，其史学可信

——纪念和蔼的朱雷先生 ………………………………… 潘　晟 148

精益求精与“学术拖延”…………………………………… 黄　楼 158
敬忆朱雷先生……………………………………………… 胡耀飞 162
追忆朱雷教授藏书入藏广州图书馆……………………… 广州图书馆 167

追忆朱雷先生点滴………………………………………… 孙继民 191
师恩深深深几许…………………………………………… 刘玉堂 204
先生之德，高山景仰——怀念导师朱雷先生…………… 石云涛 211
我陪朱雷先生游黄山……………………………………… 庄华峰 221
一位正直、纯粹而富有创新的学者
　　——我所了解的朱雷老师 ………………………… 刘进宝 226
我与朱雷老师交往的点滴回忆…………………………… 吴成国 247
从读书笔记谈朱雷老师的科学精神……………………… 程存洁 259
不尽的思念——追忆恩师朱雷先生……………………… 谷更有 267
绛帐秋浓人已远——回忆从学朱雷先生的经历………… 魏　斌 273
朱先生点滴………………………………………………… 马志立 285
怀念我的恩师朱雷先生…………………………………… 张小刚 292
于细微处感春雨——忆恩师朱雷先生…………………… 权家玉 299
真诚待人，严谨为学——怀念我的老师朱雷先生……… 崔世平 308

附　录
斯人已逝，幽思长存
　　——送别朱雷先生 ………………………… 武汉大学历史学院 321
朱雷教授论著目录…………………………………………… 355
后　记………………………………………………………… 363

忆朱雷

郑学檬

2021 年 8 月 10 日上午，微信传来了噩耗，朱雷同志辞世了！我发呆良久，悲人生之短促，叹岁月之易逝！不久前，得知章开沅先生仙逝，今又得此消息，正如古人所忧，故人散去如月落，夕阳何以待朝晖！

朱雷和我同庚，只长我数月，故我以兄称之。我们都是浙江人。朱兄出生在上海，后随父母移居武汉，长大后操一口湖北腔。他的祖籍海盐，处于钱塘江之北，我家在李白梦游的天台，处于钱塘江之南。两人的生活、工作地方，也是他居北（武大），我居南（厦大）。因此，我们的生活经历、师承、文化背景略有差异。

但是，从事中国古代史，特别是唐史研究，使我们相识并相知，成为朋友。第一次见面，应是 1981 年的陕西师大唐史研究会第一次会议上，后唐史研究会改名唐史学会。这次会上，我见到了学会创始人之一的唐长孺先生，以及陈仲安先生，朱兄作为青年后俊参加，其名未显，无缘结识。我和朱兄认识并过从，是在 1989 年西安唐史学会年会上。当时会长改选，胡如雷先生接任会长，朱兄和我忝列副会长。但是我们没有太多互动。

1992 年我接任胡先生为会长，朱兄为副会长之一，因年会等问题，自然有交谈。我记得是 1995 年的 9 月，我陪韩先生和师母等在武大

2018年11月17日，朱雷（左）和郑学檬（右）在杭州

参加唐史学会年会，朱兄来宾馆看我，当时我们做过一次长谈，其中朱兄有些怨气，言不择机，颇为激愤。我劝了他几句，因不明真相，哈哈了事。朱兄一向为人谦恭，这次冒火，令我吃惊。厦大博士研究生答辩，曾请朱兄主持，我们也为年轻一代的培养问题交换过意见。后来，我们一同参加2000年敦煌藏经洞发现100周年国际学术研讨会，又同车去天津南开大学参加会议，我们在车上聊了许多。

我们的互动中，有一点印象很深，那就是他对学术的追求，认真苛求，不容忽视。他不止一次说起敦煌吐鲁番文书中的探索求解过程，他的两本书《敦煌吐鲁番文书论丛》《敦煌吐鲁番文书研究》收录的文字，即可为证。前一本于2000年出版，当年就惠赠于我。其中他对北凉的考释，别开生面。他从书法史角度，论证“赀簿”不是麴氏高昌和唐代的遗物。接着，他再从“赀簿”文书内容，层层剥论，否认了池田温、崛敏一诸先生的某些论点。我是收到他的书后即读的，印象非常深刻。他的文书研究，继承了唐先生的风格和精神，确是名师出高徒也。

说到吐鲁番文书的释读，自然会记起唐先生领军的团队。其中朱兄之名也因此显于时。我猜想这与唐先生的指导有关，也和地域文化传承有关。我们知道，汉儒主要指东汉的班固、许慎、郑玄等名家的小学训诂，对后世的古文献的整理与研究影响很大。清代乾嘉学派力主汉儒实事求是之旨，所谓“修学好古，实事求是”。吐鲁番文书的释读明显体现了这一精神。可以说唐门传承了乾嘉学派“实事求是”的优秀传统，也许顺理成章。乾嘉学派是两浙地域文化的瑰宝，唐、朱都是浙西人士，而且均有家学渊源，这一猜测应非穿凿空之论。

朱雷、郑学檬夫妇在2018年杭州唐史会议上

朱兄一生，有功于学术，有志于育人；子弟满门，颂声珞珈，足矣！忆往事，念故人，期望有补于时也。

附诗一首：

别朱雷

同侪话别浙江头，白发皑皑不言愁。
曾说唐门与唐史，还忆文书契典楼。
长安雁塔任风雨，武昌黄鹤去幽悠。
我自海隅祭尊兄，一杯清茗洗怅惘。

（作者单位：厦门大学历史学系）

深切怀念朱雷教授

杜文玉

8月10日突然收到刘进宝发来的微信，告知朱雷先生于当天凌晨1点40分辞世，十分震惊！因为在上个月中旬，武汉大学举办的纪念唐长孺先生诞辰110周年大会上，我还见到了朱雷先生。当时他已因病坐上了轮椅，但精神尚健铄，坚持全天参加完会议，并且和大伙共同进餐。当时我心里还比较欣慰，认为照此情况，只要加强治疗、适当调理，恢复健康不是没有可能的。不料未过一月时间，竟然与世长辞，再也见不到他了。

我与朱雷先生相识数十年，对其人品、学问深为敬佩，他又年长我十几岁，我一直将其视为师长。我初与朱先生相识，是在1992年厦门大学召开的中国唐史学会第五届年会上。他与孙继民熟识，前来串门，而我与孙继民同住，故相谈甚欢。在这次年会上，朱先生当选为副会长。1995年，在武汉大学召开了中国唐史学会第六届年会，又一次见到了朱先生。他作为东道主，跑前忙后，对大家生活多有关照。由于他忙于会务，故在武汉期间没有与其深谈。这次会议安排赴江陵参观考察，返回武汉时，一辆汽车抛锚，所以大家都挤在另一辆车上，座位不够，大部分人只好站着。朱先生本来可以坐下来，但是他坚持也站着，凑巧与我站在一起，于是我们谈了一路。由于时间久远，已记不清交谈的具体内容，但是气氛十分融洽，使人久久不能忘怀。

我与朱先生密切接触，并在一起工作，是从 1998 年起。这一年在西安召开了中国唐史学会第七届年会，朱先生当选会长，我则当选为学会秘书长。从这时起直到 2004 年止，我一直在朱先生领导下，主持学会秘书处的工作。在这期间，我与朱先生合作得非常愉快，他不仅大力支持秘书处的工作，而且总是鼓励我们大胆工作，主动承担责任。记得在 1999 年，国家整顿全国性的社团，民政部要求重新审核登记社会团体，规定凡社团领导人（包括会长、副会长）只能担任两届，超过者必须退出，否则不予登记。当时教育部还专门在北京召开了一次会议，其所属的各社团均要派一名负责人参会，我当时代表唐史学会参加了会议。会议发了不少文件，除了民政部、教育部相关负责人在会上讲话外，我记得时任全国人大常委会副委员长布赫也到会讲了话，可见国家对此次整顿社团工作是多么地重视。会议结束后，我很快向朱先生汇报了会议精神，并寄去了相关文件，商量如何落实民政部与教育部的规定。当时遇到的最大问题，是如何动员并说服超过规定的学会负责人主动退出。因为这是一件“得罪”人的事，朱先生主动提出由他出面给相关人员打电话，然后再告知我联系的结果，从而使这一工作顺利推进。当时还要求会长、副会长、秘书长所在单位对本单位的人员进行政治鉴定，不论是否是中共党员都要由本单位党委组织部做出书面鉴定并加盖公章。我把相关表格分别寄出后，结果最先寄来的就是朱先生所在的武汉大学党委组织部，这一切都是朱先生重视并催促的结果。事后，他还专门打电话给我，询问寄来的东西是否收到。

之前，坊间流传说朱先生对学术之外的事比较“马虎”。记得 1998 年年会结束后，我去送行，结果在其所住的房间内找不到火车票了。当时会议在西安人民大厦举行，这里距西安火车站很近，因此送行的汽车出发较晚，开车时间很快就要到了，我们大家都很着急，动员了几个人分别仔细查找，总算没有误车。这件事我印象很深，似乎坐实了朱先生“马虎”并非虚言。但是经过学会整顿这件事，说明朱先生的“马虎”只是表现在个人生活方面，在学术研究以及工作方面并非如此，反而是一丝不苟，十分认真。

朱先生的工作作风是抓大放小，学会工作的原则性问题由他把关确定，具体工作由我们去做，他从不干预。记得有一次开会期间，有人对他说这些年唐史学会工作成绩很大，朱先生谦虚地说，这些都是老杜在抓，我做得很少。其实并非如此。记得西安年会开完后，学会会刊要登学会领导与理事会名单，朱先生指示我理事名单可以按姓氏笔画排列，但学会副会长的排名顺序一定要按担任职务的早晚排列。我先后担任过四届学会秘书长，朱先生确定的这一原则，一直坚持了下来。关于学会理事与副会长的确定，朱先生也确定了一个原则，就是要考虑全国的地理分布，争取每个省区都要有理事或者学会领导人，包括港台地区。记得2004年在昆明召开第九届年会前夕，我提前赴云南大学打前站时，朱先生打电话嘱咐我，西南地区尚没有副会长，可考虑物色一人报给他。唐史学会于1995年第六届年会时，已聘任日本著名学者池田温与美国学者罗杰伟为名誉理事，在云南大学的这次年会上，又增选了港台学者雷家骥、赵雨乐、罗永生为学会理事，从而落实了朱先生的这一指示。唐史学会的这些变化，进一步促进了我国隋唐五代史研究的发展，使得学会具有更加广泛的代表性。目前，中国唐史学会在全国性的历史类社团中，是规模最大、管理比较规范的学术团体，朱雷先生的贡献是不可磨灭的。

朱雷先生为人宽厚，与人为善，是难得的忠厚长者，即使对学生也关怀备至。朱先生有一位博士生，曾经也是我的硕士，毕业工作后

2009年，杜文玉（前右）与朱雷参加陈翔（后）论文答辩

因病英年早逝，朱先生非常痛心，多次给我谈到过此事，哀伤之情溢于言表，使我十分感动。后来这位学生的同学将其学位论文与已发表论文结集在台湾出版，我与朱先生分别为其书撰写了序言，而朱先生的序言不仅从学术的角度客观地评价了其学术价值，字里行间还对其英年早逝表示了深深的惋惜之情，阅后使我十分感动。由于我与朱先生分别在不同的学校工作，其对其他学生的关怀情况了解不多，但从刘进宝先生所写的《朱雷先生的学术与人生》一文看，其对其他学生亦是如此，而且尊敬师长，不仅对其老师唐长孺先生如此，对其他老一辈学者亦是如此。朱先生的《敦煌吐鲁番文书论丛》一书出版后，我及陕西师范大学诸位先生均受其惠赠，并托我予以转送，其中给史

念海先生的赠书题款是“史师指正”，落款是“学生朱雷”。可见其为人之一斑。

朱雷先生与我除了工作上的关系外，在其他方面亦多有交集。其与夫人凡来西安，我一定会安排参观游览及讲学，我曾多次赴武汉，每次必到朱先生府上拜访，而朱先生亦设宴款待。大约在2000年，我与贾二强教授因公出差到武大，朱先生约请了武大的诸位教授一同为我们接风。我自认为我们是晚辈，不应由朱先生破费，所以示意贾二强结了账。宴席结束后，朱先生结账时发现此事，坚持要自己结账，甚至一度为此“发火”，坚持要餐厅退款，一定要由他结账。先生为人之厚道可见一斑。朱先生对我本人亦多有提携。2001年在青岛大学举办中国唐史学会第八届年会时，马驰先生提出辞去副会长一职，朱先生提议由我接任副会长，仍兼秘书长。

2006年夏，中国唐史学会与吐鲁番地区文物局联合举办了一次名为“唐代与丝绸之路文明——吐鲁番在丝绸之路上的作用与地位”的学术研讨会，朱先生作为吐鲁番文书整理与研究的权威学者，也出席了这次会议。吐鲁番市当时还没有机场，乘飞机赴会的学者只能在乌鲁木齐地窝堡国际机场落地，由于两地相距200多公里，往返400多公里，会议主办方所派接人的车辆不可能做到一人一车，只能数人一车，导致一些学者在机场等了较长的时间，引起了不满情绪。但是朱先生却没有丝毫责怪之意，反而对我说主办方很不容易，克服了许多困难，才使会议顺利地召开。朱先生的话给秘书处减轻了许多压力，因为我们虽然也是客人，但毕竟也是会议的主办方之一，没有及时把大家接回来，多少也有一些责任。

在学术方面，朱雷先生长期从事隋唐史与敦煌吐鲁番文书研究，尤其对后者有精深的研究，在学界享有很高的声誉。刘进宝说有人认

朱雷先生在吐鲁番会议上讲话

为唐长孺先生的学术贡献主要体现在三个领域，即魏晋南北朝史、隋唐史与敦煌吐鲁番文书，其中魏晋南北朝史有高敏传承，隋唐史有张泽咸传承，敦煌吐鲁番文书则有朱雷传承。这一论断得到了学术界的公认。我对敦煌吐鲁番文书无多少研究，然对这方面研究成果亦有所了解，阅读了不少论著，其中朱先生的《唐代“手实”制度杂识——唐代籍帐制度考察》《唐代“点籍样”制度初探——吐鲁番、敦煌两地出土“点籍样”文书的考察》《唐“籍坊”考》《唐代“均田制”实施过程中“受田”与“私田”的关系及其他》《唐代“乡帐”与“计帐”制度初探——吐鲁番出土唐代“乡帐”文书复原研究》《唐“职资”考》《〈唐律疏议〉中有关“部曲”法律条文的现实意义》等论著，都是出土文书与传世文献相结合研究历史的很好典范，以小见大，极具学术水准。有人认为朱先生的论著虽然不多，但多为精品，可以传之后世。朱先生的这些论著我都是认真拜读过的，获益匪浅，主要是体现在两个方面：一是增长了我的历史知识，弄清了许多原来不清楚的问题；二是其研究思路与方法对我影响较大，是我从事研究的范文。在我给学生的授课中，就引用了不少朱先生的研究结论。

2006年吐鲁番会议研讨阶段结束后，安排了两天野外学术考察，大家的兴致都很高，参观了不少历史遗址。我与朱先生一路同行，主要目的是向他请教一些问题。一路上，朱先生结合遗址的实际情况与文献记载，包括吐鲁番文书的内容，不厌其烦地详细讲解，解开了我心中不少谜团。我与朱先生虽然认识很久，但如此次这样长时间的交

杜文玉与朱雷在吐鲁番考察时合影

谈还是首次，通过交谈我发现朱先生实际上是一位很健谈的人，也懂得很多，除了治学外，地理、民俗、掌故等无不熟悉，有时还讲一些笑话。但是，我从来没有见到朱先生议论过别人，文人相轻的毛病，在他身上找不到一丝一毫，这一点使我十分钦佩。

2018 年，在浙江大学召开了中国唐史学会第十三届年会，我当选了会长。我没有想到的是，朱先生专门过来与我握手，表示祝贺。在进餐时，发现朱先生吃了几口饭后，马上就要服药，于是我知道老先生患病了。后来又听说他把自己的藏书捐给了一家图书馆，我一方面对此举感到敬佩，另一方面又有些不安，老先生要对自己的学术生涯进行总结了。

朱先生八十周岁时，在武汉大学举办了庆寿大会，我也接到了邀请，感于我们数十年的交往，决定参加会议，以便当面向其祝寿，于是很快地复了函，并且购好了赴武汉的车票。不料突然发生了一件事，当地政府通知我参加一个紧急会议，我作为西安市人民政府文化顾问，又无法推辞，只好向孙继民兄打电话说明情况，并再三致歉。这件事至今想起来仍感到十分遗憾，觉得对不起朱先生。但在会前由其弟子编辑出版庆寿文集，即《敦煌吐鲁番文书与中古史研究：朱雷先生八秩荣诞祝寿集》，我提供了一篇文章，表达了对朱先生的敬意。

斯人虽已逝，浩气仍长存！八十五岁在中国已属高龄，然我总觉得有些早了。进宝兄来信告知我编辑纪念文集之事，为了表达对朱先生的深切怀念之情，我没有提供学术论文，而是专门撰成此文，以寄托我的哀思。

（作者单位：陕西师范大学历史文化学院）

人生有大爱　学海觅真金

——深情缅怀朱雷先生

周国林

朱雷先生是一位令人敬重的前辈学者，他的逝世让众多钦慕他的人为之悲恸。朱先生的高足刘进宝教授约我写一篇怀念文章，我内心深处是极愿接受的。但因年岁上的差距，日常生活中同朱先生交往不太多，担心写不出带有生活气息的像样的文字。在进宝教授的鼓励下，我终于打消疑虑，不再顾忌深浅，俯首回忆过往琐事，概述朱先生的学术成就，表达对朱先生的恭敬追思之意。

一

我最初知道朱雷先生，是在1980年。《武汉大学学报》（哲学社会科学版）当年第4期上，刊登了一组魏晋南北朝史研究的论文，毫无疑问是编辑部精心策划后约请有关专家撰写的。侧重于经济史的论文多达六篇，其中有一篇就是朱先生的《吐鲁番出土北凉赀簿考释》。那时我对魏晋南北朝时期的土地、赋税制度史开始产生兴趣，各种刊物上的相关论文基本上都要浏览一遍，见到这组主题集中的论文自然兴致浓厚，如饥似渴地阅读。朱先生的论文我一连研读了几遍，但觉其思路缜密，行文朴实，精审的考证工夫着实让人打心底里佩服。可以说我在见到朱先生之前，已经先拜读其文章，赞叹其学问了。几年之后，我又在学术会议上见到他，当面聆听他的专题报告，感受到他的博闻强识。

至于近距离的接触，则要到1986年5月召开的“三至九世纪长江中游社会经济讨论会”。这次讨论会由中国唐史学会、湖北省社科院、湖北省社科联、武汉大学等单位发起，地点安排在风光秀丽的湖北省蒲圻县（现改名为赤壁市）陆水湖景区，会期共4天。年高德劭的唐长孺先生、王仲荦先生联袂出席，自始至终地参会，使80多名与会者精神振奋，会场气氛活跃，探讨问题很深入。在这场多年难得一遇的学术盛会上，朱雷先生提交的论文是《东晋十六国时期姑臧、长安、襄阳的“互市”》，学术含量十足。加之他其时还不到50岁，精力旺盛，思维敏捷，同我们这些年轻人时有交流，会场下也总是碰面，给人一种既生气蓬勃、又平易近人的印象。回想起来，这次会议不仅使我们进一步认识了朱先生，或许他也会记住我们一些年轻人的名字，给此后的交往带来了便利。

再过一些年，我对朱先生的敬重又从学术层面延展到人品方面。1992年11月27日，我的导师张舜徽先生逝世。当天上午十时许，朱先生就来到张先生家中吊唁。我从现场观察到，他是校外最先前来吊唁的学者。那时朱先生担任武汉大学历史系主任，应该是接到了华中师范大学历史系的电话后马上就赶过来的。当有人说他可派代表前来时，朱先生说：“张舜徽先生是海内外著名的前辈学者，我读过不少张先生的书，受益匪浅，一定得亲自来送他一程。”而数日后由学校主持的张先生告别仪式，朱先生又照样前往，神情格外虔诚。对一位没有学缘关系的前辈学者的后事，朱先生如此庄重严肃，是他人生旅途中长期修炼的结果，体现了他的待人之道，这让我对他人生境界的敬意油然而生。这件事在我心中留下的印象极为深刻，多年后也不会忘记。

2000 年以后，我在不少年份都受邀到武汉大学历史学院参加博士生的论文答辩活动，其中也评阅朱先生所培养博士生的论文，见到朱先生的机会就开始多起来。朱先生为人谦和，对外校参与答辩的教师彬彬有礼，总是客气地称呼我“周先生”，使我感到有些受之有愧。我因中年以后专业重心转到古籍整理与研究方面，对魏晋南北朝隋唐史、敦煌吐鲁番学没有再下工夫。在接到武大这方面的论文后，我都作为学习和补课的大好机会，花时间阅读，力争能发现论文中的不足之处，提出来供同学们修改时参考。每当我指出论文中的个别缺漏后，朱先生总是会在导师发言环节提醒有关同学：“周先生这个意见很重要，你修改时要用上去。”当然，朱先生指导的学生，总体质量是较高的。我曾向朱先生的一位学生询问朱先生的指导方式，这位同学从朱先生的授课、解惑以及论文选题、资料收集与写作等方面，一一向我做了介绍。朱先生养成了严谨、求实的习惯，从来不抱侥幸、苟且的心理，认真地为学生的论文把关，花费了大量心力。这位同学还提到朱先生对自己指导的学生发表论著要求严格，为避免标榜之嫌，平生不为自己学生的著作写序。这使我想到吾师张舜徽先生不为并世学人写序的做法。张先生、朱先生应该都不是刻意高自标置，而是划出一道警示线，对自己有所约束，是一种自律的行为。

如何评价朱先生对学生的关心，朱先生指导过的一位外国学生的说法可能最有概括性：“朱雷教授是一位非常典型的中国知识分子。他是一位从不显示自己知道多少的谦虚绅士，但却随时准备着为他的学生们传授知识。他从不考虑自己的地位，只致力于为社会和祖国做出贡献。”[①] 这位外国学人的话很贴合我的观感，朱先生的确是这样以对社会和国家的责任感来培养学生的，故而受到学生们的尊重。

我最后一次见到朱先生，是在 2021 年 7 月 18 日。武汉大学历史学院为纪念唐长孺先生诞辰 110 周年，召开了隆重的学术座谈会。朱先生虽然身体状况欠佳，但仍然坐着轮椅由家人陪护到会场上，参加了一整天的会议，以表达对唐先生的景仰。朱先生的手脚已不大灵便，却由于习惯使然，仍然同我们与会者招手问候，很有礼数。没承想这竟是他留在我脑海中的最后一个画面，仅仅半个多月后他就离开了我们。可以想见他当日参加唐先生的纪念活动，已经在忍受着病痛的折磨，该是需要多大的毅力才能坚持下来！他一生追随唐先生，学术生命同唐先生连接在一起，感念师恩，可谓善始善终矣。

从与朱先生的这些点滴交往，我感到朱先生是一位胸怀宽广、心地纯洁的学者。他真情地爱戴自己的师长，真心地关心自己的学生，真诚地对待同事和学术界朋友。而这一切，都源于他有一颗仁慈的心，虽然历经各种风浪，本真不失，爱心不渝。在追念朱先生的过程中，我得知了他在 1965 年肩挑不幸溺亡的 6791 班王国华同学的遗物，孤身一人送到英山瓦寺，2007 年又与 6791 班同学一道护送王国华遗骸回英山与其母亲合墓的事迹。[②] 这种绵延 40 多年的真挚深情，更让我感受到朱先生丰富的情感世界，他是一个有大爱的人，因而发自肺腑地敬佩他。在立身处世上，他为我们后来者做出了榜样。

---

① 玛格烈黄：《武汉大学——我生命中的里程碑》，载本书编委会主编《敦煌吐鲁番文书与中古史研究：朱雷先生八秩荣诞祝寿集》，上海古籍出版社，2016年，第463页。

② 洪宓：《善良可敬的朱雷学长》，载《敦煌吐鲁番文书与中古史研究：朱雷先生八秩荣诞祝寿集》，第442—423页。

二

在学术研究领域，朱雷先生成就突出，对历史学科发展作出了重要贡献。概略地说，主要体现在三个方面。

一是全力整理吐鲁番文书。1973 年 10 月至 12 月，朱先生与时任武汉大学历史系党支部书记彭神保先生等人一起，经洛阳、西安到天水麦积山，再由兰州赴新疆，折回敦煌转到大同，沿途参观，意在为历史系编写中国古代史教材搜集考古材料。这次离开工作单位近 3 个月的外出考察，可能是 21 世纪忙忙碌碌的学者们不可思议的事情：上代人哪有这么多自由支配的时间？即使工作单位准假，他们哪来这么高的出行兴致？然而正是这次漫长的考察，确立了朱先生此后大半生的治学方向。在新疆维吾尔自治区博物馆展览厅，他见到了吐鲁番出土文书，又看到当年第 11 期《文物》杂志上新疆同仁的论文，感到异常兴奋和激动。他在数十年后回忆此事时，仍然抑制不住当时见到吐鲁番文书时的喜悦心情："更令人大有如玄奘到了西天，看到佛金口所言的真经那样激动！"12 月下旬到了敦煌千佛洞，由于他在小学时就听过麻城王道士发现藏经洞的故事，心中一直向往这片神奇的土地，又称敦煌是"让我二十余年为之魂牵梦绕的地方"。[①] 如此动情的表达，让人感受到一向朴厚无华的朱先生实际上意趣盎然，三四十岁还保持着一颗灵动的童心。或许朱先生此生注定与西北文书有缘，当他们一行向在北京做"北朝四史"校点的唐长孺先生写信汇报考察收获后，国家文物局决定由唐先生主持，由新疆和武汉大学合作整理吐鲁番文书。朱先生理所当然地成为整理队伍中的重要成员，

---

① 朱雷：《敦煌吐鲁番文书研究》，浙江大学出版社，2016年，第4页。

从 1974 年开始着手前期工作。

自 1957 年起，新疆考古工作者以吐鲁番之阿斯塔那、哈拉和卓两地古墓葬地为重点，先后进行了十余次大规模的发掘和清理，在由晋到唐近 400 座古墓中获得大量文书。1975 年，朱先生亲随唐先生去新疆实地了解墓葬出土情况。当唐先生右眼失明返回北京治疗时，朱先生仍然留在吐鲁番，做清理、拼合、誊录其所藏文书及墓志的工作。11 月，新疆馆藏文书运到北京，各路整理人员也陆续抵达北京，在唐先生的领导下正式开展整理工作。为了统一行动，朱先生根据自己的实践，以及他人的经验，草拟出“录文须知”。经整理组讨论后，这份材料成为了大家共同遵守的一个工作原则。

面对近万片一千多年前的文书碎片，要在辨识的基础上准确录文、拼合，随后还要定名、断代，是极其繁难的任务。全部工作历时 13 年，直到 1986 年春才大功告成。在《吐鲁番出土文书》10 册释文本中，朱先生独编第 6、7、8 册，参编第 1 至 5 册和第 9 册。随后出版图文本全 4 册，朱先生又承担了主要的修订工作。其间辛苦难以为外人道，朱先生却不太在意，反倒为有幸参加这项历史性的任务而欢欣。他在《从“走近”到“走进”》一文中说：“在漫长的十几年文书整理中，我体会最深的一点是：要耐得住寂寞，甘愿清贫，不为名不为利，只为求得真知，要在知识的海洋里寻找‘真金白银’，寻找人生的乐趣。”[①] 在他看来，整理古代文书为学术界提供准确的原始资料，机会十分难得，是在为他人和后人作嫁衣裳，比自己写作几部著作的价值要高得多。这些挑战性的工作如在知识的海洋中寻找真金白银，本身就是充满乐趣的。有这种以苦为乐的精神，自然便不在乎什么艰辛和寂寞了。

---

① 朱雷：《敦煌吐鲁番文书研究》，浙江大学出版社，2016年，第5页。

因吐鲁番在21世纪又发掘出一批文书，加之20世纪一些文书未能尽数运到北京，新疆博物馆的吴震先生留下遗愿，希望朱先生继续这项文书整理工作。朱先生不负挚友重托，在2010年之后又多次入疆，继续为文书整理费精劳神。他每次去做这件事，往往一住就是几个月。最初还有博士后崔世平等人协助，后来每次赴疆都是夫人田苏华女士相伴而行。两位老人在疆的日常生活很简单，居住在普通的宾馆，就餐则到附近的小饭店。长期如此，是相当清苦的。好在他俩别无他求，就是一门心思地抓紧整理好剩余文书。幸运的是，所有工作在今年初已圆满结束，《吐鲁番出土文书补编》也已交到出版社，真是应了唐代诗人刘禹锡的名句："千淘万漉虽辛苦，吹尽黄沙始到金。"朱先生为吐鲁番文书整理出版前后奔忙40余年，最终"心愿总算了了"[①]。看来有心人天不负，上苍也是有意玉成其事的。

二是精心结撰学术论著。朱先生自大学阶段起，主攻的专业方向就是魏晋南北朝隋唐史。后来整理吐鲁番文书，正好是在这一时段内，更有利于他先前的研究向纵深发展。他的大量论著，都反映了这一特色。现代著名史学界严耕望先生总结近代史学风尚，分为"博通周赡与精深有新解两途"。[②]朱先生的治学取向，显然是精深有新解一途。不过，精深与博通并不互相排斥，而是交互为用的。严先生又说："为要专精，就必须有相当博通"，"因为历史牵涉人类生活的各方面，非有相当博通，就不可能专而能精，甚至于出笑话"。[③]我们细读朱先生的著作，就能发现朱先生正是如此，他不追求数量而重视质量，

---

① 黄楼：《朱雷：精益求精与"学术拖延"》，《中国科学报》2021年8月31日。

② 严耕望：《治史三书》，上海人民出版社，2011年，第179页。

③ 严耕望：《治史三书》，第6页。

所发表出来的研究心得都是博通基础上的专精之作。在所涉及的诸多课题上他时有突破，非浅尝辄止者所能望其项背，是以专精取胜的样板。且举几篇论文为例。

先看上面提到的《北凉赀簿考释》一文。中国科学院图书馆藏有三件计赀文书，北京大学图书馆善本室藏有两件计赀文书，都是清末出土，经商人转卖。因出土情况不明，文书时代难以确定，也难以为之定名，它们特有的文献价值便体现不出来。朱先生以抽丝剥茧的工夫，依照内容性质判定这些文书为赀簿，再从收藏于两处的文书的认真比对中，判定它们皆为十六国时期高昌郡高昌县所造赀簿，然后从书法风格、特定文字用法、押署字迹墨色、用纸奢简变化，以及同后来科学发掘时出土文书的比对，确定这些文书为北凉承平年间（443—460？）的赀簿。这项研究成果，得到国内外不少学者的认同。按照朱先生的解释，从汉魏到南北朝，依照资产多寡划分等第、据以征发赋役，是一项有连续性的制度。因此，此文有重要的理论意义，是一般研究者所绕不过的名作。我在一篇涉及十六国时期田租的文章中，就征引过朱先生的观点。

又如《论麹氏高昌时期的“作人”》一文。对麹氏高昌时期大量的作人资料，朱先生通过文书整理已了然于心，在反复琢磨后认为“作人”实际上包含三种性质迥异的身份。作为高昌政权征发的各种服役者，寺院中的雇佣劳动者，均可称之为“作人”。朱先生重点探讨的是第三种作人，这种作人是被当成财产，可以继承、买卖的劳动者，但有着某种程度不同的私有经济活动。除了主人，高昌政权也直接进行赋税剥削。朱先生的结论是，“他们与部曲以及宋、齐之‘十夫客’有类似之处，但又有其自身特点，构成麹氏高昌境内阶级关系中颇具特色的一种封建隶属者”[①]。朱先生融汇出土文书与传世文献，在魏晋南北朝的广阔背景下阐述麹氏高昌的封建隶属关系，其中有历史的连续性，也有区域独特性。这项具有开创性的研究成果，见人所未见，对相关课题的讨论起到了推动作用。

这类例证难以尽举，他如《唐代“手实”制度杂识》《唐代“乡帐”与“计帐”制度初探》《敦煌两种写本〈燕子赋〉中所见唐代浮逃户处置的变化及其他》诸篇，也深受学界称扬。这些论文都是从深入研究入手，广泛求证得出正确结论，提出超越前人或是发人深省的问题，从而成为同类问题研究中的力作，具有长久流传的价值。朱先生之所以撰作大量这类论著，取得大家公认的成就，他曾谈过自己的体会，就是认真系统地学习魏晋南北朝隋唐史的基础知识，系统地阅读基本文献，较纯正地掌握研究方法，“研究课题是继承了唐长孺师的实证方法、溯源思变的论证，因而自能得出超越一般的结论”[②]。回顾朱先生的治学成就，应当反复体味这一段金针度人之语，不可等闲视之，让它从眼前跳脱过去了。他的史学思想和研究方法，是值得认真总结和继承的。尤其是他“著述贵在精不在多”的做法，提示我们要坐得住冷板凳，真有所感而后落笔为文，可避免大量平庸之作的出现。

三是努力完成科研组织工作。由于学术上的贡献突出，朱先生自然会被推到学术领导岗位上。1988—1992年，他担任武汉大学历史系主任；1995—2007年，又担任武汉大学中国三至九世纪研究所所长。这都是极耗时间、事务性很强的职位，有时还可能有点吃力不讨好，

① 朱雷：《朱雷敦煌吐鲁番文书论丛》，上海古籍出版社，2012年，第47页。

② 朱雷：《敦煌吐鲁番文书研究》，第6页。

但他都以负责的态度任其职责。此外，他还曾担任过国务院学位委员会第三、四届学科评议组成员（历史学），国家社科基金评审专家，国家古籍整理出版规划领导小组成员，全国总工会执行委员，湖北省政协常委，湖北省文史馆副馆长等职。在学术团体中，担任过中国史学会理事、中国唐史学会会长、湖北省中国史学会会长等职。朱先生是个凡事讲认真的人，这类职位的工作需要他投入不少的精力。从大局看，他从事这些工作，是学术发展和学科建设的需要。对于他这样"双肩挑"的学者，我们应该有"了解之同情"，认识其工作的社会效能，对其奉献精神，给予学术上的充分肯定。

科研组织工作千头万绪，很难使每人都满意，但有一件事是所有人都会称道的，就是他作为研究所所长，为唐长孺先生出版文集而奔走。据唐先生哲嗣刚卯教授回忆，唐先生去世不久，朱先生就策划出版唐先生的文集，亲自联系启功先生为唐先生文集题签，并陪同刚卯教授到启功先生家中取回题签。联系出版社，二人又费尽周折，才同上海古籍出版社签订合同。由于上海古籍出版社的热心，中华书局最终也很主动，因此得到上海古籍出版社出《唐长孺文存》、中华书局出《唐长孺文集》的美好结局。[①] 此事的全过程，朱先生都是带着感情在做，即使中间有些曲折，任劳任怨的态度始终不变。细究起来，此事又回到前述朱先生尊师的品格上了。为人与做事，本来就是紧密关联，不可分割的。

以上从人生与学术两个方面追怀朱雷先生，自知文辞粗疏松散，

---

① 唐刚卯：《祝贺朱雷老师八十寿辰》，载《敦煌吐鲁番文书与中古史研究：朱雷先生八秩荣诞祝寿集》，第445—446页。

浮光掠影，不能生动地记述先生为人之风采，抉发先生学问之精微。区区之心，仅在陈列旧事，突出一个“真”字，藉表仰止之意云。

2021年10月于汉口王府花园

（作者单位：华中师范大学历史文化学院）

风躅温如玉　文章稳若山

——缅怀朱雷先生

王　素

2021年7月18日，在武汉大学历史学院举办的“纪念唐长孺先生诞辰110周年学术座谈会”上，最后一次见到朱雷先生。他虽然是坐轮椅参会，但饮食如常，仍能翻阅会议材料，以为还有机会再见，未曾想到，短短20多天后，8月10日，就仓猝辞世。想到当年唐长孺师领导的《吐鲁番出土文书》（以下简称《文书》）整理组，不幸又凋零一人，不觉悲从中来。呜乎哀哉！呜乎哀哉！

我与朱雷先生的第一次见面，大约是1978年9月，在唐师兼任主任的武大历史系魏晋南北朝隋唐史研究室每周一次的例会上。朱雷先生寒暑假要陪唐师进京整理吐鲁番文书，回校后平时有课，仅研究室例会才有机会见面。当时我只是新入学的研究生，参会基本只带耳朵，多听少说。朱雷先生似乎与我差不多。因此，我研究生三年，与朱雷先生虽然见面几十次，但几乎没有任何交流。印象中，朱雷先生始终是一副温良恭俭让的样子，可能直到现在，也从未见过他疾言遽色的模样。我与朱雷先生距离最近的一次，是1981年10月毕业合影，我居中，站在唐师身后，他站在我右边，胳膊紧挨着。

我1981年毕业后，按照唐师的安排，分配到国家文物局古文献研究室，参加《文书》整理工作。此后几年，与朱雷先生接触较前稍

1981年10月，武大78级魏晋南北朝隋唐史研究生毕业与老师们合影
第一排左起：徐秀灵、张泽咸、唐师、陈仲安师、谭两宜
第二排左起：卢井万、程喜霖、朱雷、王素、黄正建、鲁才全、陈国灿、黄惠贤
第三排左起：李步嘉、钟国发、李文澜、张弓、王世平、杨德炳、王延武

多。需要强调的是，我与朱雷先生的接触，与《文书》整理工作没有太大关系。因为我在古文献研究室具体承担《文书》释文本修订和图文对照本出版工作，一直只与唐长孺师和陈国灿先生联系[①]。与朱雷先生的接触，印象较深的大约有三次：

第一次在1982年。我与林小安先生创办室刊《出土文献研究》，向唐师及先后参加《文书》整理工作的陈国灿、朱雷、程喜霖等先生

---

① 参阅王素《陈国灿先生与〈吐鲁番出土文书〉》，原载《敦煌学辑刊》2019年第1期，收入《师友自相依》，浙江古籍出版社，2021年8月，第160—202页。

约稿。唐师写的《吐鲁番文书中所见丝织手工业技术在西域各地的传播》最先于5月交稿[①]，朱雷先生写的《出土石刻及文书中北凉沮渠氏不见于史籍的年号》接着于6月交稿[②]。这样，我就有机会将朱雷先生的文章与唐师的文章进行比较。唐师的文章虽然题目不大，材料零碎，但驾驭能力高超，逻辑思维缜密，最终成为宏大完整画卷。朱雷先生的文章风格近似——材料务求穷尽，考证务求合理，结论务求稳当。后来，我受朱雷先生文章的启发，撰文对沮渠氏北凉建置年号规律的意义进行了新的探讨，被评为《历史研究》优秀论文，受到学术界的广泛重视[③]。

第二次在1983年。先是，改革开放之初，福建人民出版社准备创办《中国古代史论丛》期刊（没有期刊号，实际是以书代刊），但他们自己没有力量编辑审稿，就求助于一些与中国古代史相关的单位或个人。当时中古史发表成果的园地很少，学术界都很积极。原定从1981年开始，每年出版3辑，1982年第3辑（总第6辑）委托武大历史系魏晋南北朝隋唐史研究室编辑审稿。但可能是销路不太好，从1983年开始，改为不定期，是年出版了第7、8两辑。两年后，1985年，出版第9辑，就无疾而终了。其间，武大研究室负责编辑审稿的1982年第3辑，出版后可能比较受欢迎，福建人民出版社希望能够继续合作。于是，朱雷先生找我约稿。我写的是什么现在已经忘记，

---

① 唐师是年6月1日给我写信，称“拙文已寄出”，可见交稿在5月。

② 朱雷《出土石刻及文书中北凉沮渠氏不见于史籍的年号》，《出土文献研究》创刊号，文物出版社，1985年6月，第204—212页。按：文末署时间为1982年6月。

③ 王素《沮渠氏北凉建置年号规律新探》，原载《历史研究》1998年第4期，第11—26页，收入中国人民大学书报资料中心《魏晋南北朝隋唐史》1999年第1期，第10—25页。

总之是6月中旬完成，随信寄给朱雷先生，不久收到他托卢开万先生捎给我的回信如下：

王素同志：

您的信与大作都收到了，谢谢您对我们工作的支持。福建人民出版社每两年出一期魏晋至隋唐的论文集，大约他们的意思就是交与武大历史系负责编辑工作，故今后每期都望您能给与支持。国灿同志刚回，最后编辑工作由他负责。

文书四、五册，因唐师即日赴京开会，［卢］开万同志陪同，大约七月二、三日回汉，如书已出，可交开万同志带回。北京麻烦您送上车，我们可到武昌火车站接，比邮寄方便多了。

感谢您的关心。我上次来京，是来去匆忙，只因有教学任务，故不能在京多停留。好在七月份即可来京，畅谈的机会尚多。李方同志想必无恙，望您能多多关心她。乘开万同志来京之机，带上一信，并致问候。

顺颂

夏安

朱雷 83.6.21

此信最后一段：先解释他上次来京，我希望与他畅谈，结果没有谈成，是因为他行色匆匆，未能腾出时间。后提及内子李方，希望我多多关心她，是因为李方怀孕，即将临产（我儿子是7月11日出生）。可见朱雷先生温情可人的一面。

第三次在1984年。我与内子李方联名撰写《梁四公记》所载高

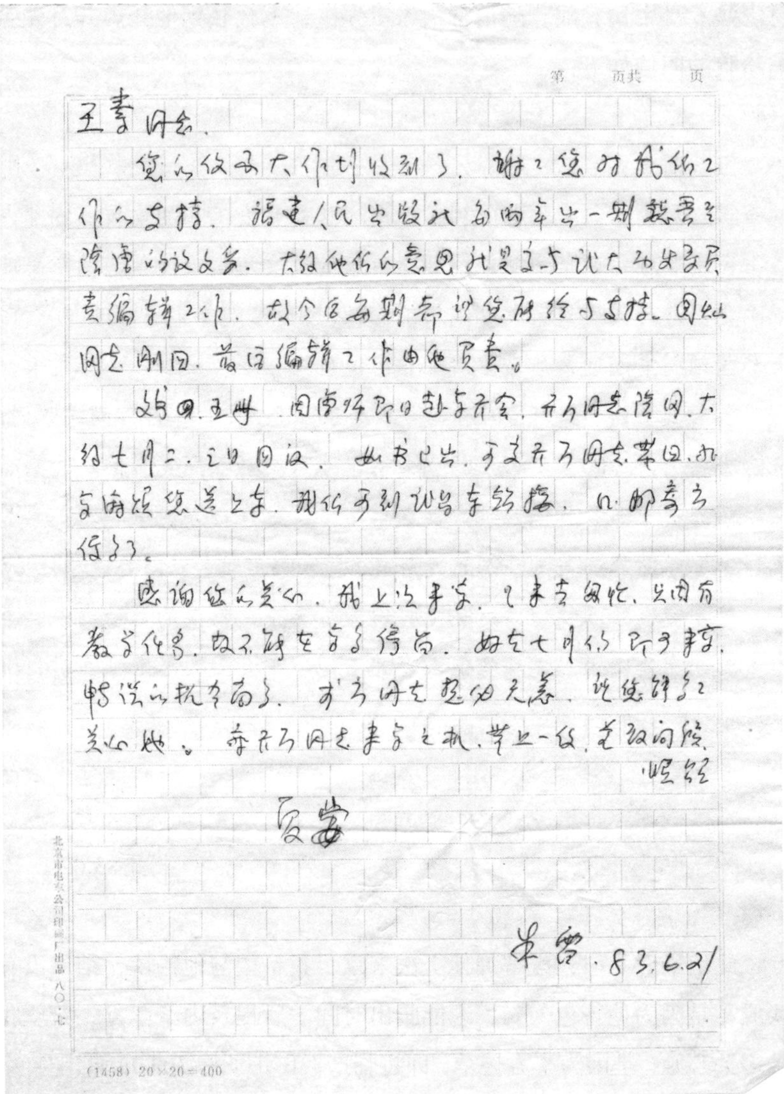

王素同志：

您的信及大作均收到了。谢谢您对我们工作的支持。福建人民出版社每两年出一册魏晋至隋唐的论文集。大约他们的意思就是要请武大历史系负责编辑工作。故今后每期希望您能给予支持。国栋同志刚回，今后编辑工作由他负责。

文书四五册，因唐师下月中赴乌鲁木齐开会，开石同志陪同，大约七月二、三日回汉。如书已出，可交开石同志带回。如不便请您送上来，我们可到[illegible]去接。以邮寄亦行了。

感谢您的关心。我上次来京，未来去看您，只因有教学任务，故不能在京多停留。如在七月份能再来京，将借此机会看您了。开石同志想必无恙，请您转告我之关心他。希望开石同志来京之机，带上一段，望致问候。

顺颂

夏安

朱雷 83.6.21

1983年6月21日朱雷先生信

昌经济地理资料的文章[1]，完成后，我担心搜集材料会有遗漏，知道朱雷先生博闻强记，见多识广，就写信向他请教学术史方面问题，很久以后收到他的回信如下：

王素同志：

很对不起，平时我不去学校，两周一次的政治学习，也是匆匆赶到，开完就走。故见到来信，已是很晚的时候了，复信也就更晚了，尚望谅之鉴之。

关于《梁四公记》，除了《全唐文》《新唐书·艺文志》载有一些有关资料外，后人研究成果，仅我所见有：

顾颉刚主编：《古籍考辨丛刊》第一集中所收胡应麟《四部正伪》内有胡的考证。

钱钟书：《管锥篇（编）》第二册、《太平广记》二一五则中之第三、四则，后部讲此书。（第678页）

以后又见到程毅中：《古小说简目》（中华书局版），比较简单，但又较全面的介绍了有关资料。这本书我有，可写信时想找来看看，又不知放置何处。好在这书出的晚，北京也可找到。

复信晚，又不能提供什么有价值的线索，还请多多愿（原）谅。并请代问李芳（方）及室中诸同志好。

耑此

奉达

朱雷 84.10.15

---

① 王素、李方《〈梁四公记〉所载高昌经济地理资料及相关问题》，原载《中国史研究》1984年第4期，第131—135页，收入《敦煌吐鲁番与汉唐西域史》，将于2022年出版。

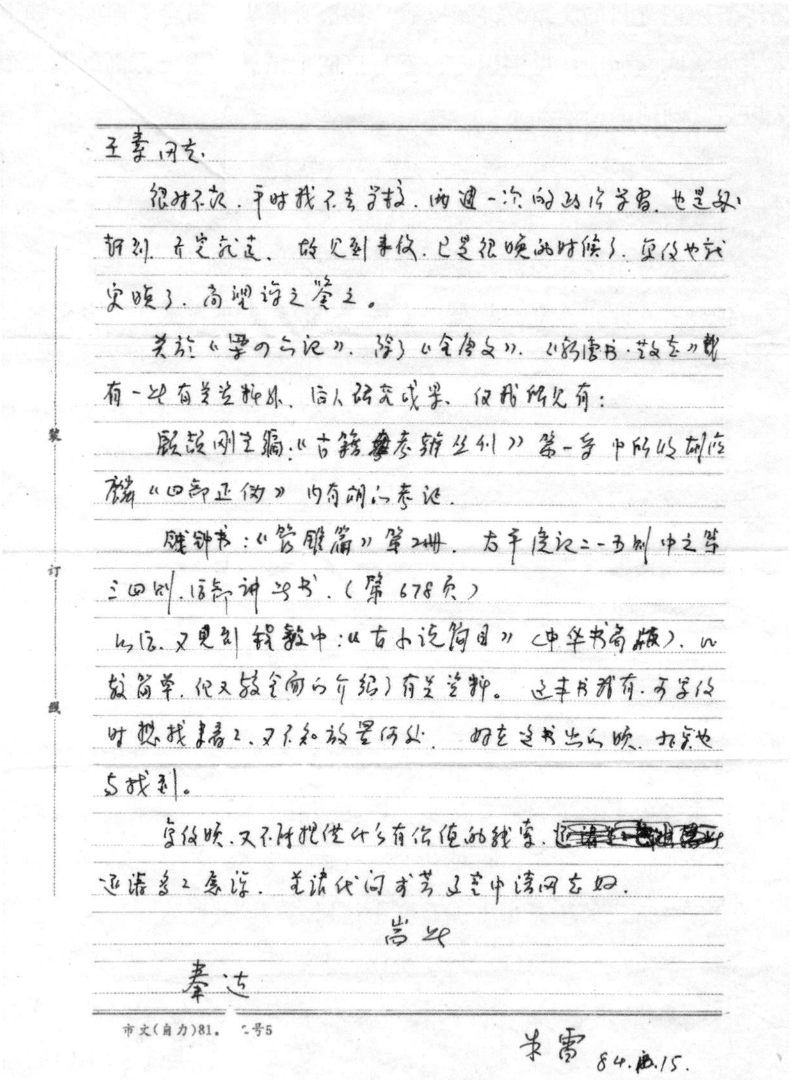

王春同志：

很对不起，平时我不去学校，两周一次的政治学习，也是匆匆报到，会完就走，故见到来信，已是很晚的时候了，复信也就实晚了，尚望谅之鉴之。

关于《梁四公记》，除了《全唐文》、《新唐书·艺文志》载有一些有关资料外，后人研究成果，仅我所见有：

顾颉刚主编：《古籍考辨丛刊》第一集中所收胡应麟《四部正伪》内有胡氏考证。

钱锺书：《管锥篇》第2册，太平广记二一五则中之第三四则，论神异书。（第678页）

此后，又见到程毅中：《古小说简目》（中华书局版），以较简单，但又较全面的介绍有关资料。这本书我有，可写信时想找来看看，又不知放置何处，好在这书出版不久，北京也可找到。

实在很晚，又不能提供什么有价值的线索，还请多多原谅。并请代问中文系王中请同志好。

尚此

奉达

市文(自力)81. 2号5

装 订 线

朱雷 84.10.15.

1984年10月15日朱雷先生信

此信最后一段，先谦虚说自己提供的材料价值有限，后托我代问内子李方及古文献研究室众同事安好。礼貌周到，是朱雷先生一以贯之的风格。

1986至1987年之交，唐师鉴于《文书》释文本校核工作已经完成，图文对照本图版拍摄工作也告一段落，就宣布《文书》整理组可以解散了。此后，由于我的工作更加繁忙，与朱雷先生见面机会更加稀少了。

2000年4月，朱雷先生的第一部论文集《敦煌吐鲁番文书论丛》，由甘肃人民出版社出版，《敦煌吐鲁番研究》召开编委会，委托我写一篇书评。朱雷先生的文章，在此之前我都拜读过，故很快就完稿了。书评最后说：

> 朱教授的很多论文，尽管经过了十多年甚至二十多年，学术价值还是难以超越。……学界师友常言：唐长孺先生门下，论文风格与唐先生最为接近者，莫过于朱雷教授。读罢本书，深信此言非虚[①]。

2016年5月，按旧历，是朱雷先生八十大寿。此前，朱雷先生门下弟子拟编祝寿文集，向我约稿，我将2015年8月参加“2015敦煌论坛：敦煌与中外关系国际学术研讨会暨中国敦煌吐鲁番学会会员

---

① 王素《朱雷〈敦煌吐鲁番文书论丛〉》，原载《敦煌吐鲁番研究》第6卷，北京大学出版社，2002年8月，第401—409页，收入《汉唐历史与出土文献》，故宫出版社，2011年12月，第554—561页。

2016年8月21日，我与朱雷先生在敦煌研究院招待参会嘉宾宴席上

代表大会”的论文给了祝寿文集[①]。朱雷先生八十大寿当天，在武大召开祝寿座谈会，我因工作繁忙未能亲自赴会，委派内子李方代我参会。李方后来告诉我，朱雷先生发言谈到，自己虽然写了不少文章，但实际非常缺乏自信，总有一种忐忑不安之感，直到读到我的前揭书评，特别是最后一段，心里才踏实下来。可见朱雷先生的谦谦君子之风。

2016 年 8 月，我与朱雷先生都参加“2016 敦煌论坛：交融与创

① 王素《关于西晋索统写〈道德经〉残卷的通信——以牟复礼先生回复马泰来先生的电邮为中心》，原载《敦煌吐鲁番文书与中古史研究：朱雷先生八秩荣诞祝寿集》，上海古籍出版社，2016年5月，第19—25页，收入前揭《敦煌吐鲁番与汉唐西域史》，将于2022年出版。

新——纪念莫高窟创建1650周年国际学术研讨会”。一天晚上，我俩在石室书轩偶遇，承蒙秦增果老板招待品茗，终于有机会海阔天空地畅谈。当时朱雷先生已看过我整理笺注的《唐长孺诗词集》。他告诉我：1978年11月15日，余英时先生到故宫博物院拜访唐师（因唐山地震，《文书》整理组曾暂驻故宫博物院办公），他负责接待，并在一旁站立侍茶[①]。其间，余英时先生提出欲将唐师论著译为英文，唐师竟然答曰：“我不懂英文，恐无从助力。”朱雷先生说自己当时尚不觉有异，及读《唐长孺诗词集》，才知唐师早年翻译过那么多英文传记和小说，唐师的英文极佳，如此回答，自是“文革”虽已结束，唐师犹有余悸的缘故[②]。

2017年3月上旬与4月中旬，中华书局徐俊与我先后赴武汉大学公干，在唐师哲嗣唐刚卯和师兄李文澜、王延武的帮助下，在唐师书房发现了大量的唐师读书笔记。所读之书，最早为《全晋文》，在1942年5月到湖南蓝田国师任教后；最晚为陈寅恪《论再生缘》，用的是上海古籍出版社1980年6月出版的《陈寅恪文集之一：寒柳堂集》本，时间长达将近四十年。可分三大类：

第一大类为汉唐正史与相关典籍，形制是在不同稿纸框格内先抄史籍正文，然后在天头或正文间插写札记，主要有《后汉书》《三国志》《晋书》《全晋文》《宋书》《南齐书》《梁书》《魏书》《旧

① 余英时的回忆文章没有提到朱雷先生，大概是把朱先生当服务人员了。见余氏《追忆与唐长孺先生的一次会谈》，《魏晋南北朝隋唐史资料》第21辑（唐长孺教授逝世十周年纪念专辑），武汉大学文科学报编辑部，2004年12月，第25页。按：余氏后将此文改名《追记与唐长孺先生的一次会谈》（实仅改“追忆”为“追记”），收入《师友记往：余英时怀旧集》，北京大学出版社，2013年1月，第155—156页。

② 关于唐师接见余英时之经过，另见王素笺注《唐长孺诗词集》，中华书局，2016年4月，第86—87页。

2017年4月13日，我与朱雷先生在武大唐刚卯家商量整理唐师读书笔记

唐书》《新唐书》《册府元龟》《文苑英华》等十余种。

第二大类为明清与近代典籍，形制是在已出版的书籍的空处批注，主要有李清《三垣笔记》、李诩《戒庵老人漫笔》、郎瑛《七修类稿》、谈迁《北游录》、郑达《野史无文》、龚炜《巢林笔谈》、刘献廷《广阳杂记》、孟森《明清史论著集刊》、张采田《玉溪生年谱会笺》、叶景葵《卷盦书跋》、朱希祖《明季史料题跋》、邓之诚《骨董琐记全编》、谢国桢《明清笔记谈丛》、潘景郑《著砚楼书跋》以及陈寅恪《论再生缘》等近二十种。

第三大类为吐鲁番文书综合笔记，形制主要是在笔记本里夹叙夹议。唐师为整理《文书》，做了大量前期准备工作。最重要的是甲、乙、丙三本整理《文书》笔记，总计有将近 300 面，写作时间，大致从 1975 年底到 1978 年上半年。此外还有：（1）读《流沙坠简》笔记；（2）读流散吐鲁番文书笔记；（3）读《文书》出版物批注；（4）《文书》整理组成员来信，等等。

应该怎样整理如此大量的唐师读书笔记？我曾邀请朱雷先生到唐刚卯家，向他介绍有关情况，希望能够听取他的意见。这是我最后一次与朱雷先生面对面交流。朱雷先生充满感情地谈了不少唐师的往事，有的我知道，有的我不知道，总之令我很受教益。回想起来，感觉真是“故人今已矣，三叹有遗音”（陆游《岁暮老怀》诗）。留给我的，恐怕只有无穷的惆怅和无尽的哀思！

补遗：2010 年 4 月 9 日至 13 日，我与内子李方赴杭州，参加“百

2010年4月10日，我与朱雷先生、刘进宝、李方在宁波蒋氏故居门前（刘进宝供图）

年敦煌文献整理研究国际学术讨论会”，住在栖霞岭华北饭店，闲暇时间，曾与朱雷先生及其门生刘进宝君等参会代表在华北饭店附近游览，也是一次美好回忆。

后记：这些年来，或主动，或应邀，写过不少缅怀师友的文章，并结集为前揭《师友自相依》出版。其实，写此类文章，是一个十分伤感的过程，从我而言，并不想写。但朱雷先生的仙逝，既主动想写，又应邀不得不写。然而，写什么？如何写？却煞费踌躇。因为：首先，朱雷先生不爱写信，我这里保存的朱雷先生的信件屈指可数。其次，我不爱交际，与朱雷先生没有特别的工作关系，接触也就不多。这样，如何成文就成为了问题。最后，只能按时间记一笔流水账。读者如能从这笔流水账中，感受到朱雷先生的品性与学术，则幸甚至哉！

（作者单位：故宫博物院）

只言片语的回忆

——怀念朱雷老师

黄正建

就唐师门下而言，朱雷老师是继高敏、陈国灿之后的第二届研究生，是我的大师兄，但就学问而言，他无疑是可以做老师的，因此我一直称他为“朱老师”。

朱老师去世后，进宝兄约我写篇回忆文字。想来想去，朱老师留给我的都只是些只言片语，但我也很想把它们写出来，以表达一个小师弟的怀念之情。

我和朱老师的接触集中在我考上研究生到八十年代初，那时除在武大外，经常在北京唐先生下榻的寓所中见到他。他对我基本是直呼其名，偶尔叫“小黄”。每次去唐先生处，开门的必然是朱老师，然后对唐先生说“黄正建来了”。如果和张弓一起去，他就会说“张弓、黄正建来了”。我那时每次见唐先生都很紧张，但只要是朱老师开门，那一句带有武汉味道的普通话“黄正建来了”，会让我立刻放松许多。

第一次见到朱老师，应该是1978年7月6日我考研究生复试时。复试是在历史所进行的，除唐先生外还有张泽咸、朱雷、陈国灿、姜伯勤诸老师[1]，印象中除唐先生问了我问题外，其他人都没有说话。

---

① 这是同时参加复试的张弓师兄帮我回忆的。

上研究生后的 1978 年下半年或 1979 年上半年在北京（1979 年 9 月以后我就到武汉大学读书去了），忘了是什么机缘，有一次陪唐先生去琉璃厂逛书店，朱老师随侍。那时我虽然号称研究生，其实水平很差[①]，对于历史学习和史学研究根本不摸门，连应该看什么书或者应该买什么书都不清楚。记得在逛书店的过程中，书架上摆着岑仲勉先生的《唐人行第录》，我没有听说过这本书，自然也没有关注它。朱老师在旁边告诉我说：这本书有用，应该买。听了朱老师的话，我当场就把这本书买了下来。为写这篇回忆，我把这本朱老师建议我买的书又找了出来，版权页写的是“1978 年 3 月新 1 版，1978 年 3 月第 1 次印刷，定价 1.60 元”。也就是说，这本书在我上研究生之前刚刚出版。当然，是书初版于 1962 年，朱老师一定是那时就读过这本书了[②]。朱老师看似漫不经心的提醒对我来说其实很重要，此后岑仲勉先生的书我基本上是出一本就买一本了。

这种提示体现了朱老师学问的广博，也是他乐于助人品格的体现。1979 年在武汉大学进入研究生二年级，要定毕业论文题目。当时我对唐代士族问题比较感兴趣，10 月 25 日与张弓、钟国发一起去见唐先生，定论文题目，张弓暂定商品经济，钟国发暂定南朝道教，我暂定唐朝士族。唐先生让我先做一个唐代宰相出身表，看看有多少人出身士族，并要求我上溯南北朝，命我看王伊同的《五朝门第》。朱老

---

① 1966年“文革”开始时我小学毕业，1968年才入中学，1969年到黑龙江生产建设兵团。在中学的一年多时间里下农村工厂劳动4次，说是中学毕业其实是小学水平。1974年上大学，赶上各种运动，两次在农村和工厂开门办学，不能正常读书，混到毕业。既无家学又缺乏正规教育，水平之差可想而知。

② 朱老师的藏书都捐给了广州图书馆，馆方为此编辑了《广州图书馆藏朱雷教授藏书目录》，很想通过目录看看朱老师所藏《唐人行第录》与下面提到的《世说新语》是什么版本，何时入手的。

师知道我的题目后随即告诉我：还可以看上海古籍出版社影印的《世说新语》，后有表，让我去借来看。结果这个本子的《世说新语》没有借到。后来我的论文题目改为唐代屯田，也就没有再关注这本书了。从朱老师这个提示中可见他读书的广博和细致。一般人读《世说新语》，很少关心后面的表（其实是“人名谱”），而且这个人名谱是宋人汪藻编写的[①]，在中国湮没不传，后来除日本曾影印外，到1955年文学古籍刊行社、1962年中华书局才依据日本的影印本出版。朱老师显然是在出版当时就关注到了这个“人名谱”，然后才能在知道我的论文题目后提示我。受此提示，虽然我后来没有做士族研究，但仍然关心这个题目，并很快购买了上海古籍出版社影印的《世说新语》（后面附有汪藻的叙录，包括人名谱），版权页写的是“1982年11月第1版，1982年11月第1次印刷”，定价3.95元。我想，要是没有朱老师的提示，我不会注意这个人名谱，可能就不会这么快来买这个版本的《世说新语》了。

在那一段时间，朱老师协助唐先生做吐鲁番文书的整理工作。我那时对何为吐鲁番文书、文书内容如何等，知之甚少，但有些问题也不太敢问唐先生。我们在北京去见唐先生时，朱老师一般都在座，但很少说话，等到休息或临告别时，我若有问题就会向他请教，总觉得问他问题，没有那么紧张。比如一次说到文书中的“判”，他就提示我说这些判要具体分析，集在一起的很多都是“拟判”，是考试用的。这在现在是常识，但当时对我来说不啻为非常重要的提醒。还有一次

① 汪藻《世说人名谱》录世家大族26家（又有无谱者26家），从汉末直到陈隋，最长的延绵达12世。现在出版的各种版本的《世说新语》，绝大多数都不包括这个人名谱。

2001年11月6日，在台北“故宫博物院”前
前排左二起：郝春文、伏俊琏、郑阿财、刘进宝、黄正建、荣新江、王三庆
后排：左四柴剑虹、左七朱雷、右二郑炳林

有人认为吐鲁番地区的租佃类型中，有一种是田主吃亏类型的问题请教朱老师，他说：不要轻信这种说法，因为田主把田佃出去，当然只租出去使用权，而占有权在自己，故由田地而产生的一切负担自然均由田主出，古今中外，概莫能外，而唐时所出者为租庸调之类，此等东西实际不重，田主自佃户交上来的租中拿出一部分作税上交，似乎并不吃亏。这一看法对理解唐代西州地区的租佃方式和类型有很大帮助，也可见朱老师治学视野的宽阔。

1981 年为毕业论文事，唐先生让我找历史所的张泽咸先生请教。于是 1 月 29 日我第一次到张先生府上。张先生心直口快，议论滔滔不绝，除了谈论文相关问题外，对所内外诸多先生做学问的优劣予以点评，令我大开眼界。其中提到朱老师，张先生的评价是“比较扎实”。

张先生眼界高远，褒贬不留情面，能这样评论小他七八岁的朱老师，已经可以说是高度评价了。朱老师做学问的扎实现在已是学术界共识，后来我在阅读朱老师的文章时更深刻地认识到了这一点。

吐鲁番文书出版后，朱老师离开北京，我们见面的机会就少多了。以后大概只在各种会议上见面，当然每次都会聊一些事情，但能回忆起来的却又很少。记得2001年因新江兄推荐，我参加了在台湾中正大学举办的“二十一世纪敦煌学国际学术研讨会”。这大概是我从事敦煌学研究以来参加的最重要的一次学术研讨会了。朱老师也参加了这次会议。在会上，我提交的论文题目是《敦煌占婚嫁文书与唐五代的占婚嫁》。大会发言后休息时，朱老师笑眯眯地对我说：黄正建，你能不能算一算我们夫妻的婚姻关系如何啊？我闻听大吃一惊，连忙说：我哪儿懂啊。心里说就是懂，也不敢算啊。这件小事可以看出朱老师诙谐幽默、平易近人的一面。

20世纪初，教育部有个规定，1953年1月1日以后出生的，如果没有博士学位，不能申请博士生导师。我因为是1954年出生的又没有博士学位，直到2006年都没有评上博导。朱老师知道后，一方面为我鸣不平，一方面也为我想办法，说是否可以借鉴孙继民的模式，跟他读一个论文博士。我当时考虑读博士三年或四年，毕业后再评博导，没几年就退休了，意思不大，就婉言谢绝了，但心里对他的好意是十分感谢的。

最后一次见到朱老师，应该是2016年在敦煌召开的学术会议上。会议期间的傍晚，我们一起去石室书轩，一边品着秦老板备好的茶，一边听朱老师讲各种掌故，特别是关于唐先生的那些鲜为人知的事情，浸润其间，思绪万里，似乎忘记了时间的流淌。此情此景，至今历历在目。真的还想再聆听朱老师在学术上的教诲，还想再品味朱老师缓缓讲出的各种掌故逸事。但是，这已经不可能了。

我的大师兄高敏、陈国灿、卢开万、鲁才全诸老师都在这几年先后离我而去，现在朱老师也走了。但我想他们不会走远，他们还会再聚在唐先生周围的，像以往的多次那样，欢声笑语。

1991年7月5日，唐先生八十寿辰时在唐先生府上
左起：张弓、张泽咸、唐先生、黄正建、朱雷

（作者单位：中国社会科学院古代史研究所）

做一个纯粹的学者

——记与朱雷先生的一次通话

杨　果

“杨果同志吗？”几年前的一个傍晚，电话里响起了浑厚的男中音，是我平素敬重的朱雷先生。他是为一位留校任教的青年教师是否该去学校兼任某个中层领导职位的事，来征求我的意见的。这位年轻人有志于成为优秀的学者，并已在科研上崭露头角，取得瞩目成绩；同时他也有较强的组织能力，因此学校有意让他出任某职位，负责较重要的管理工作。朱先生告诉我，他对这一动议是不赞成的，原因很简单，先生说：“我们不缺少行政上能干的人，但缺乏有学问的人。”在先生看来，时间是个常数，人的精力是有限的，只有努力钻研才有可能成为学者；学者要做的工作就是尽力而为地研究；而学术作为天下的公器，服务于社会，是通过学者的工作而不是他的名衔来达成的。先生说：“想在社会中有贡献，知识极为重要”；“他（那位青年教师）的兴趣与志向在学问，他还年轻，在学术上还需多训练、多实践。他能够坚守踏实严谨的学风，能专注、潜心钻研，肯下‘笨’功夫，有可能成为好的学者，成就一番事业。我们要支持他”。

先生还说，他并非一概地反对学者参与管理工作，而是不主张过早地介入行政事务，反对掺杂个人现实功利的考虑。他强调：“只有排除杂念，先自己在学术上真正立住了，才能对学术、学科做更大的

杨果和朱老师参加2004年全国博士生论坛

贡献。”先生的主张与欧阳修的名言“立身以立学为先，立学以读书为本”颇为相通，强调以读书为根本，在“读书”已深根厚植、“立学”已枝繁叶茂之时，参与管理便可成为“立身”的题中之义，从而发挥学者在更大范围的作用。先生看重的是庄子“深根宁极而待”的“存身之道”，力求过得坚实一些、纯粹一些。

朱先生平日常说：民国时期的学术大师王国维、陈寅恪等人，“都是有版本学、校勘学、考据学基础的”，他们“写出的东西，我们可以不同意他们的观点，但是找不出他们的硬伤”。他最常告诫晚辈后学的话是“做学问的人要把持得住，不要不懂装懂”；“人的学问有高低，悟性有高低，但是基本的真实不能改变”。先生主张，要夯实知识，好好地下些真功夫充实学问，以专业来服务人类。

自留校任教迄今几十年间，朱先生一直是我的良师，我不时与先生有些通话，有时是谈工作与读书方面的情况，有时就是简短的问候，

2008年4月，杨果和朱老师参加罗运环博士后出站报告
右起：徐少华、杨果、朱先生、熊铁基、赵玉沛（博士后）、杨华、覃启勋、罗运环

内容比较随意。我们聊过天南海北的逸闻，聊过先生收藏的图书和版本，聊过一些学者的随笔如萨孟武《〈红楼梦〉与中国旧家庭》的有趣和深刻，等等，每每我都能从先生的话中获得不同的教益。不过，这一次的通话，是朱先生与我通话的历史中最长的一次，足有一个多小时，也因此记忆最为深刻。

先生的坚持，看似迂阔，实则乃学者的纯粹。先生是在坚守学者的使命与责任，而他自己也在终生践行。

先生自己就是一位纯粹的学者。他把一生贡献给了中国古代史的研究与教学，特别是吐鲁番文书的整理与研究。朱先生的博学，是我们晚辈十分惊叹的；先生论文的深刻，也是我们十分折服的。在同行那里，朱先生的论文风格，被誉为与唐长孺先生“最为接近”，学术价值“难以超越”。

作为纯粹的学者，朱先生把全副精力投入到科研与教学中，而在人际交往上只凭他正直敦厚的本性而不愿多费心思。他从不在人前议论同事同行，虽难免有被误解，甚至受冤枉的时候，他知道了也顶多只是无辜、无奈地叹叹气，既不作辩解，更不会隔空对骂，而是情恕理遣，能推荐的依然推荐，该提携的仍旧提携。

作为纯粹的学者，先生一辈子宽仁大度，并以他博大的胸怀，庇护学生后进。行笔至此，几十年前的一件往事油然眼前。那年，先生是系主任，我是毕业留校不久的青年教师，由于众所周知的原因受到一些冲击，为了减轻我所承受的压力，他与同样宽仁敦厚的系书记一起找我谈话，给我安慰与指点，告诉我：从历史上看，作为正直的学者，在学术上、社会上遭受某些责难或委屈，是在所难免的，要学会

2010年5月，杨果（前排左二）和朱老师（前排左三）参加陈翔（后排中）博士论文答辩

泰然处之。话语虽不多，但我能体会到他们的真诚关切。而且，此后不久，我被任命为中国史教研室的副主任。当时的主任是一位年富力强的中年学者，我这个“副主任”其实无事需做，这一任命更深的含意，用我的学业导师石泉教授和李涵教授的话来说，是以此来表达对我的认可，是给予信任与激励；而在当时的环境下，更是承担了风险与压力的。数十年过去，当时情景仍历历在目。先生对于晚辈的爱护，无论是在学问上或工作上，都不遗余力，晚辈将永远铭感不忘。

先生之风，山高水长！

虽不能至，心向往之。

从今往后，电话里再也听不到朱先生的声音了。但是，先生纯净、不含一丝杂质的品格、学问与精神，永远镌刻在我的心里。

2021 年 9 月 12 日于昆明

（作者单位：武汉大学历史学院）

朱雷先生二三事

郝春文

我第一次接触朱雷先生是在 1988 年，那一年中国敦煌吐鲁番学会组织的第三届学术研讨会在京举行。朱雷先生陪同唐长孺先生来京赴会，我以青年教师身份任会议秘书，为参会专家服务。记得当时给唐先生安排的是套间，唐先生住里间，朱雷先生就住在外间，以便照顾唐先生起居。

我当时刚涉入学术不久，虽然对唐先生仰之弥高，但自觉学养不够，没资格向唐先生问学请益，所以没打算打扰唐、朱二位先生。会议期间的一天，朱先生主动找到我，给我一张纸条，是日本学者大津透的发言题目。大津透先生之所以要通过朱雷先生把发言题目交给我，我猜想是因为他的汉语不好，可能是顾虑和我说不清楚。另一原因是大津透是池田温先生的学生，而池田先生和武大参会的几位都很熟悉。熟悉到什么程度呢？那时候池田先生的汉语表达不够流畅，磕磕巴巴，词不达意，听者往往不知所云。但武大的陈国灿先生能听懂，他每次都是用我们能听懂的汉语再把池田先生的意思“翻译”一遍。

由于会务工作繁杂，我不小心把朱雷先生给我的纸条弄丢了。这样，在安排大津透发言的时候就没有了题目。我只好硬着头皮再去找朱先生，看朱先生能不能记得大津透的发言题目。朱先生表示他也只是二传手，别人把纸条交给他，他转手交给了我，也不记得纸条上写的是什么了。我后来又去找了大津透本人，让他再次提供了一个中文题目。那时候开会和现在不同，还做不到会前把所有发言者的题目都收齐，编出议程，那时有不少学者是到会时才把论文或题目交来。所以,每个场次在会场门口都会贴一张该场次发言者姓名和标题的海报。记得轮到大津透那一场时，我亲眼看到池田温先生用碳素笔在海报上修改大津透的发言题目。我推测这件事的经过应该是：大津透和池田先生一起拟定了发言题目，由大津透或池田先生交给朱雷先生，请他转交给我。等我再次找大津透要题目时，他也不能完全记得和池田先生一起拟定的题目了，而他自己当时的中文水平尚不能准确地拟定发言题目，所以害得他的老师在海报上修改他的题目。当然，这一切都是因为我的疏失造成的，我应该向朱雷先生、池田先生和大津透先生致歉！

也正是缘于大津透先生的发言题目和我的失误，才使我在会议期间和朱雷先生有了两次直接接触和近距离观察。与其他与会专家广泛交结同行不同，朱雷先生是整天陪侍在唐先生身旁，形影不离，几乎从不单独活动。后来和陈国灿先生聊天，才知道朱雷先生陪侍唐先生并不限于在京参会期间。此前吐鲁番文书整理小组在京整理吐鲁番文书，也是朱雷先生负责给唐先生做饭、熬药等杂务。朱雷先生自己的回忆也提到过此事，并说由于自己从未做过饭，所以饭菜并不一定可口，但唐先生从不挑剔。

语云：师长“有事，弟子服其劳”。这是中国的传统美德，为老师做一些事也是很多学生能做到的。但像朱雷先生这样，长期服侍老师，花费大量的时间，从事很多具体杂务，是我至今仅见的一例。这样的行为可以说是当代尊师重道的典范。

正因为如此，朱雷先生也深为唐先生所信任，据当事人回忆，在唐先生临终前交代后事时，朱雷先生也是见证人之一。

另一次和朱雷先生直接接触是在 2001 年。朱雷先生邀我到武大参加博士学位论文答辩。那次答辩比较特殊，有两位是已经当了教授的答辩人，一位是孙继民兄，一位是刘进宝兄，还有一位应届的博士张荣强。其中孙继民兄申请的是论文博士。因为答辩人有两位老资格，所以朱雷先生特意从北京请了祝总斌先生和我来主持答辩。继民兄和我同庚，因而请比我们大一辈的祝先生主持，进宝兄的答辩则由我主持。

在参加答辩期间，朱雷先生和陈国灿先生对我们的照料很周到，不仅三餐全程陪同，而且在校内活动也要乘车前往。从珞珈山庄到答辩地点其实路并不远，我提出我们可以走路过去，但朱雷先生坚持让我们乘车前往。我和朱雷先生开玩笑说，这样的招待，等我们回到北京就不会走路了。记得那次我是从北京经上海到武汉的，报销路费的时候我提出只报销从上海到武汉的一段就行了，但当时任中国三至九世纪研究所副所长的牟发松兄坚持要把从北京到上海一段的机票也一起报销了，让我感到很不好意思。

在答辩的时候，朱雷先生作为导师介绍继民兄的情况，他谦虚地说："孙继民是唐先生的学生，我怎么敢做他的导师呢！只是因为唐先生已经不在了，所以我只好挂个名。"这番话让我再次领略了朱先生对老师的推重，也表现了他低调和谦逊的品格。

朱雷先生是善谈和多才多艺的学者，和他在一起聊天不愁没有话题，有时可以说就是神聊。曲艺方面，他喜欢昆曲，而且每天早上起来都要听。文学方面，他喜欢武侠，聊起来眉飞色舞，对武侠小说中的人物如数家珍。其他方面，五行八作方面的知识，你随便起个头，他就可以和你侃侃而谈。与一般的书呆子不同，朱雷先生是百科全书式的学者。

关于朱雷先生在学术方面的贡献，在其生前和去世后已有很多、很详细的介绍，不用我再重复了。我这里想强调的是，他是一位善于运用巧思的学者，常能利用我们熟知的材料另辟蹊径，发掘出常人所未见的问题。如他发表的《敦煌两种写本〈燕子赋〉中所见唐代浮逃户处置的变化及其他——读〈敦煌变文集〉札记》等几篇研究敦煌变文的论文，就完全不同于以往学者对敦煌变文的整理和研究，而是开辟了以变文证史和以史证变文的新路径。其成果不但对变文研究和史学研究都具有重要价值，而且还具有方法论意义。其后楚永桥从司法角度考察《燕子赋》反映的法律实施的特点，很明显在方法上受到了朱雷先生的影响。

（作者单位：首都师范大学历史学院）

回忆朱雷先生二三事

张国刚

8 月 10 日上午，我接到浙江大学刘进宝教授一条微信：“朱雷老师今天凌晨 1：40 在武汉去世了。”当时，我简单回复了一个“震惊”，因为三周前我们还在武汉大学一起参加唐长孺先生纪念会。随即我给武汉大学历史学院的刘安志院长发了一条短信：

安志院长：惊悉朱雷教授今晨逝世，不胜悲痛。朱雷先生在中古史研究领域做出了巨大成绩。谨致沉痛哀悼，并请转告家属节哀顺变。清华大学张国刚，2021.8.10。

不久，朱先生入室弟子刘进宝教授来信，编纂纪念文集向我约稿。使我得以回想起几十年来的点点滴滴。

第一次见到朱雷先生，是 1981 年，距今整四十年前，我在南开大学读研究生的时候。当时，日本史专家吴廷璆先生邀请藤枝晃教授来南开大学举办敦煌学讲习班。吴廷璆先生早年留学日本的时候，研究汉唐间的中西交流（蒙刘进宝教授见示相关未刊文章），后来在南开则以治日本史知名，故而请杨志玖先生出面主持藤枝晃教授的讲座。我作为当时年龄最小的研究生，做一些辅助工作。后来有人传藤枝晃说，敦煌在中国，敦煌学在日本。我可以负责任地说，藤枝晃是一个很谦卑的学者，对中国很友好，不会讲出这样伤害他人的话。但是，这句话却促进了中国人奋发研究敦煌吐鲁番学，算是“苦肉计”一类的现象。（有人说他在外地演讲时转述过他人的类似表述，恕我无闻。）

南开的这次敦煌学讲座是有轰动效应的。粉碎“四人帮”之后，中国学术界迎来了科学的春天，百废待兴，敦煌学和吐鲁番学的研究也重新启动，但是，直到三年之后的 1983 年，中国敦煌吐鲁番学会才在兰州成立。可以想见，一向并不以敦煌吐鲁番出土文献研究知名的南开大学，举办这样的学术讲座，广邀中青年学者前来听课，自然会引起国内学术界同行的重视。正是在这种情况下，武汉大学派朱雷先生也来参加讲习班学习。当时，朱先生只有 40 来岁。

我们的交往都是在食堂里，那个时候研究生少，还比较稀罕。我们吃饭和在图书馆的参考资料室里读书，都与教师一个待遇。朱先生不习惯面食，要吃米饭。可是当时是发饭票，馒头（细粮）、米饭（粗粮）是不同的饭票。我年轻，吃米吃面都可以，就经常把米饭票换给他，其实米饭票便宜，0.16 元一斤，馒头票贵，0.20 元一斤。朱先生还说，很感激我。一件小事，可以看出他的厚道。

1988 年，我在职读博士研究生，研究唐代的兵制。周一良先生是答辩委员会主席，除导师杨志玖先生之外，还有胡如雷、张泽咸、朱雷等先生。朱先生对我鼓励有加。

后来，我在工作中见到他，特别是在中国唐史学会召开学术会议期间。2004 年 7 月 25 日至 28 日，中国唐史学会第九届年会在云南大学召开。在这次会议上，需要选举中国唐史学会第十届理事会，朱雷先生卸任会长，意思是让我接任。但是朱先生自己并不主持新一届理事会会议，直接让理事们选举，弄得我也不知道如何是好。对于这样一个“民主”程序，我们当时颇有一些陌生。

1998年，张国刚（左）与朱雷、刘进宝（右）西安合影

2011 年纪念唐长孺先生诞辰 100 周年的会，我是参加了的。只是人多，没有机会与朱先生个人接触。最近一次与朱先生亲密接触，是在 2013 年 10 月。中华书局召开《史记》新点校本发布会。朱先生也来参加了。打电话给我，要与我见一个面。我就派博士生王炳文（现在在厦门大学历史系任教）去接他。据炳文说，朱先生当时好像住在北京动物园后门的中苑宾馆。炳文从宾馆接他到清华大学来。中午，我在紫光国际学术交流中心请他吃饭，有好几个学生作陪。还订了一个房间，让他中午午睡一会。下午，炳文送他从北京西站回武昌。在火车站，怕火车上餐食不合适，炳文又与他吃了一顿饭。席间谈的都是学问。

朱先生感慨，均田制还没有研究透，一些出土史料还没有用到。

在西站吃晚饭的时候，他又对炳文说，有一批没有释读的吐鲁番文书，因为字不好认，文书又粘着脏东西，不好剥离，许多年轻人怕脏怕累不愿意做艰苦的细致工作。

我猜想，朱雷先生大约是在鼓励或者用激将法，去激励年轻人献身学术事业。如果真有什么文书里有宝贝，不惮烦难要挖掘出来，这样的人是大有人在的。我从这里看出了朱雷先生的一番苦心。

自从那一次之后，就很少见到朱雷先生了。2021 年 7 月参加武汉大学举办的唐长孺先生的纪念会，在会上与朱先生打了个招呼，我只是参加了半天会，还与进宝兄说，没能与他细谈。不想那次见面，竟成永诀。

我研究隋唐五代史，敦煌吐鲁番文书是必须掌握的资料。早在读大学期间，我就在旧书店购买过一本旧书，是 1961 年中国科学院历史研究所编辑的《敦煌资料》第 1 辑。80 年代，武大、北大、厦大都出版过研究敦煌吐鲁番文书的论文集，这些也都是我热衷学习的文献。当然，写论文时用得最多的还是唐长孺先生主编的《吐鲁番出土文书》。在唐先生的领导下，以朱雷、陈国灿为骨干的吐鲁番文书整理团队，以国家重大项目带动人才培养，以人才培养推出重大研究成果，进而奠定了武汉大学在中古史研究领域的重要地位。

就朱雷先生而论，我认为他的论文是很得唐长孺先生研究的神韵的。胡如雷先生有次对我说过，武大部分先生的文章，能够得其形，未能得其神。我的看法是，能得其精髓，未必显露宏通。这里没有任何褒贬之意，只是说研究个性与特点而已。

比如，朱雷先生的名著《敦煌吐鲁番文书研究》，除了第一篇《从“走近”到“走进”》和最后三篇关于唐长孺先生与吐鲁番文书的介绍之外，其余二十四篇文章，都是从某一文书或某一段史料出发，对

2004年在昆明唐史学会期间
左起：张荣强、孙继民、黄正建、张国刚、朱雷、刘进宝、魏斌、张宇

于其所涉及的学术内涵，进行深入发掘，阐释相关的历史问题，涉及土地制度史、商业史、社会史、制度史、佛教文化史、艺术史等，对如此广博领域的问题，都能保持问题意识，都能发掘出其学术价值，需要很深的文献功底、很广阔的学术视野。朱雷先生总是从细微之处讨论发覆，从不作泛泛之言，惊人之论。“文如其人”，这种质朴与实在，倒是符合朱雷先生为人谦逊和处世随和的特点。

朱雷先生走了，但是他的风范和学识，永远留在我们心中。

2021 年 11 月 12 日

（作者单位：清华大学人文学院历史系）

严格的学者　亲切的长者

——深切怀念朱雷先生

郑炳林

朱雷先生于2021年8月10日凌晨1：40分去世，上午9点朱雷先生的高足刘进宝教授微信中告诉我这个不幸的消息，使人难以相信，因为在20多天前纪念唐长孺先生诞辰110周年座谈会上，朱雷先生参加了一天的会，从照片上看精神状态还不错，想不到这么快就离世了，无论如何都使人难以接受。每想起同朱先生交往的点点滴滴和他对兰州大学历史学的帮助，历历在目，夜不能寐。撰写此文，以作为对朱雷先生的缅怀。

我首次见到朱雷先生是1983年召开的中国敦煌吐鲁番学会成立大会上，那次会议规模很大，很多学术界的名家云集兰州。唐长孺先生参加了会议，因为唐长孺先生名声很大，所以大家都很注意唐长孺先生的言行举止，当时唐先生已经70多岁了，带着一副深度近视眼镜，每次出行，朱雷都是小心翼翼搀扶着唐先生，当时朱雷已经是教授，在同辈中是佼佼者，但是对待唐先生这样悉心照顾，虽然小事，但是很多人都做不到，不是说没有这个能力，而是很多人缺乏这种耐心和谦虚的态度。以后因为参加敦煌吐鲁番学术会，都会见到朱雷先生，加上我的一个学生跟着朱雷先生做博士后，交往就逐渐多起来，特别是我参加博士点的申报，交往就更多了。

朱雷先生论文不算多，就像学术界的评论一样，篇篇都是精品，称得上代表作，他写论文非常严谨，为人一丝不苟。但是我对他的印象最深的不是学术，而是他对武侠小说的熟悉。我高中以前非常喜欢小说，自从进入大学特别是留校从事历史研究后，很少看小说，改革开放后的二十年，最风靡的就是武侠小说，但是我自己是武侠小说盲，没有看过一本，最多也是跟着家人看看电视剧而已，也是断断续续，知道的几个人物除梅超风、东方不败、灭绝师太、郭靖、黄蓉等外，几乎什么都不知道。但是我喜欢听别人吹武侠小说。特别是朱雷先生和姜伯勤先生的博士万毅谈武侠，追根溯源，入微梳理，听得我目瞪口呆，只有撅着屁股磕头的份，真是佩服得五体投地，心想还有这样业余爱好的历史学家，他在武侠小说上的造诣完全可以赶上从事文学研究的专家，同吐鲁番文书研究相媲美。我对朱雷先生学术非常佩服，能将学术研究做得那样精湛。我更佩服朱雷先生将业余爱好武侠小说研究得细致入微，条理得那样清晰，他讲武侠小说人物关系让人拍案叫绝。

朱雷先生对人对事帮助非常热心，给我留下深刻影响。兰州大学敦煌学申报博士点，1993 年我就参与申报工作，1995 年我作为学科带头人牵头申报博士点，通讯结果出来后我去武汉大学拜访朱雷先生，陈国灿先生带我去见的朱雷，我向朱雷先生汇报兰州大学的情况和学校的企望，朱雷先生很热情地招待我，还请我一起吃饭，那年我 39 岁，听他谈论学术研究，梳理学术界大家的贡献，就像听小说一样，真是一种享受。

然后南下广州拜见中山大学的姜伯勤先生，虽然见过姜先生多次，但是第一次公务拜访，能否谈好，心里没底，朱雷先生说他给姜先生打电话，让我放心去。这次拜访姜先生很顺利，就得益于朱雷先生的电话引荐。虽然这次申报兰州大学准备工作很充足，但是出了点小插曲，没有拿回来博士点。1998 年我再次牵头申报，又去拜会朱先生，讲了兰州大学前一次申报博士点工作中的失误和存在的问题，以及改正举措。朱雷先生认真听了我的讲述，并建议我们应当如何进行建设，交谈之后，是否去广州见姜伯勤先生，我心里有些发怵。朱雷先生鼓励我去，这不违反规定，表示对姜先生的尊重。这次申报得以顺利通过，得益于朱雷、姜伯勤等学界先生的鼎力支持，没有他们的支持，兰州大学敦煌学研究很难发展到现在这个程度；没有他们的扶持，兰州大学敦煌学很难发展得这样顺利。兰州大学敦煌学从一个硕士点进而发展成为国家敦煌学博士学位授权点和博士后科研流动站，进而成为国家重点培育学科。我们兰州大学中国史一级学科博士点，是敦煌学博士点拓展的结果，兰州大学中国史能有这样规模得益于朱雷先生等他们这一代学者的扶持和帮助。

朱雷先生给我留下了很深印象的还有他对事要求非常严格。1998 年兰州大学敦煌学获批博士点，1999 年教育部启动首批人文社会科学重点研究基地建设项目，由于学校大力支持，教育部也非常重视，兰州大学敦煌学研究所申报工作非常顺利，通过了通讯评审并进入实地考察阶段。教育部组织的实地考察组阵容非常厉害，四川大学项楚担任组长，成员有中山大学姜伯勤、首都师范大学宁可、北京大学李孝聪和武汉大学陈广胜处长，参加的还有教育部社政司的张宝生处长。兰州大学敦煌学才拿上博士点，已经是发展很快了，要成为教育部敦煌学研究基地，这简直是跨越式发展。十月份教育部对首批 15 家基地实地考察验收，而兰州大学敦煌学是 15 家中最早进行考察的基地，教育部当时对如何进行文科基地建设，并没有成熟想法，实际上属于摸着石头过河，在第一批文科基地建设中积累经验，我们就属于实验阶段的试验品，兰州大学敦煌学研究所属于最早吃螃蟹的机构。兰州大学人文社科从来没有经过这种场面，校方也非常紧张，校长李发伸、负责科研的副校长郑晓静亲自参加会议，社科处全体上马。因为基地是兰州大学与敦煌研究院联合申报的，所以敦煌研究院院长樊锦诗也参加会议。我进行主汇报，而郑晓静和樊锦诗进行补充，李发伸坐镇救火。汇报会开始气氛非常凝重，专家组表情严肃；而我们心里也很紧张，就这点底子，能否成为国家基地，说实在的心里没谱。加上我们是在同浙江大学竞争中出线的，一旦有所失误必将留下口实。我小小心心汇报完，专家一个意见将我放在南墙上下不来，就是我如何做全国敦煌学的中长期计划，全国从事敦煌学研究数百人，牵扯到很多领域，分布在很多学术机构，这哪是我能够掌控得了的。只要一张口肯定就错，一回答就死定了。当时我紧张得有点发懵，头上的汗珠直往下流，腿肚子都有些发抖，心想完了完了。多亏李校长救场说按照理科国家重点实验室的做法，成立基地学术委员会，由基地学术委员会来制订规划，基地主任负责执行并向基地学术委员会汇报。一下化解我的困境。樊锦诗院长也很给力，说兰州大学与敦煌研究院联合是优势互补珠联璧合。武汉大学陈广胜事先征求过朱雷先生的意见，得到朱雷先生肯定的意见，因此他在会上为兰州大学说了很多好话，使我们得以顺利通过评审。意见反馈是当天七点多了，李发伸校长、郑晓静副校长和我，还有社科处的霍红辉、祁晓红、冯霞等一堆人等着最后的消息，会议在兰州大学逸夫馆 201 会议室，而我们就在隔壁静静等待。当等到消息之后，李校长代表学校做了表态发言，大家非常激动，至今我们仍然非常感激朱雷先生的美言。研究基地成立学术委员会是教育部从兰州大学的评审中得到的经验，在第二批评审中在全国推广开来。朱雷先生是基地的首届学术委员会成员，基地就是在他们严格的要求之下一步一步发展起来的。兰州大学敦煌学有今天的规模、水平，得力于他们最初的设计。2000 年基地学术委员会会议，制订敦煌学的中长期发展规划，我们从来没有做过这样的计划，学术委员会主任姜伯勤，成员有项楚、朱雷等人，我们做的规划并不满意，当时基地只有十五家，大家希望值都很高，所以规划和项目评审非常严格且都批评较多，朱雷先生虽然也指出了规划设计和项目申报中的不足，但还是出来帮忙打圆场，说中长期计划可以下去慢慢完善，原则上还是通过。这件事虽然过去二十多年了，至今记忆犹新，我们仍然惦念朱雷先生对兰州大学敦煌学帮扶之情。他们提出来很多批评意见，这些批评意见是当面提出的，虽然朱先生和我们非常熟悉，但是牵扯到学术研究毫不留情，这一对待学术的严谨态度，对我震动很大，对兰州大学今后发展敦煌学研究工作非常有益，没有这种严格要求，就没有今后的认真工作。

后来我们请朱雷先生到兰州大学做学术讲座，那时我们基地才建立，经费非常有限，开支捉襟见肘。请朱雷先生之前，因为朱雷是国内著名专家，又是国务院学位委员会历史学学科评议组成员，有一次我安排朱雷先生去考察炳灵寺，炳灵寺文物保护研究所所长王亨通听说是国务院学位委员会学科评议组成员，根本不敢见面，说你想让看哪个洞窟他开门就是，别让他去见面谈话。和朱雷先生不熟悉之前，总认为朱先生一定很有架子，当和朱先生接触之后，发现他一点架子都没有，平易近人，非常好处，不讲究。那时我们学校专家楼有食堂，有时我也陪他一起吃饭，他总是说简单点，少点些，够吃就行。有一次我让留校的一位青年教师陪他，这个青年教师不知道朱先生的脾气，两个人吃饭，这个年轻教师却点了八个菜，惹得朱先生很不高兴，让他打包拿走，他不肯，结果朱先生下午上课，自己打包提到研究所分给学生吃了。通过这件事我更加亲近朱先生，为他的勤俭作风所折服。

讲座进行了好几天，学生听得津津有味，兴趣很浓。讲座结束之后，我请朱先生去银川考察，他欣然同意。我们两个坐长途班车一路颠簸到银川，好朋友宁夏考古所的罗丰安排考察固原须弥山石窟、固原博物馆、西夏王陵和贺兰山岩画。一路上几天顿顿都是生汆面片，就是揪面片煮熟，放进去一些生肉丁，味道非常鲜美。都是路边小店，朱雷先生吃得有滋有味，一人一大碗，吃完抹嘴就走，非常随意，没有一点大人物的派头。就是吃米饭，也就两个菜，够吃就行。记得考察完贺兰山岩画出来，三个人炖了半只鸡，三碗米饭就打发了，但是朱雷先生餐后非常满意。考察期间，他一直和我住一间房子，不让我给他单独开房，说那样太浪费。留下记忆最深的事，是强师傅开车带我们考察须弥山石窟，到门口他不进入，让我们自己参观，当天人很少，我们看过大佛寺，来到中间最没有看头的山头上，山体陡立，我们俩连滚带爬、手脚并用才登上山，可山上全是些空洞子，里面什么都没有。但是空旷的洞窟殿前杂草丛生，蚊子超多超肥，直往脸上扑，咬得我们俩身上全是红疙瘩。太阳快要落山了，强师傅看我们还不出来，开车来找我们，发现我们两个还在石窟外瞎转悠，赶紧用车送我们去上寺参观须弥山最好的洞窟，等到参观结束出来时，已经是满天繁星，管理员在灯光下等我们出门上锁，剩下我们孤零零一辆车，乘着夜色行驶在石门沟墨漆黑的山间公路上。时隔多年，至今想起来由于我的失误，让朱雷先生跟我受了那么多罪，喂了蚊虫那么多血，还觉得挺对不住朱雷先生的。

今天得知朱雷先生走了，他已经去西方净土世界，但是他留下的点点滴滴记忆，还留在我们的脑海中。

愿朱雷先生一路走好。

2021 年 8 月 10 日

（作者单位：兰州大学敦煌学研究所）

我所认识的朱雷先生

李华瑞

初次认识朱雷先生是在1999年的春夏之际。当时我在河北大学担任研究生处副处长，专管学位工作。当时申请博士学位授权点，是全国各地方高校工作中的重中之重，河北大学自从20世纪80年代漆侠、詹瑛、滕大春先后获得中国古代史、中国古代文学和外国教育史三个博士点后，十多年没有再增加博士点。所以我的压力很大。故按照当时申报的惯例，都要一一拜访掌握生杀大权的国务院学位委员会学科评议组成员，希望能够得到支持。1999年又是评审年，为争取中国近代史博士学位点的申报，我跟随时任河北大学主管科研的副校长的詹福瑞拜访了朱雷先生。好友杨果带我们找到朱先生家，朱先生在家接待了我们，朱先生操着浓重的湖北口音，说话慢条斯理，精神矍铄，当得知我是漆侠先生的学生，还表达对漆先生的敬意。记得特别清楚的是，当我们拿出礼物时，朱先生特意给我们指了指悬挂在堂屋正中墙壁上的教育部关于学科评议组成员应当遵守评审规则的文件，表示上面规定不能接受礼物，他还说来拜访的人有很多，络绎不绝，但是请我们放心，评审时他一定会按照条件认真评审，不会徇私舞弊，由此得知朱先生是讲原则的人。

翌年我在京西宾馆又见到朱雷先生。2000年，国家社科基金办扩大社科基金项目会议评审专家，适当吸纳青年专家，河北省社科规划办推荐了我。评审课题的时候，恰好我与朱先生和林甘泉先生分在一个社会经济史小组，召集人林甘泉先生请朱雷先生做我们小组的组长，朱先生和林甘泉先生都是老评委，评审课题很有经验，审阅材料也是极认真的，当然评审的速度也相对较慢，因而吃过晚饭后，朱先生和林先生仍伏案工作到10点以后，很是辛苦。当时评审专家颇能遵守评审纪律，后来我知道当年评审时有朱先生学生的课题，但在评审过程中始终未见朱先生跟任何评委打招呼，而且他的学生的课题是由我主审，我提出了不拟立项的意见，朱先生也没有提不同意见。这个课题的申请人连续申报了三年，经过不断修改，最终获得通过，通过后我才知道课题申请人是朱先生的学生，也是我认识的朋友。这是第二次见证朱先生讲原则，不徇私情。

在评审课题间歇，给我深刻印象的是朱先生喜读武侠小说。据说当时有好几位著名史学家如宁可、庞朴、李学勤等都是武侠小说迷，甚至平素外出开会也随身携带武侠小说抽空阅读。当时正值读武侠小说甚为流行的时期，其中金庸、古龙、梁羽生的小说最受欢迎，据说朱雷先生更喜欢古龙的，因为我虽然也翻过几本金庸的小说，但是确实不甚喜欢，所以朱先生是喜欢古龙还是喜欢金庸无从知晓。有一次，傍晚时分，我去朱雷先生房间取材料，朱雷先生房间坐着几位评审专家正在听朱雷先生讲武侠小说，我现在确实记不清讲的是哪部书，但是印象很深的是朱先生讲得很细，绘声绘色，我不敢打断朱先生，便坐下来听。那天我差不多听了半个小时，其实在我之前已开讲半个小时了，由此可见朱先生对武侠小说迷恋之一斑。更重要的是那时朱先生已年过六旬，记忆力之好也令人钦佩。坊间曾传说朱雷先生当年读敦煌卷子，有一残卷分藏在国内和国外，朱先生看到国外所藏残卷，当下指出国内所藏残卷的卷号。当时听了由衷佩服其功力和记忆。

对朱先生有更多了解是我在西北师大读书时的老同学刘进宝考上朱雷先生的博士研究生之后，通过进宝兄的介绍我对朱先生有了进一步的了解。2000年朱雷先生的第一部论文集《敦煌吐鲁番文书论丛》由甘肃人民出版社出版，由于进宝兄参与了这部论文集的编辑，书出版后，进宝兄给我送了一本。我对敦煌吐鲁番文书纯粹是外行，但是我的硕士导师陈守忠先生是甘肃最早涉猎敦煌学的学者之一，陈先生亲手创建了西北师大的敦煌学研究所，因而耳濡目染对敦煌吐鲁番文书的研究也会关注，特别是后来研究王安石变法期间吕惠卿创“手实簿法”和研究黑水城出土文书的西夏户籍手实，我都会想到朱雷先生的《唐代“手实”制度杂识——唐代籍帐制度考察》及其他大作，便会专门阅读。朱先生对于敦煌吐鲁番文书中河西地区的籍帐、作人、差科、逃户、时沽、税制、授田、买卖契约等社会经济史都有专门研究，且见解独到。西夏的社会经济制度有相当部分继承了唐代以来敦煌地区（包括归义军时期）的制度，西夏学与敦煌学有密不可分的内在联系。所以阅读朱先生的相关研究，给我启发良多。同时我也经常感慨，做西夏史研究应当关注敦煌吐鲁番文书的研究，敦煌藏经洞的封闭是在李元昊攻占敦煌时期，敦煌文书与西夏史有着天然的联系。

2004年9月，武汉大学举行纪念唐长孺先生逝世十周年学术研讨会，我作为中国宋史研究会秘书长、常务副会长受邀参加纪念会，见到了朱先生。当时参会者中有日本著名学者谷川道雄，当年漆侠师在日本讲学曾与谷川道雄过从甚密，我请朱先生引荐，当谷川道雄先生得知我是漆侠师的学生时，竖起大拇指说：“你的老师有水平有见解，十年前他到日本我们有过很好的谈话，他的《隋末农民起义》，我在五十年代就读过，他对刘黑闼起兵问题讲得好。”随后与朱先生坐在一起，朱先生谈到，唐先生自五十年代就开始接受马克思主义，对国内用马克思主义研究中国历史有成就的学者，都颇为推崇，譬如说胡如雷先生，还有你的导师漆侠先生。大致是因老师的影响而带来的屋乌之爱，我自己深刻感受武汉大学三至九世纪研究所同行对我非常友好，除了朱先生，老一辈学者陈国灿、同辈冻国栋、牟发松学兄和唐先生长公子唐刚卯都对我礼遇有加，让我很是感动。我对朱先生说，我在跟随漆侠师学习工作时，漆侠师每每提及唐长孺先生，总是用很敬佩的口吻给我们讲述唐先生不仅有很好的考据功夫，而且马克思主义理论水平也很高。也是在这次会上，听到学界对唐长孺学生门人传承的评价：高敏传承了唐先生的魏晋南北朝史研究，张泽咸继承了唐先生的唐史研究，而朱雷先生则是唐先生在敦煌吐鲁番文书研究方面的直接传人。这应是学界对朱雷先生学术成就的中肯评价。

2005 年前，每年四五月份国家社科基金会议评审都能见到朱先生。2005 年以后，国家社科基金项目评审改变评审规则，与朱先生见面机会不多。

2010 年，武汉大学承办第十三届中国宋史研究会年会，我们住在珞珈山宾馆，朱先生还专程来宾馆看望几位“老朋友”，我也忝列其中。交谈中，朱先生很谦虚地说要请教一个问题，唐代财政制度是量入为出，宋代是否也是如此，我说我了解的可能不全面，宋朝大部分时间应是量出为入。顺便谈到唐中叶以后府兵制瓦解对唐宋财政的影响，但唐史与宋史研究的取向则不同等，当时谈的内容很广泛，可惜现在都记不太清楚了。

2021 年 7 月初我曾应杨华兄的邀请到武大做过一次学术报告，其间我曾问询杨华兄能否拜见朱先生，杨华兄说朱先生近期住在疗养院，我的行程安排又很紧张，恐怕来不及，所以期望下次再拜访。可是 8 月 10 日，突然传来朱先生逝世的噩耗，深感震惊。第一时间给进宝兄打电话，了解情况，也顺便谈起与朱先生的交往，进宝兄嘱我将交往写下来，这是这篇纪念文字的由来。顺志于此。

朱雷先生安息吧!

（作者单位：首都师范大学历史学院）

深切怀念朱雷老师

徐少华

朱雷老师是我国著名的历史学家、教育家，六十余年来在魏晋南北朝隋唐史、敦煌吐鲁番文书等多个领域辛勤耕耘，做出了重要的学术成就与贡献，深受海内外同行的尊敬和爱戴。朱老师的逝世，使我们失去了一位十分敬重的师长与学术领路人，不仅是我们武汉大学历史学科的重大损失，亦是国内外史学界的重大损失。朱老师离开后，不管是亲人、朋友，还是同事、同行以及学生们，得知信息犹如五雷轰顶、万分悲痛，然而由于疫情防控的原因，大家都没有最后再见一面或送别致哀的机会,不能不说是一个莫大的遗憾和留在心底的伤痛。现利用诸位同仁编撰纪念文集的机会，写几句话忝列其中，以寄托我们对老师的哀思和怀念之情。

一

2021 年 8 月 10 日早上，我刚起床，突然收到学院同事魏斌老师的短信，告知朱雷老师于今天凌晨去世了，我看后大吃一惊，7 月 18 日学院举办唐长孺先生诞辰 110 周年纪念会，当时朱老师的身体虽然不太好，但精神还可以，坐着轮椅坚持参加了一整天的会议，并与大家合影留念，中午还在一起吃午饭，当时我们觉得朱老师的状况还不是那么差，这才二十天前的事，怎么突然说走就走了呢？我有点不敢相信，担心弄错了，马上打电话给魏斌老师，噩耗最终得以确认。接着从微信朋友圈里收到同窗工真兄关于朱老师去世的信息，还特别附了一张 7 月 18 日那天他站在朱老师轮椅旁边的合照，可谓最后的敬意与留影，我看后颇有感触。那天我也想与朱老师合个影，一是觉得人多不便，再是担心让朱老师受累，也就免了，没想到竟成了与朱老师的最后一面，心里懊悔不已。

信息确实后，我本想尽快去老师家看看师母，因考虑到时间还早和疫情防控的要求，不好贸然行动，便在家里闲坐了一会，然后又咨询魏斌兄下一步如何安排。魏老师说他正在去老师家的路上，等会有消息再告知我。过了十来分钟，魏斌兄来短信说学院书记、院长等诸位领导都在老师家看望师母，问我现在是否过来。我想院领导可能要与师母商量一应事宜，我就等一会来吧。大约过了二十分钟，我去老师家，在楼下见到学院领导一行，打了个招呼就上楼去了。进了老师家的客厅，正好师母在，魏斌兄与他的学生在那里帮助打理相关事宜。我拉着师母的手说，二十天前唐先生纪念会上朱老师的状况还不算差，没想到这么快就天地两隔了。师母说她们也没有料到事情来得这么突然！我说近两年朱老师因病生活多有不便，全靠您的料理，您也非常辛苦、非常累。师母说好在她的身体还过得去，不然这两年真没办法。我说事已至此，您一定要保重身体！

多年来，朱老师家的客厅也就是老师的书房和办公室，摆满了各类书架和大小图书，靠墙的左右两边一直架到房顶，一张陈旧的大书桌靠近北边的窗子而放，朱老师平时看书、办公则面窗背门而坐，时间长了，书桌两边地上也堆满了书籍和资料，我们平时去老师家汇报请益，既是坐在客厅里，亦是坐在这些书堆中，好在大家都是读书人，都很习惯且适应这样的工作与生活环境。那天进入老师家的客厅兼书房，心情异常沉重，注视室内的桌椅、书籍，尤其是书桌上那一摞摞的图书资料，陈设依旧而主人已经离去，我们再也听不见朱老师那洪亮宽厚的嗓音了，再也不可能聆听老师的谆谆教诲了。

我从老师家出来，即接到在广东工作的师兄张国雄的电话，他说：少华，刚得知朱雷老师过世的信息，不知学校或学院方面会有什么安排？我告知师兄说我刚去朱老师家看望了师母，正好遇见学院诸位领导从老师家出来。从目前疫情防控的形势推测，估计很难开展什么集体活动。国雄在电话里特别嘱咐，如果学校或学院有什么活动，请一定告知为盼。

由于疫情防控的原因，朱老师过世后，没有举行追悼会或告别仪式，好在当今网络、微信发达便利，大家纷纷在网上或各类微信群里表达深切的哀悼与缅怀之情，送别我们这位尊敬的师长与学术领路人。

二

在我的记忆中，自 1978 年秋我们进入武汉大学历史系读本科的四年中，好像没有见到过朱老师，接下来读硕士的三年中，亦与朱老师不太熟悉，后来才了解到那些年朱老师等几位老师被国家文物局聘请到北京协助唐长孺先生整理、研究考古发现的吐鲁番文书，常年在北京、新疆等地奔忙，由于回学校的时间有限，也没有给我们开课，自然就很少有见面熟识的机会。

只要是在武大历史系学习或工作过的人，经过一段时间，都会逐渐认识并深深体会到，由唐长孺先生创立并领衔的中国三至九世纪研究所及其团队，是我们武大历史学科的中坚力量之一，梯队健全，成果层出，在国内外史学界享有很高的声誉，不仅是我们的骄傲，亦是我们学习的榜样和楷模。其中有几件事令我印象深刻并颇受启发。

1979年春，陈仲安老师给我们年级讲授中国古代史的魏晋南北朝至隋唐部分，陈老师那时已五十好几了，还是一名讲师，眼睛高度近视，讲课语速较慢，声音比较小，但资料娴熟，提纲挈领，简明扼要。同学们有时在下面议论，陈老师是唐先生门下较年长的弟子，学术功底深厚，为人谦和，大家都很尊敬他。

1980年，学校进行职称评审，将陈仲安老师从讲师越级提升为教授，同时还在校报上登载了一篇文章，特地讲述唐先生当年带着他的学生陈仲安应邀前往北京中华书局，负责点校二十四史中的北朝四史，经过几年的艰苦努力，高质量地完成了这项重要工作，受到学界的充分肯定和一致好评，其中也包含陈仲安老师所做出的一系列重要贡献等等，因而学校将陈老师从讲师破格晋升为教授，体现出改革开放以来尊重知识、尊重人才的新气象。当时每期校报出版后都给各班分发几份，由于陈老师此前给我们上过古代史的课，大家比较熟悉，看到这篇文章后，同学们争相传阅，既感到亲切，也备受鼓舞。

事后回想，那篇文章可能也是学校有关方面特意安排的，以与陈老师的破格晋升相呼应。由此也可见校方对历史学科的重视以及我系魏晋南北朝隋唐史研究团队的学术实力。

1986年，朱老师等完成国家文物局的文书整理任务后回到学校。这一年，朱老师不但顺利晋升为教授，还被国务院学科评议组遴选为博士生导师，当时朱老师49岁。按照现在的师资格局，理科教师中29岁上教授、被增列为博导，文科教师中39岁升教授、被增列为博导者并不稀见，但在20世纪80年代中期，因受“文革”影响所积压下来的各种问题还在逐步解决，以致部分老师的正高职称上得很晚，增列博导则更是十分不易。以朱老师的年龄，在传统的历史学科领域，应该是当时国内最年轻的博士生导师之一。

两年后，朱老师等又被国家人事部评选为国家级有突出贡献的中青年专家，记得当时校报上曾刊载过一篇通讯，报道武大有数名教师入选的情况。在我的印象中，那次当选的几位武大老师，都是各学科的中坚骨干甚至领军人物，有的后来分别担任过学校的副校长和校长，朱老师则是其中最年轻的一位。由此可见朱老师的学术实力和在学界的影响。

我 1985 年硕士毕业后留系任教，两年后又在职跟随石泉先生攻读博士学位，当时正值求学求知或追求上进的时光，我们一拨青年教师看到朱老师这一系列的成就和进步都非常羡慕并深感振奋，同时也很崇拜他。对此，我还专门请教过石泉先生，石先生对我说朱老师人品好，学术功底厚实，做学问踏实认真，你们要多向他学习请教。

从那以后，见到朱老师的机会逐渐多了，有空便向朱老师请益并闲谈几句，开始还觉得朱老师比较严肃，也有些威仪感，因而说话有些拘谨，后来慢慢熟悉了，觉得朱老师蛮和蔼可亲的，为人质朴，没有任何架子，从不来虚的、不搞冠冕堂皇的东西，但知识面很宽广，除专业学问外，古今中外的逸闻趣事知道很多，与我们这些小字辈聊起来仍颇有兴致，我们很受教益。

1998 年夏天，我结束了哈佛燕京一年的访问研究后，在耶鲁东亚中心得到一个短期访学的机会，大约是 7 月中旬的一天下午，我带着行李从波士顿乘火车到纽黑文，耶鲁历史系的金安平教授开车前往车站接我，上车后金老师就对我说，徐先生有件事我想应该先对您讲，你们武大历史系的两位老师现在耶鲁。我一听马上问金老师，哪两位老师在这里。金老师告诉我是陈国灿和朱雷老师。我又问他们来这里做什么、住多久。金老师说，耶鲁历史系的韩森（Valerie Hansen）教授今年申请到一个中国以外所藏敦煌文书的综合著录与研究课题，因而召开了一个小规模的学术会议，今天下午结束。我想出门快一年了，既然两位老师在这里，应该见面将自己这一年的情况向他们做一汇报。我问金老师开会地点在哪里，如果方便的话，我们能否先到会场向两位老师打个招呼，然后再去我的住处，担心今天下午散会后老师们若有别的安排就见不到他们了。金老师非常关照，说开会地点在耶鲁教工俱乐部，从车站去我的住处正好经过那里。到了会场门口，金老师停好车就带我进去，从侧门我看见陈老师、朱老师坐在会议室相对靠后的位置，我就弯腰悄悄走过去，与他们打了招呼就在旁边找了个空位坐下。当时北京大学荣新江老师代表与会学者在做总结发言并致答谢辞，是用英语讲的，这是我第一次见到新江老师，感受到他的学术风采。陈老师轻轻拍了拍我的手臂说，少华呀，你们要努力啊！你看新江老师这么年轻，不仅学问做得好，与国外学者用英语交流基本上没有障碍，我们这一辈人外语多不太好，难以进行正常的学术交流，你们还年轻，应该过好外语关。朱老师接着说，是的！你看人家用英语我们听不懂，我们讲中文有时又和别的学者难以深入讨论，使学术交流受到很大的限制，你们要突破这样的局限。两位老师的话饱含厚望，令我印象深刻，至今记忆犹新。

散会后，我与参会的张广达先生、邓小南和荣新江诸位老师打了招呼，张先生对我说他现在要赶往纽约乘飞机去法国，三周左右再来耶鲁，与我住邻居。我一听很高兴，说那太好了，天天可以向您请教问题。在得知武大两位老师会后还要在这里再工作几天的确实信息后，我便离开前往住处先安顿下来。

第二天午饭前，我去找两位老师，打算请他们晚上吃顿便饭，一是汇报学习情况，再是尽点学生的心意。他们告知当晚已有安排，我问第二天怎么样呢。他们说那要问韩森教授。我又咨询韩森老师，韩森老师告诉说这几天都安排好了，请吃饭的事要我不必张罗了。我颇感失望，只好在晚上九点前后等他们吃完晚餐、商量好下一步的工作后前往老师们下榻的宾馆看望他们，向他们汇报我这一年的情况、说明下一步的打算。朱老师听后嘱咐我，你在这里磨炼一下有好处，但结束后赶快回去，学校有许多工作等着你们做，并告知前不久刚完成历史学博士后流动站与一级学科博士点的申报和评审工作，因事关学科的发展与前景，我一听就急着问朱老师，结果怎样，我们入选了吗？老师告知说我们虽顺利入选了，但与北大、复旦等校相比较还存在很多不足和短板，如学科布局、梯队建设、人才培养、代表性成果诸方面，尤其在中青年老师的培育上要下大工夫，不然就缺乏竞争力。听了朱老师的一席话，我深深领会到他对我们历史系、对这个学科群体的拳拳之心、关爱之情，以及所倾注的心血。

好在老师们离开的前一天下午，史景迁（Jonathan Spence）、金安平教授夫妇请老师们去他们家做客，我也跟着沾光前往。记得那天下午天气不错，从不远处吹来阵阵海风，使人并不觉得太热。同去的有耶鲁的韩森教授、北大邓小南和荣新江老师、武大的两位老师和我等几人。史先生与金老师的家位于一处坡地的上方，半坡为一大片绿地，中间有一座中式的凉亭，坡下是一片树林，一条小溪沿坡脚下蜿蜒而过。史先生和金老师先带着大家到草地上走走，又下到溪边树林里看看，溪上有一座用几根原木捆绑并铆钉在一起搭成的便桥，金老师告诉我们这是史先生的杰作；然后上到半坡的凉亭，坐在那里休息喝茶，金老师说这亭子也是史先生自己搭建的，大家都很惊异，这位全球著名的史学大家原来还是一位理家置业的能工巧匠！史先生则在一旁解释，材料、样式都是在商店订制的，商家送来后自己只是动手搭建一下，类似拼积木，并不难。我们知道虽然只是搭建，但平整地基，这么些材料运来后逐一拼接并弄成一个精致小巧的建筑仍然比较复杂，不是一天两天的工夫。

那天是我第一次与武大之外的这几位老师较长时间且近距离的接触、交谈，既领略到他们的渊博学识、热情好客，也从他们那里学到了不少知识，受益良多。

后来一段时间我与张广达先生租住在隔壁，方便向张先生请益，有一次特地向张先生谈起武大两位老师来耶鲁，没能请他们吃顿便饭的憾事。张先生对我说，少华，你也不必太介意。在敦煌文书这个研究领域，中年学者里你这两位老师是做得不错的，青年学人中荣新江是比较突出的，他们来一趟不容易，韩森教授可能是想利用大家在一起的这个机会尽可能解决一些项目所面临的有关问题，毕竟只有几天时间嘛。

从这件事情，我亦感受到朱老师和陈老师的学术成就与影响之点滴。

离开耶鲁之前，我问朱老师后面还有什么别的安排，朱老师告诉我说他先去新泽西，在朋友那里住几天，再去加州，到几位朋友家里看看，然后从西岸回国。我一听就笑着说，您英语不太好，一个人还敢在美国到处转，不会出什么差错吧。朱老师说：笑话！我这里联络图都准备得好好的，每地都有人接送，大活人还能丢了不成；接着掏出几张卡片翻给我看，一面是中文，一面是英文，将几位朋友的姓名、住址、电话都抄在上面，一位朋友一张卡片。我当时还抄录了其中几位朋友的姓名与电话，以防万一，结果还真没有用上，但至今仍保留在我的笔记本上。1999 年回校后我问朱老师，老师告知一切顺利。可见朱老师做事胆大心细，按计划行动，一切都在掌控中。

三

20 世纪 80 年代后期，随着系里几位老先生年事渐高，朱老师逐渐肩负起历史系的有关工作，先是担任了几年的系主任，然后又转任系（后改为“学院”）学术委员会主任多年，大概一直到 2007 年前后才卸下这副重担。多年来，朱老师为我们系（院）的队伍建设、人才培养、学科布局、学风传承等各个方面呕心沥血，承前启后，辛勤工作，做出了重要的贡献，既是我们学术事业的领路人，也是我们学科建设的掌舵人，亦是我们的良师益友，大家都很尊敬他、爱戴他。

朱老师曾多次半开玩笑半认真地对我们讲，学考古很有意思，可经常下田野，资料丰富，论题众多，并经得起实践检验，他说最后悔的一件事就是自己当初没有学考古。我们起初觉得由于学考古的同学中有些专业思想不稳定，朱老师是在给我们鼓劲，勉励大家；后来逐渐认识到，朱老师说的确实也是真心话，他通过多年的工作历练，深深地体会到历史学除了方法理论方面的加强提升外，还应该不断扩展各方面的资料来源，加强社会实践，不断扩大研究视野和研究领域。

朱老师经常告诫我们，做学问要耐得住寂寞，甘于坐冷板凳，要多做实证研究，少做花哨空泛的东西，要经得起学界和时间的检验。他对我们是这样讲的，其实他自己就是这样做的。我与朱老师的研究领域有一定间距，对朱老师的学问也认识不深，但只要随便翻阅朱老师历年来所发表的有关学术论文和出版的几部论著，以及学界同行的相关评述，即可了解朱老师精湛学术之概貌，对我们这些学生和晚辈来说，自然起到了耳闻目睹、日渐浸染的榜样与表率作用。

除了对我个人的教育引导之外，朱老师对我们历史地理学科点的建设与发展也给予了许多支持和帮助。

2000 年 8 月和 2001 年 5 月，在昆明及杭州召开的中国历史地理国际学术讨论会上，当时专业委员会的几位负责人、我们历史地理学界的前辈邹逸麟和张修桂先生曾分别面示我说，作为国内历史地理研究的重镇和博士点之一，你们是否考虑主办一次全国性的学术年会。因为我觉得此事责任重大，特别是经费方面没有把握，也就未敢贸然应允两位先生的话，只是表示我们正在考虑这事，在条件许可的时候一定不负众望，承办一次学术年会。回校后，我就这件事向我的老师石泉先生汇报，石先生对我说，承办历史地理学术年会，是我们的责任和义务，我们应该积极准备、创造条件，一旦条件允许，就要全力以赴办好此会。

由于各种原因，我未能参加 2002 及 2004 年分别在天津和乌鲁木齐举办的学术盛会，错过了两次学习、请益的好机会。2006 年 11 月，在广州暨南大学召开的国际学术研讨会上，邹逸麟和张修桂先生再次对我提及承办学术年会的事，根据我在与会之前对我院办会经费资助情况的大致了解，认为具有承办下次年会的可能但没有太大的把握，便应允两位先生说等回校与学院有关领导和老师们协商后再作决定。从广州返回武汉，我立即找当时学院“中国古代史”国家重点学科和“211”工程项目的负责人朱雷老师汇报、协商此事。朱老师当即表态说武汉大学历史地理学科作为一个在国内外学术界有一定影响的老学科点，应该力争主办一次高水平的学术会议，如果你们有信心，我们将全力支持。因而，我们心中才有了真正的办会底气，并很快与所内几位同事商量决定了办会预案。2007 年初，我们向中国地理学会历史地理专业委员会提交了承办下一次年会的申请报告，经过一年多的准备，由我们历史地理研究所主办，武汉市文物考古研究所协办的“荆楚历史地理与长江中游开发——2008 年中国历史地理国际学术研讨会”于2008年10月25日至27日在武汉大学成功召开，来自世界各地学者130余人出席了研讨会，与会学者提供了120多篇论文或发言稿，然后我们又编辑出版了会议论文集，受到国内外学者的充分肯定和一致好评。这些工作都与朱老师的大力支持与悉心指导密不可分。

2007年，是我们的老师石泉先生诞辰90周年，逝世两周年，史地所同仁准备编纂一本《石泉先生九十诞辰纪念文集》，为此事我专门请示朱老师。朱老师对我说，石先生是我们学院的学术前辈，也是我的老师，又是武汉大学资深教授，你们利用这个机会出本纪念文集是一件很有意义的事，并应允从学院“211”工程项目和“中国古代史”国家重点学科建设经费中挤出一点钱予以资助。正是由于朱老师的充分肯定与大力支持，才促成这本纪念文集的顺利组稿和出版。

我想历史学院其他中青年老师和其他学科与我一样受到朱老师的教导、关爱和帮助的事情一定更多。

四

朱老师退休后，仍然抓紧时间从事自己的科研工作，积极参与、推动敦煌与吐鲁番出土文书的全面搜集、整理与深入研究，不但专门申报获批了国家社科基金项目，还不顾年近八十的高龄多次前往乌鲁木齐、吐鲁番等地长时段参加一线实际工作，初心不改，令人敬佩。

有一次我在校工会门口遇到朱老师，就问有一段时间没有看见您了，最近还好吧！朱老师说还可以，这个夏天前往乌鲁木齐等地参与工作了几个月。我说您这么大的岁数了，还往新疆跑，一定要当心身体，不必太勉强了。朱老师说，以前或是一个人，或是与同行同事一起行动，现在年纪大了，就让夫人陪着跑，以便有个照应。我笑着说师母是医生，陪您一同去新疆，既给您当秘书，又是随行医护，比较稳妥。

说到这里，我还想起一件往事。以前朱师母在学校附近不远的军队医院上班，我们不太熟悉，见了面比较拘束，不敢多说话。大概是2000年前后的一天上午，我推着自行车从幼儿园东边的坡路去系里，看见李涵老师和朱师母两人沿坡路下来去菜场，我赶紧打招呼说两位师母今天结伴去买菜，难得，李老师说两人在楼下碰到一块了。我问朱师母说最近好像没看见朱老师，师母说前几天去外地开会，然后讲几堂课再回来，我说您应该一起去转转，朱师母马上说，人家嫌我碍事，一起不方便，那就不去呗。我和李老师都听得出朱师母话中有话，都笑了，我赶紧说朱老师虽是我们的领导，老是这样单独行动不对，下次李老师见了面应该批评批评，两位师母笑了笑就走了。从那时起，我亦感到朱师母其实也很和蔼可亲，此后见面说话也就比较随便了。

又过了一些时间，听说朱老师将他的藏书捐给了广州市图书馆，我想可能是朱老师的身体不太好了，在为以后做安排，晚饭后便去朱老师家看看。进了门我说，朱老师，听说您最近在做社会公益事业，朱老师说，你想我这些书武大图书馆、历史学院或三至九世纪研究所资料室基本都有，送给他们也没有地方放，随便处理又太可惜了，经朋友介绍说广州市图书馆还有一定空间，可以整体接收，所以就交给他们了，也许能发挥一点作用。我在书房转身看了看，以前摆得满满的书架、书柜确实都空了大半，只是书桌上和靠近书桌的书柜里还保留有少部分，应该是老师目前还正在使用的一些书籍。我问朱老师，您这么多书，是他们来人直接拉走，还是清点过？朱老师说我们清点登记了一下。这时在旁的师母对我说，你看朱老师年纪大了，最近身体又不太好，都是我上上下下、一本一本清点登记的。我笑着说，师母您这个秘书越当越内行了，里里外外一把手，应该找朱老师拿高额补差。师母也笑着说，家里没有人，我不做谁做呢。师母还顺便告知了几个书刊的数目，我当时也没有记住，惭愧。

2020 年武汉疫情解封之后的夏天，我听说朱老师因病到中南医院住了些天刚回来，傍晚去家里看他，令我大吃一惊，这时朱老师的行动已不太方便了，说话吐词也不太清晰，但头脑和思路还很清楚。师母告诉我说，有天傍晚朱老师在书房活动，突然感觉无力就瘫坐到地上，师母发现后才慢慢搀扶着让朱老师坐到椅子上，第二天到中南医院检查，医生说是脑梗引起的，因而在医院住了些天。由于疫情之后不久，医院管控还比较严格，家属进出都需要做核酸检测，看护照顾不是太方便，所以当病情稳定后就回来了，在家料理方便一些。问题是朱老师家住五楼，加上一楼的大半层为储藏室、杂物间，实际上是六楼，因为没有电梯，对于高龄老人或行动不便的病人来说上下楼极为不便，更不要说常去医院看病治疗了。

在家里休息了一段时间，由于治疗不方便，师母将朱老师转到武大南门外不远的地质医院住院部，还特地从外地请来一位护工帮助照应。夏秋之际的一天傍晚，我去病房看朱老师，朱老师见我进来，就示意我坐下，他侧着身子与我讲话，我担心朱老师说得累，就说您还是少说话，多休息，我来坐一坐，看看您。您住这里近便，我们可以经常来。朱老师住的是两人间病房，他用里边的病床，外边的一张床正好留给护工用。这里的设备虽不是很新，但基本齐备，因疫情之后不久，病人不太多，整个楼层比较安静、整洁。

此后的一段时间，因几位朋友与外地回校的学生看望朱老师，我又一同见过朱老师两次，老师的状况还比较平稳，没有大的起伏。

大概 2021 年元旦前后，师母经人介绍汉口一家疗养院条件不错，服务也比较周到，就将朱老师转过去了。我知道后曾电话咨询师母，师母告诉我说，那里的设备比较齐全，康复、疗养兼顾，管理也比较到位，不需要家属操太多心，虽然价格较高，但还能承受。只是离武大远了点，往来不太便利。我曾问师母在什么位置，乘车去怎么走。师母说那里管控比较严格，探视需要近日的核酸证明，你们暂时不要去，等疫情缓解后再说。所以那段时间我们就没有去看他。7 月 18 日学院举办唐先生纪念会那天上午，朱老师坐着轮椅来参会，尤其是坚持了一整天，使我们感觉他的状况还可以，或许还能再维系几年。现在回想，那天朱老师一定是尽最大的努力、忍受着极大的病痛在坚持，以感谢唐先生多年的培育之恩、表达对老师纯真的景仰之情，这样的精神和境界确实值得我们学习、继承。

五

朱老师离开了我们，留给我们无限的悲痛与思念，留给我们太多的记忆和教益。六十余年来，朱老师在魏晋南北朝隋唐史、敦煌吐鲁番文书等多个领域辛勤耕耘、不懈努力，做出了重要的学术成就与贡献，同时还培养了一代又一代的学术传人，不愧是我们学习的楷模，并深受海内外同行的尊敬和爱戴。朱老师多年来对我们的言传身教，潜移默化与师德风范，老师的学术思想、严谨学风和探索精神，将引领我们不断追求和钻研，去开创武汉大学历史学科更好的明天。

说明：由于我生性懒惰，没有养成写日记的习惯，对多年前一些事情，只是凭自己现在的记忆写成，不一定准确到位，因而文中均没有使用引号，其中可能还存在这样那样的混淆乃至错误，其责任应由我个人承担，并期盼师友同仁们批评指正。

（作者单位：武汉大学历史学院）

捧读遗编泪满裾

——纪念朱雷先生

荣新江

珞珈论交晚，情亲卅载余。

遗编今捧读，涕泪满衣裾。

2021 年 7 月 18 日，我去珞珈山武汉大学历史学院参加纪念唐长孺先生诞辰 110 周年座谈会，坐在我对面的，是轮椅里的朱雷先生。他虽然行动不便，但双目炯炯有神，整天都在静静地听着各地来宾和唐门弟子们的发言，一直坚持到晚饭以后，才和我们依依不舍地告别。下午会间休息时分，我凑上去和他打个招呼，没想到他努力地呼喊了一声，却不知说的是什么。我赶紧把对话变成合影，没有敢再打扰他。

朱雷先生给我的印象，完全不是这个样子，他见到我这样的熟人，一定是滔滔不绝。我黯然神伤，祈求他早日康复。没想到，8 月 10 日就传来消息，朱雷先生凌晨时分去世，享年 85 岁。

记不得和朱雷先生最早是什么时候认识的，但真正熟起来，是要追溯到 1983 年暑假的避暑山庄。那时候中国学术界正在编纂“大百科全书”，这在中国还是第一次，因此学者们排出最强阵容，每一卷、每一册都认真编写。其中《中国历史》卷的“隋唐五代史”分册的主编是唐长孺先生，业师张广达先生是副主编，由于这个缘故，在

1983年，避暑山庄外八庙合影
后排左起：杨川、张广达、陈仲安、？、唐长孺、吴宗国、李世杰、张弓、胡如雷、朱雷
前排左起：樊老帅、荣新江、黄伟虎、金锋

1983 年暑假的时候，由中国大百科全书出版社召集主要编辑人员，到避暑山庄开初稿的审读会议。唐先生带着武汉大学陈仲安先生、朱雷先生从武汉赶来，还有河北师范学院的胡如雷先生、中国社会科学院历史研究所的张弓先生，有北京大学历史系的张广达先生、吴宗国先生。大百科全书出版社则有社科二部主任李世杰先生、中国历史卷的责编杨川女士、专职地图编辑樊老师。当时出版社有位年轻编辑黄伟虎，是我们北大历史系的同班同学，所以开个后门，让当时还是隋唐史硕士生的我和金锋，也随着张先生一起，住进了避暑山庄这所皇

家园林当中。

我们住的好像是比较靠里面的一排平房，当时游客很少，也没有人光顾此地。到了傍晚，山庄大门一闭，好像偌大个园子里就我们这一小队人了，十分安静。早上，陈仲安先生带我们去北边爬山，晚上，我们年轻人主要就是围着朱雷先生闲聊了。当时朱先生年龄也不大，但好像无所不知，我们从吐鲁番出土文书，聊到武侠小说，聊到好处时，朱雷还会比划几下；我们也从前辈学者的治学方法，聊到俄苏的长篇小说，虽然我见过不少那个时代成长起来的人，但能这么长篇大论的却不多。

审读会的正式工作，主要是读胡如雷写的长条“唐朝”，唐先生闭着眼睛仔细地听读，遇到有问题的地方就叫停，然后开始讲他的看法。我们上学的时候看的主要是唐先生关于魏晋南北朝史和吐鲁番出土文书的研究论文，没想到唐朝历史，从唐初到晚唐的政治史，他都有系统的看法，而且全部都是没有看任何一条史料滔滔不绝地讲出来的，我们好像是在听一门唐史的课，受益之多，难以言表。只可惜当时没有反应过来，把唐先生的话记录下来。

审稿之余，我可能有意无意地向武大的先生们请教最多的，是吐鲁番文书的事情。虽然我从大学二三年级时就接触敦煌文书，也听老师们在课堂上讲吐鲁番文书，但从唐先生、陈仲安先生、朱雷先生这几位直接接触吐鲁番文书原件的人讲出来，那还是不一样的。陈先生和我攀上了亲戚——我在武汉的三伯父的女儿嫁到陈家，所以他后来特别送给我一本代表武大水准的《敦煌吐鲁番文书初探》。朱雷先生更是无所不谈，从高昌郡时期年号转变的规律，到义和政变后麹氏家族的播迁中原，从唐西州府兵的地团和前往陇西的部队，到吐鲁番马料帐中的唐朝著名的边塞诗人岑参。我的许多高昌历史、吐鲁番文书的知识，都和这次避暑山庄的“暑期班”有关。

还有一点给我感受很深，就是朱雷侍奉唐先生的做法，他们虽然是师生关系，但有如父子。有时候快开饭了，唐先生忽然说想吃面条。朱雷马上二话不说，就冲到山庄外去买挂面，回来煮好，端到唐先生面前。我们年轻一辈也从朱雷先生那里，学到了怎样敬重老师。

这个审稿会结束后，老师们都到兰州去参加中国敦煌吐鲁番学会的成立大会与全国敦煌学学术研讨会，我们几个北大的研究生则从西安开始，一路考察。在 8 月下旬学会成立大会结束的那天，我们赶到了兰州。记得到兰州是在早上，当时张广达先生特意让我和金锋到已经上了火车的唐先生那里打个招呼，当然也有朱雷先生。随后朱雷先生陪着唐先生又去日本访问，并参加 8 月 31 日至 9 月 7 日举行的第 31 届亚洲与北非人文科学大会。我十月份回到北京后，开始收集唐先生主持的吐鲁番文书研究成果，包括朱雷先生的论著，即使是发表在山本达郎编《第 31 届亚洲与北非人文科学大会纪要》上的唐先生、朱雷先生文章的英文摘要①，也不曾放过。

另一段与朱雷先生过从较多时间大概是 1996—2000 年之间。在此之前，我有机会走访了欧洲和日本，对海外所藏吐鲁番出土文书有了比较系统的了解。1996 年，美国耶鲁大学韩森（Valerie Hansen）教授和我共同主持“重聚高昌宝藏”（Reuniting Turfan’s Scattered Treasures）的路斯基金项目，我们邀请武汉大学的陈国灿、朱雷先生参加，得以有机会一起走访吐鲁番，一起研读文书，一道开会，并结

---

① Tang Chang-ru, “A Study on Local Census Registers in Hsichow of T’ang Dynasty Found in Turfan”; Chu Lei, “On Tso-jen of Kao-ch’ang under Ch’ü Regime”, T. Yamamotoed., *Proceedings of the XXXIth International Congress on Human Sciences in Asia and North Africa, II*, Tokyo: The Institute of Eastern Culture, 1984, pp. 998–1000.

伴去美国东海岸的几个城市参观访问。在这过程中，得以有很多机会向朱雷先生讨教。

另外就是在这段时间里，朱雷先生提议申请社科基金，由他、陈国灿、我三人组成一个课题组，共同编纂世界范围的《吐鲁番文书总目》，即陈国灿负责日本收藏部分，我负责欧美收藏，朱雷负责中国所藏。为此，我曾多次前往珞珈山，或者在北京、吐鲁番等地，与朱雷先生讨论体例和内涵。

等到2004年我受吐鲁番文物局委托，整理"新获吐鲁番出土文书"时，我们是完全依照唐长孺先生主编的《吐鲁番出土文书》的体例来工作。其间恰好有朱雷先生来新疆博物馆整理该馆所藏未刊吐鲁番文书的机会，我们即把整理工作中的问题，向朱先生讨教。他每问必答，给我们很多有益的指导。2006年11月我们的整理工作初步完成以后，特别邀请朱雷、陈国灿、王素、冻国栋、刘安志等武汉大学系统的老师们来京，在九华山庄召开审稿会议，对于我们的释文、解题等加以批评指正，其中也包含着朱雷先生的教导。

就这样，几十年来与朱雷先生成为了忘年交。每次到珞珈山，必然去他家里拜访，或者在系里攀谈。他有一段时间做系主任，忙得不可开交，不过在我看了，他不是一个善于行政的人，他是一个纯粹的读书人。

朱雷先生和我一个在珞珈山上，一个在未名湖边，见面的机会毕竟有限，对于他的学问，我更多的还是从他的文章中学习得更多。和他讲论的学问相比，朱雷先生写出来的文章不多，更没有整本的专著，这固然是唐长孺先生写论文而不写专著的传统，但论文也比唐先生要少得多。不过"少而精"，朱雷先生每次出手，我想是"语不惊人死不休"的那种做法，所以每篇文章都有新意，而且总是出奇制胜，读起来启发尤多。这里举几个对我感触较深的例子。

朱雷先生从 1975 年就开始随唐长孺先生在北京整理吐鲁番出土文书，随后不久整理小组内外都有人用这批 1959—1973 年出土的新材料发表文章了，虽然拥有这么多相对完整的吐鲁番出土文书的优越条件，但朱雷先生最早做的吐鲁番文书研究，并不是这些手边的新材料，而是科学院和北京大学图书馆收藏的一组计赀文书。科图的三件照片早在 1958 年就由贺昌群先生发表，定名为“赀合文书”，年代判断在高昌国末期到唐初[①]。以后，池田温、堀敏一诸氏都重新校录、考订这些文书，名称沿贺氏之说，年代则放在麹氏高昌国时期[②]。朱雷先生独具慧眼，从北京大学历史系宿白先生内部发行的教材中，知道北大图书馆也有同类文书的收藏，于是在 1980 年就在宿白先生帮助下探访北大图书馆，找到同组文书的另外两件，并得知是王树枏旧藏的吐鲁番出土文书，从文书剪成纸鞋的样子推测，当是来自吐鲁番地区的古代墓葬。同时，他也到科图查看了原件，结合吐鲁番新出文书，判断两处所藏五件是同组文书，并正确地考订出文书的年代和性质，定名为《北凉高昌郡高昌县都乡孝敬里赀簿》的草稿。这些原本是分属不同人先后所造的两份赀簿，在每户户主的名下，先登录上一次和本次造《赀簿》之间没有发生转移的田地类型和数量，再登录产权转移的土地情况，所登记的每一块土地都详细标注田地所在的位置、

① 贺昌群《汉唐间封建的土地国有制与均田制》，上海人民出版社，1958年，106页。

② 池田温《〈西域文化研究〉第二〈敦煌吐鲁番社会经济资料（上）〉の批评と介绍》，《史学杂志》第69卷第8号，70—74页，文书录文收入其《中国古代籍帐研究》，东京大学出版会，1979年，310页；堀敏一《均田制の研究》，岩波书店，1975年，303—306页。

田地类型和具体数量[①]。这是现存高昌郡时期极其重要的社会经济史料，就连新出吐鲁番文书中也很少见到。这项研究成果，填补了高昌郡时期有关土地制度、赋役制度等方面的空白，成为此后研究高昌郡社会经济的基本材料。

与此文相关联的，应当是作者撰写的《吐鲁番出土文书中所见的北凉按赀配生马制度》[②]和《出土石刻及文书中北凉沮渠氏不见于史籍的年号》[③]，后者排比史籍与石刻、文书中出土的北凉年号，找出“玄始—承玄”，“义和—承和”，“建平—承平”三组年号之间的对应关系，后者都有“承”字，是北凉在奉行一个强大王国的年号同时，也有自己单独的年号，而这个规律的发现，可以判断一些此前未见的年号的绝对年代。我读过几遍这篇文章，也听他亲口讲过相关问题，感觉这不仅仅是靠严谨的考证功夫，还需要一些灵感，才能悟出其中的道道。

朱雷先生作为“吐鲁番文书整理组”第一批成员，主要工作当然是协助唐先生做文书录文，而只有确定了残片的性质，才能给文书定出准确的名称。因此，他在 80 年代更重要的工作是整理、研究吐鲁番文书，在 1983 年出版的唐长孺主编《敦煌吐鲁番文书初探》中，他发表了《论麹氏高昌时期的“作人”》[④]，揭示了高昌国时期介乎百姓和奴隶之间一种人身并不完全自由的人。同一年，他还发表《唐“籍

---

① 朱雷《吐鲁番出土北凉赀簿考释》，原载《武汉大学学报》1980年第4期，33—43页。

② 原载《魏晋南北朝隋唐史资料》第3期，1981年，11—13页；又载《文物》1983年第1期，35—38页。

③ 《出土文献研究》，北京：文物出版社，1985年，204—212页。此文撰稿于1982年，因为《出土文献研究》出版的延迟，到1985年方才发表。

④ 唐长孺主编《敦煌吐鲁番文书初探》，武汉大学出版社，1983年，32—65页。

坊”考》[1]和《唐代“手实”制度杂识》[2]，这些应当是和唐长孺先生撰写的《唐贞观十四年手实中的受田制度和丁中问题》和《唐西州诸乡户口帐试释》相配合[3]。而唐先生在《初探》中发表《唐西州差兵文书跋》[4]，随后朱雷就写成《唐开元二年西州府兵——“西州营”赴陇西御吐蕃始末》[5]，都是若合符节。

在我看来，朱雷先生在此前后发表的《麹氏高昌王国的“称价钱”》[6]，贡献更大。该文首次揭示了麹氏高昌国王室向高昌市场上的商人收取贸易附加税，纳入内藏之中，而这些从事贸易的商人，买卖双方基本上都是从中亚来的粟特商人。这篇文章的录文改正了《吐鲁番出土文书》平装本的录文标点错误，使之成为后来研究高昌税制，特别是粟特商人东来的重要史料。如果没有朱雷先生这篇文章奠定的基础，我辈后来的研究很可能会走上歧途。

同样表现朱雷先生涉猎范围广泛的，还有下述二文。一篇是《敦煌藏经洞所出两种麹氏高昌人写经题记跋》[7]，从数千件英藏敦煌文书中，检出两件高昌人的写经题记，即S.524《胜鬘经疏》高昌客僧在延昌四年（515）于洛阳永明寺写经题记，以及S.2838《维摩诘经》卷下高昌延寿十四年（637）高昌国公主写经题记，两者于高昌国史都有重要价值。另一篇是《龙门石窟高昌张安题记与唐太宗对麹朝大

---

① 《武汉大学学报》1983年第5期，114—119页。

② 《魏晋南北朝隋唐史资料》第5期，1983年，26—34页。

③ 两文载《敦煌吐鲁番文书初探》，100—125页，126—216页。

④ 《敦煌吐鲁番文书初探》，439—453页。

⑤ 《敦煌学辑刊》1985年第2期，1—10页。

⑥ 《魏晋南北朝隋唐史资料》第4期，1982年，17—24页。

⑦ 《魏晋南北朝隋唐史资料》第9、10期，1988年，19—22页。

2001年11月，在台北参加敦煌学国际学术研讨会时合影
右起：郑阿财、朱雷、柳存仁、吴其昱、荣新江

族之政策》[①]，从清人陆蔚亭稿本《龙门造像目录》所记总章二年（669）“高昌张安造像”，阐述唐灭高昌后高昌大族被迁到长安、洛阳的境况。这些有关高昌国的材料，都是保存在吐鲁番之外，表明作者常年积累的功夫，也是作者眼界宽广的收获。

从上面的文章中得知，朱雷先生早在1963年就在唐先生的指导下通过缩微胶卷阅读斯坦因所得敦煌写卷，这显然为后来整理吐鲁番文书奠定了基础。在把握了这一大批敦煌藏经洞文书资料后，他并没有以此大家都可见到的材料取胜，而是另辟蹊径，研究了两件张大千从莫高窟北区获得的敦煌文书。

① 黄约瑟、刘健明编《隋唐史论集》，香港大学亚洲研究中心，1993年，49—53页。

一件是景云二年（711）张君义告身。这件文书与另外三件景龙三年（709）张君义公验，据张大千说都是他从莫高窟前的沙子中无意发现的，其实应当是来自北区的瘗窟。以后张大千卖出这些文书，其中三件公验为天理大学图书馆所得，告身由中国文化部委托人购回，于1963年拨交敦煌文物研究所收藏，但这件日本京都大学人文科学研究所也有照片，所以大庭修先生曾研究发表①。朱雷先生对这组文书做了重新研究，指出四件都应当是张大千同时发掘到的一组文书，其中有两件是公验，一件是乘驿文牒，有官印，所以是原件，故此较为破碎。最后一件他专门到敦煌研究院看过原件，定名为《张君义勋告》，因为是附葬时的录副本，故此保存较为完好，其原本则应留于张君义后人手中。这件《勋告》的珍贵之处是保留了同时授勋的二百六十三人的籍贯、姓名，朱雷先生以他丰富的知识，在前人基础上补充了一些没有录出的文字，并特别讨论了其中的胡人②。这些胡人中，有些是来自唐朝在灵州南界以粟特胡人为主设立的六个羁縻州，即所谓六胡州，因此这件材料也是我后来研究粟特人迁徙及聚落的重要一条，为此前研究六胡州的学者所忽略。1994年8月，在敦煌研究院举办的敦煌学国际学术会议之后，我有机会与朱雷先生一起仔细检看了这件《勋告》原件，听他讲述这件文书里面的各种名堂，今天想起，其音容笑貌犹在眼前。

另一件是张大千带到成都（现藏四川省图书馆）、由张勋燎先生在《四川大学学报》1978年第3期上录文发表，题为“奴婢马匹价

① 大庭修《敦煌发见の张君义文书について》，《ビブリア》第20号，1956年，2—13页，图版I。

② 朱雷《跋敦煌所出〈唐景云二年张君义勋告〉——兼论“勋告”制度渊源》，《中国古代史论丛》1982年第3辑，331—349页。

向朱雷先生讨教（摄于2016年12月25日）

目残纸”。朱雷先生据唐朝行、市制度，把这件文书重新定名为《唐沙州某市时价簿口马行时沽》，对于唐朝的市场与确定物价的制度、胡人奴隶及马匹的买卖等问题，都做了透彻的解说[①]。这篇文章不长，也同样有着丰富的内容，除了传世史料外，对于敦煌王梵志诗、《捉季布传文》、《庐山远公话》、《唐天宝某年王修智卖胡奴市券》，以及日本律令、圆仁行记等史料，得心应手，用得恰到好处，让人读起来很是爽快。

① 朱雷先生此文原题《敦煌石室所出〈唐某市时价簿口马行时沽〉书后》，载《魏晋南北朝隋唐史资料》第2辑，1980年，23—28页；后改名《敦煌所出〈唐沙州某市时价簿口马行时沽〉考》，载《敦煌吐鲁番文书初探》，500—518页。

这种跨领域的阅读，我们从朱雷先生的《〈捉季布传文〉、〈庐山远公话〉、〈董永变文〉诸篇辨疑》[①] 和《〈舜子变〉、〈前汉刘家太子传〉、〈唐太宗入冥记〉诸篇辨疑》[②] 两文中可以知道他曾系统阅读这些笼统属于"变文"的资料，来发掘其中的历史内涵。后来正式发表的《敦煌两种写本〈燕子赋〉中所见唐代浮逃户处置的变化及其他》[③]，揭示出文学作品用拟人化手法，把候鸟燕子当作"浮逃户"，把留鸟雀儿比作在籍的"课户"，分析两种本子在对待燕子行动上的不同写法，从改写情形来揭示从武周圣历年间到玄宗开元年间两次"括客"对浮逃户处置的变化。这是利用敦煌俗文学作品解读其中历史内容的佳作，也是对唐朝括户问题的形象阐述。

由于朱雷先生的跨领域研究，其所得成果也就并不仅仅在他所讨论的问题上有所贡献，而会延展到材料相关联的领域。1988 年他发表在《古代长江中游的经济开发》上的《东晋十六国时期姑臧、长安、襄阳的"互市"》一文，根据僧祐《出三藏记集》所收《渐备经十住胡名并书序》，为我们勾稽出了一段不曾为人注意的史事：东晋宁康元年（373）凉土沙门慧常将《渐备经》托付凉州"互市人康儿"，由其"展转送至长安"。大概由于这位粟特胡商在路上经商贩易，所以到太元元年（376）五月经本才送抵长安。长安僧人安法华把此经又送至长安的"互市"机构，再由"互市人"送往襄阳，时在太元二年十月初。他以此来讨论姑臧、长安、襄阳三地之间由粟特互市人承担往来贸易的情形，并指出从长安经上洛或丰阳，沿丹水东南入汉水，

---

① 《魏晋南北朝隋唐史资料》第8期，1986年，20—25页。

② 《魏晋南北朝隋唐史资料》第9、10期，1988年，23—27页。

③ 唐长孺主编《敦煌吐鲁番文书初探二编》，武汉大学出版社，1990年，503—532页。

直抵襄阳；或者是从长安南下，走旱路，逾子午谷至汉中，再东南行至襄阳的道路[1]。但这个由粟特人康儿、安法华扮演主要角色的经本转送，也是我们研究粟特商人在凉州、长安与襄阳之间从事贸易的极佳事例，可以和粟特文古信札对读，生动地反映了粟特人的贸易网络。朱雷先生宽广的学术眼光和细致的史料分析，往往揭出似不相干的史事关联，扎实的文章中透出一股灵气。

我再次翻阅着《敦煌吐鲁番文书论丛》[2]，朱雷先生讲论文书的样子浮现眼前。掩卷沉思，感到他留给我们的文章还是太少了，这是他的学术标尺立得太高的缘故，想来还是有很多遗憾。

2021 年 11 月 26 日完稿

（作者单位：北京大学历史学系）

---

① 《古代长江中游的经济开发》，武汉出版社，1988年。

② 朱雷《敦煌吐鲁番文书论丛》，甘肃人民出版社，2000年。

追忆与朱雷教授交往的几件事

拜根兴

著名历史学家朱雷教授于2021年8月10日凌晨在武汉病逝，享年85岁，作为和朱先生有过多年交往的后学小辈，在起草完中国唐史学会唁电之后，仍感到十分悲痛。看到微信群中同仁们的留言，以及一些怀念朱先生的文章，我竟然也有写点文字的念头了。其实，因为朱先生和中国唐史学会非同一般的关系，作为陕西师范大学唐史研究者之一，我与朱先生的交往屈指算来也有三十多年了。

记得1989年10月中旬，中国唐史学会第四届年会暨国际唐史学术研讨会在陕西师范大学隆重举办，我当时还是一个研二的学生。这次会议由陕西师范大学承办，史念海教授出面主持，著名隋唐史专家唐长孺、韩国磐、胡如雷、潘镛、李季平，以及国内各高校、科研、文博、出版等单位八十余人与会。日本学者古贺登、池田温、气贺泽保规，英国学者麦大维，联邦德国学者柯维麟，中国香港学者黄约瑟，韩国学者任大熙等也应邀参会。我的导师牛致功教授，学会副秘书长牛志平教授，陕西省社科院张玉良先生等负责具体的筹备工作。正因如此，由辛德勇、贾宪保、史先智三位组成大会会务组，他们吸收我及薛平拴、张萍、李锋敏几位研究生加入，为大会提供各种服务。因为会议规模较大，报到那天我们顾不得休息，各负其责到西安火车站、机场分别迎接参会的中外学者。也就在此时，在西安火车站，我第一次见到以前只是在书本上知道的武汉大学唐长孺、陈国灿、朱雷三位知名学者。

记得10日报到当天，我往返火车站好几趟，等再一次到达火车站就感到有些疲累懈怠，无意间将硬纸板制作的牌子靠在墙上，站立在出站口旁等候。不一会我就看到两个五十多岁左右戴着眼镜的人，搀扶着一位头发花白年龄更大，也是戴着眼镜的老者站在我面前，注视着纸板牌子，其中一位显得有点不高兴，说你是唐史会议接人的同学吧，我们找了几圈都没有看到，原来你在这儿，并说他们是从武汉来的。我匆忙迎上去，并说了欢迎、对不起之类的话。随后引导他们三位到车站西侧，坐上会务组备用车。在这过程中，问话的先生态度逐渐变得亲切，老者也问已到会的学者有多少，另一位则和蔼地询问西安的天气情况等，还说你们来回奔波也很辛苦。显然，他们三位中耄耋老者就是唐长孺先生，开始显得不高兴的是陈国灿教授，另外一位就是朱雷教授。过后我想，可能是我走神不专注，没有将牌子举起来，三位先生坐车十多个小时，径直出站，在车站广场来回找寻接站的人，最后才在出站口一侧看到站在牌子旁边的我。真是对不起他们！

学会年会11日开幕，当时人们的生活节奏慢，会议延续的时间也长（还包括会后的学术考察），一般没有四五天难以完成预定议程，这次年会前后经历六天才结束。我记得在14日傍晚，牛志平老师突然到会务组找我，说是武汉大学朱雷教授突发胃溃疡，让我立刻陪朱先生到西安医学院附属医院看病。我赶紧联系会务用车司机师傅，随后几个人搀扶表情痛苦的朱先生上车。到了医院，经诊断检查，医生说是要输液治疗，但病房紧张，最后只好在医院走廊的活动床上输液诊治。可能是剧痛的原因，朱先生额头上的汗水都能看出来往外冒，我用毛巾给他擦一次汗，他都要说一声“谢谢”，每一次都是；后来可能痛得厉害，擦汗时他仍要说一个“谢”字。就这样，我与朱先生熬过了艰难的几个小时，等到凌晨 2：00 左右，可能输液打针的药物起了作用，遭受极度疼痛的朱先生才沉沉地睡着了，而我也累到极点，但还不敢打盹，害怕睡着了耽误事，直到天亮其他人换班，我才懵懵懂懂骑车回到翠华宾馆会场。说实话，当时对朱先生的学问和为人了解得不多，只感觉到先生与生俱来的绅士风度和儒雅，病痛得那么厉害，还一遍遍地说“谢谢”，就是说不出话来，还隐隐约约要说一个“谢”字。17 日早上，我见到已病愈的朱先生，他握着我的手，一再表示感谢，搞得我都有点承受不了。先生还特意送我一本武汉大学出版社最新出版的牟发松所著《唐代长江中游的经济与社会》一书，并鼓励我努力学习。

第二次见到朱先生是六年之后的 1995 年。这年 9 月中旬，武汉大学承办中国唐史学会第六届年会暨唐代历史与社会国际学术研讨会，我陪同牛致功教授、马驰老师一起前往参会。当时朱先生主持筹备会议非常忙碌，见面打过招呼也没说很多的话。这次会议我提交了《唐代的廊下食与公厨》专题论文，最终幸运地收录于朱先生主编《唐代的历史与社会》论文集之中，而翻看收录论文作者，我与中国社会科学院历史研究所的李锦绣女士，还有广州博物馆的程存洁先生，是其中年龄最小者，其他多为唐史学界大咖级人物。就在这次年会上，我得知刘进宝兄要报考朱先生的博士，羡慕敬仰，觉得能够跟朱先生读博士，那该是多么美好的一件事情呀，而我因各种原因，攻读博士却提不到议事日程。虽则如此，在此期间我作为中国唐史学会秘书处唯一工作人员，因学会日常事务之故，与担任学会副会长、会长的朱先生仍有一些联系。

1998 年我赴韩国留学，到 2002 年末获得博士学位回国，其间与

2018年11月，中国唐史学会第十三届年会在杭州举行

唐史学界老师们的联系几乎中断。2003年春，因陕西师范大学历史学科申报博士点及一级学科的缘故，学院选派我与其他四位老师先后到武汉大学、华中师范大学、中山大学拜访相关专家学者，而到武汉大学拜访的主要对象就是朱先生。记得我提前和朱先生联系，他知道我们到达珞珈山宾馆的大概时间，故我们步行上坡到宾馆，远远看到朱先生就在门口等待。虽然近十年没有见面，但朱先生仍非常热情称“小拜好”，并说愿意为陕西师范大学的同志们提供帮助。因有朱先生出面，我们见到了想要见到的武汉大学历史学院诸位重要学者，圆满完成任务。记得我曾向先生提到我的博士论文出版计划，他即刻想到将我的书推荐到“唐研究基金会”丛书，说这套丛书不用自己花钱，还有稿费。只是当年我要参评教授职称，希望书稿能尽快出版，而“唐研究基金会”丛书要经过一系列的评审过程，我有点等不及，故返回

西安后就没有和朱先生联系，枉费了老人家一片好心，现在想来仍觉得有些对不住先生。2007 年 9 月，仍然是为学校重点学科的审评过关，侯甬坚教授带领我与学院副院长梁志胜再到武汉大学，朱先生仍然一如既往的热情好客，并说他是陕西师范大学的兼职教授，理应为学校做力所能及的事情等。

此后在武汉大学、陕西师范大学、南京师范大学等地，和朱先生还见过几次。2018 年 11 月，在浙江大学举办的中国唐史学会第十三届年会暨唐代中国与世界国际学术研讨会上，我又见到朱先生。会议间隙，老先生受到参会硕博学生及年轻学者的包围，我也不好意思前往叨扰。还好，终于等到和先生说话的机会，他向我提到圆仁《入唐求法巡礼行记》中的一则史料，说是和我的研究有重要关系，我当时很受感动，说明这么多年朱先生对我的研究还是有所留意和关注。回

拜根兴与朱雷先生（摄于2007年9月，武汉大学）

到西安后，我将出版的《唐朝与新罗关系史论》小书寄给朱先生，在随后的通话中了解到先生已收到。非常感谢朱先生！

在此还要特别提到一点，这就是从2003—2019年，朱先生虽已不再担任中国唐史学会的领导职务，但仍然是学会的法人代表。为什么如此？原因是法人代表变更手续繁琐，需要学会副会长、常务理事、理事的各种资料，学会法人及学会涉及的诸多事项报告，教育部、民政部社团部门严格审查提交的材料，最终做出结论；而秘书处没有专职人员从事这方面的工作等。正因如此，学会每年例行年检，都要麻烦老先生提供相关资料如身份证等。每到这个时候，先是薛平拴兄，后来是我，或打电话，或者发邮件给朱先生，给老先生制造了很多麻烦，但远在武汉大学的朱先生本人均是不厌其烦应承办理；武汉大学历史学院的黄楼、吕博两位也多次到朱先生府上，帮过秘书处不少忙，真是难为他们了。好在2019年经过一年的上下奔波，学会秘书处最终完成了学会法人变更，这件事才有一个了结。

拉拉杂杂写下上面的文字，以此怀念敬爱的朱先生。感谢老先生一直以来对我的支持和帮助。而先生对中国唐史学会所做的突出贡献，相信学会同仁会永远铭记。

朱先生千古！

2021年8月11日初稿

2021年8月23日修改

（作者单位：陕西师范大学历史文化学院）

如果有来生

余西云

从唐长孺先生开始，武大历史学科形成了以传世文献与出土文献相结合的特色，朱雷先生作为唐长孺先生的传人，主持历史系和三至九世纪研究所的工作，继承并发扬这一学术传统。朱雷先生非常重视考古学科，对武大考古学科的发展，倾注了大量心力。

我 1990 年到武大工作时，考古专业有十多位教师，当年算得上全国比较大的一个考古专业了。因为多方面的原因，武大考古也像全国其他考古专业一样，很多老师陆续离开了高校，师资队伍迅速萎缩，而武大考古因为没有博士点，迟迟没有办法培养新鲜血液补充师资。等到 90 年代后期，武大历史学科有了一级学科博士点之后，朱雷先生积极奔走，希望考古专业能够有自己的博士生导师。他亲自去广州请已经在南越王墓博物馆任馆长的肖亢达老师回校未果，又力推快到退休年龄的杨宝成老师担任博士生导师，培养出武大考古学科最早的博士研究生。

朱雷先生长期承担考古专业本科生课程“考古文献学”，一直到他 70 岁退休为止，是他退休前几年主要的本科教学任务。朱先生虽然是大家，但在给考古专业本科生授课时，总是面带笑容，和蔼可亲。课程内容主要涉及目录学，分别介绍经、史、子、集等历史文献，讲授时随时结合考古学的内容进行延伸扩展。如在子部兵家类中提到了唐代李筌《神机制敌太白阴经》，宋代曾公亮《武经总要》的筑城法和兵器图等内容。在农家类介绍了对农业考古很有用的贾思勰《齐民要术》及其今人校释本，以及《四时纂要》等，术数类介绍了《宅经》，在谱录类介绍了《金石录》、陶弘景《古今刀剑录》、《文房四谱》等。他也讲解不同历史时期的器物名称和用途，介绍技术、经济、政治、文化和思想等方面的研究成果，希望为学生们的考古学研究提供一个丰满的参照，而不是一鳞半爪的文献比附。武大考古当年的毕业生对文献比较熟悉，在科研中比较长于采用文献类比进行历史阐释，与朱雷先生的这门课程有很大关系。

朱先生给考古专业本科生讲课，也希望能够为敦煌考古物色青年人才。他自己是研究敦煌吐鲁番文书的权威专家，似乎特别希望有亲炙的学生来继承衣钵。他给本科生开"漫谈佛教"讲座，介绍佛教考古的知识。也请其他石窟寺研究的专家来讲座，他亲自陪同，听讲，参与讨论。他先后给敦煌研究院推荐了王建军和张小刚两位考古专业的本科生去工作，张小刚后来还跟朱雷先生攻读博士学位，他们都成为了敦煌考古的业务骨干。

朱先生对我们这些考古人很亲近。那时单位每周四下午都开会，他经常来考古教研室坐坐，跟大家聊天，一起抽烟，考古专业的同事也都对朱先生很尊重，把他当先生看待。他会跟我们讲一些他跟考古学界的朋友打交道的事情，也讲一些他去考古遗址考察的经历，谈他对考古材料的认识。他不止一次跟我们说，学考古真好，如果有来生，他一定会去学考古。

我刚开始工作时，朱雷先生是历史系主任。1990 年和 1991 年，我连续带了 1988 级和 1989 级两个班的田野考古实习，似乎很得朱先生认可。他推荐我去美国南卡罗纳大学（University of South Carolina）

留学，还有助教的工作。现在的留学生未必很愿意做助教，但当年出国的机会很少，大家也都没有什么钱，如果能够出去留学，还能有份工作，当然非常好。我准备了一段时间，当时刚结婚，又有了儿子，有点恋家，走与不走，心里也很犹豫，加上外语考试成绩不是很好，这事就作罢了，但我一直很感激朱雷先生给的这个机会。

我去过朱先生家几次，有一次跟贺世伟一起去看他，我们聊了很长时间，话题主要是武侠小说。朱先生是个武侠迷，会在街边的书摊租武侠小说看。他比较喜欢古龙的小说，不太欣赏金庸的小说。那会电影《卧虎藏龙》刚刚上映，我们自然聊到这部电影，他如数家珍般讲到原作的来龙去脉。那一次，我才知道武侠小说也是渊源有自。

一次是因为同事评教授，我去找他，希望他支持，他答应支持。还有一次是因为同事跟他念博士，不愿意做朱先生安排的论文选题，我去找朱先生，希望他同意换题。我说了半天，他还是不同意。朱先生为人严谨讲原则，我与他有亲近的感觉，这两次都是我自己主动去找他的，两位同事并没有托我。最后一次去他家见他，临走的时候，他从书架上拿出一本新疆的考古报告送我，说是这本书的作者送给他的，他用不上，就送给我。

去年肖亢达老师回武大，请过去的同事们吃饭，朱先生也参加了。才知道朱先生已经中风，住进了汉口的一家养老院。我想去养老院看他，也一直没有去成，以为后面还有很多机会。听说他走了，想起很多往事，心中充满悲伤。

朱先生为人为学都非常严谨，但内心单纯，是一位可亲可敬的长者，现在离开了我们，考古专业的师生都很怀念他！我们也希望能够不负先生期望，把武大考古学科越办越好。

蔡金英、张小刚、贺世伟为本文写作提供了帮助，也表达了他们的哀思。

2021 年 10 月 17 日

稿成之后，因为提到肖亢达先生，我发给他征求意见，肖老师回复并补充如下：

朱雷老师对考古专业的建设很关心，我 1980 年有幸调到武大考古专业任教，1983 年任考古教研室主任，我准备筹办考古教学标本室，并有意在这基础上逐步完善，建设成一个博物馆。那时朱雷先生虽未主持历史系的工作，但得知我的想法之后，还是给了我很多鼓励和支持。大约在 1984 年我先后出差到甘肃省博物馆和临洮县博物馆，它们一起捐赠了一个系列的甘肃彩陶标本。又蒙湖北宜昌博物馆、荆州博物馆捐赠了一套反映楚文化陶器分期的标本。还有洛阳市文物工作队捐赠了数十件各个时代的陶器标本。标本室开放期间，恰逢石泉先生主办楚文化国际学术会议，得到与会的中外代表的高度评价！朱雷先生参观之后，也竖起拇指连声说好！后来由于展陈场地的原因，标本室停止了开放，他也深感遗憾，表示希望将来能重新开放。

由于考古专业是新办的专业，朱雷先生对考古专业的建设、课程的设置以及经费开支都很关心和支持。例如考古书籍，尤其是考古报告，都很贵，系里都予照顾购买。历史系对考古专业的支持是一贯的，图书资料经费的支出，曾与系主任商讨并同意给予倾斜。我任教研室主任至 1989 年，期间换了三任系主任，三任系书记，他们对考古专业的支持是一贯的，考古专业的发展与他们的关心和支持都分不开。

1991 年 11 月我调入广州南越王墓博物馆，1994 年春天石泉先生委托张荣凡书记到广州商调我回去。后来朱雷先生到广州找我回去，那时我刚被任命为广州市文物考古研究所所长，因多方面原因，就没有回武大，很遗憾。朱雷先生对考古专业的关心很使我感动。朱雷先生人品高尚，学识修养深厚，给我留下深刻印象！

2021 年 10 月 21 日

（作者单位：武汉大学历史学院）

人品、学品与师品

——重温问学记忆中的朱雷老师

向　群

唐韩愈《师说》有云："师者，所以传道受业解惑也。"在我的心目中，朱雷老师就是这样一位"师者"。

第一次拜见朱雷老师是在1990年的盛夏，热浪滚滚的武汉，那年是我研一的暑假，按照培养计划，姜伯勤老师给我制订了一个周游大江南北，最终抵达敦煌的访学路线图。自广州北上，第一站就是中古史的学术重镇——武汉大学。怀着略微紧张而又期待的心情，我敲响了风景如画的珞珈山边朱老师的家门。简短的自我介绍与寒暄后，在朱老师的书房里，我呈上了姜老师开的"路条"—— 一封写给朱老师的信。虽然没有看到这封信的原文，但猜想其中必然包含拜托朱老师拨冗指导我的学业的内容。果不其然，朱老师看完信后，开始了解我的一些学习情况。言谈之间朱雷老师那从容不迫的谈吐神情，循循善诱、勉励后学的长者风范，不知不觉间深深地刻入了我的记忆中。当得知我的学位论文选题是研究唐代判词时，他立刻表示首肯，认为是一个有新意的题目，随即沉吟片刻，说道："我考虑考虑，我需要点时间准备，理一下思路，然后给你讲一次课。"我一下子有点懵了，就算再少不更事，我也清楚当时身为武大历史系主任的朱雷老师，教学科研之外行政事务之繁剧自不待言。在这种日理万机的状态下，即便有姜老师的“路条”，他也完全有充分的理由礼节性地“敷衍”我这个素昧平生、不请自来的小辈一番，然后祝我一路顺风。但他没有！多年后追忆当年的情景，内心深处仍不免感触良多。笔者昔年不期而遇的这一福缘，固然首先归因于业师姜伯勤先生与朱雷老师之间惺惺相惜的深厚交谊，然而仅凭姜老师一封信函中的片言只语，百忙之中的朱老师却几乎不假思索地一口应承下来，为此不惜占用和耗费自己本已有限的时间精力，为我这个初涉学海的后生晚辈传道授业、指点迷津，也许在他的意识里，友人的嘱托就是义不容辞的责任。两位师长之间的君子之交，至今思之，仍不免令人动容，而朱老师重情尚义的高士节操与人格魅力，亦同样永久地留在了我的记忆深处。出门告辞，心中的敬仰和感激之情难以言表……

两天后，我如约再次登门，在朱老师的书房里度过了聚精会神而又倍感充实的一上午的时光。也许是一回生、二回熟，但更多的应该是朱老师亲切随和的长者之风的感染，令我原先略带拘谨的紧张情绪不知不觉间消退于无形。中间休息时，看到朱老师的手伸向了书桌一侧的烟盒，我立刻掏出烟来递了一根上去。朱老师愣了一下道：“哦，你也抽烟啊。”随即接过烟，看了下笑道：“三五，你的烟比我的好多了。”我有点不好意思笑着回答，“朋友送的”。那个年代曾经有一段时间流行抽外烟，三个五、万宝路之类的。临出发之前正好有个昔日同窗回校小聚，撂下一条，我就随手带在了身边。朱老师随后拿起了自己的烟递给了我，微笑着说：“抽一根我的，金丝猴，很便宜，还可以。”（我没有具体求证当时一包普通金丝猴的价格，但想来与我们那时常抽的椰树、广州差不多，一两块钱左右。类似于同门万毅兄经常挂在嘴边的经典名言“好抽不贵”是也。）此情此景，恍如昨日！朱老师的家世背景于学界中人而言并非秘闻，20 世纪八九十年代之交正处于人心躁动的全民“经商热”“下海热”的时代，朱老师却依然秉持着一位学者的初心，不改其性，不移其志，自甘淡泊，默默地守护着心中的学术圣境，其人品心性之端方高洁，实令我辈后学心驰神往。

此次一对一授课一直延续到临近中午。朱老师由制度层面的“身言书判”延伸至唐代士人的习判风气，从传世文献的相关史料穿越至敦煌吐鲁番材料，有条不紊、旁征博引、娓娓道来，其间随时征引不同类型的文献并加以分析，令人眼界大开。如在讨论相关铨选制度对士林风习的影响时，他如数家珍地引用了张文成的《龙筋凤髓判》《朝野佥载》中的多条材料；而在阐述唐判文体风格时，又提示我应留意官文书案卷中的判词书写问题，为此他让我关注写本文书中的相关材料，如敦煌本《燕子赋》中的判词材料，并告知文物出版社即将出版的《吐鲁番出土文书》第九册中所收录的《康失芬行车伤人案》的材料值得重视……一系列精辟的见解显示出朱老师开阔的学术视野，渊博深厚的学养和造诣，令笔者受益良多，叹服不已。

临别时朱老师谦逊地对我说：“我做的都是笨功夫，不像姜老师有才气，学问做得好，涉猎的领域很广，你还是要好好跟他学。”又道：“如果到时有空，我也会去参加敦煌的会，最近在研究《燕子赋》，有些想法。”其后由于分身乏术，他并未前往敦煌与会。后来发表的《敦煌两种写本〈燕子赋〉中所见唐代浮逃户处置的变化及其他》一文与陈寅恪先生的元白诗证史有异曲同工之妙，读来备感亲切。

随着日后与朱雷老师交往问学机会的增多，我对朱老师学问与人品的认识也在不断地丰富。

1993 年 7 月，利用博士生期间暑假的时间，我再度踏上了北上访学的旅程。按照姜师定下的规矩，第一站仍是武大，朱雷老师！故地重游，心中不无感慨。我轻车熟路地找上了朱老师的家门。他二话不说，放下手头的事，立刻带我去拜谒唐长孺先生。在中古史学界，唐先生的成就、声望和地位堪称翘楚，在我的心目中这样的大学者、大先生更是令人敬仰的神一般的存在。我相信如果不是朱老师的古道热肠，我是绝对不敢奢望得其门而入的。而朱老师在随后听取我关于学位论文情况汇报的过程中，又一次毫无保留地提出了不少真知灼见，令我在脑洞大开之余，再度为其诲人不倦的胸襟气度和渊博深厚的学识所折服。

是时程存洁学兄在姜师的推荐下已拜入朱老师门下攻读博士学位。此番来武大访学，得其照应自不待言。彼此交流中，他提及朱老师对学生基本文献功底的训练要求非常严格，朱老师自己在年青时期就下过苦功，精读两《唐书》、《通鉴》等基本文献，并做了大量的摘抄札记卡片。这段掌故，此前姜师在教喻门下弟子时就曾反复提及，并多次称道朱雷学问好、路子正。程兄又告知朱老师已将其当年的辛勤付出的成果——这一大批卡片箱放在了资料室供学子参阅。于是我怀着深深的敬意前去翻阅了朱老师的卡片箱。那一刻我似乎明白了：朱老师的学品是如何炼成的！他的博学多识并非无源之水，更非空中楼阁。所谓“万丈高楼平地起”，在我看来这一个个卡片箱正是朱雷老师终生不渝的学术信仰、严谨自律的学术品格、求真求实的学术风范的最好休现！多年后在姜师家中的一次小聚上，姜师再度“老调重弹”地催促朱老师：“你都那么大的学问了，不能总是述而不作嘛。严谨当然是好事，但这个世界上谁能保证自己不出错？所以我有时候也自我安慰差不多就行了，所以你是我师父啊。因为你比我严谨，但不能对自己太苛求了。赶紧把抽屉里的旧稿整理一下，快刀斩乱麻，编成集子出版吧。”朱师母闻言无奈地笑着说：“唉！老朱这个人就是固执，总是怕犯错，总觉得不成熟。有时候写文章经常是一页没写完，甚至只写了几行字，就撕掉揉成一团，一晚上废纸篓都堆满了。”“那可不行，”姜师立刻接话道，“这一点你得向我学，我最擅长的一门秘技就是剪贴，其实说出来就不值钱了，就是剪刀和浆糊。我会按照计划中的结构思路一气呵成地写完初稿，然后在修改时将需要的文字内容写在另外的稿纸上，最后剪下来贴在原稿上需要替换的地方，如果改动替换的新页面还有空余的地方，直接划一斜杠表示直接接后页就行了。”我当时陪侍在座，眼见姜师“苦口婆心”地劝说了半天，朱老师只是微笑地听着，并未正面回应。心想姜师的这番“良言相劝”恐怕没什么效果。我不知道我的理解是否准确。在我的眼里，朱老师是一个学术世界中的完美主义者，一个纯粹的求道者。他为自己所追求的“学问之道”设定了一个严苛得“另类”的底线标准。或许在他的意识里，求道的过程才是最重要的。有位伟人曾经说过：“人总是要有一点精神的。”朱雷老师的学术愿景也是一种精神，一种坚忍不拔、知行合一、执着于信仰的精神！

1994 年 6 月，朱雷老师应邀南来主持我的博士论文答辩，对我而言又是一次面请教益的机会。返程那天，当时的系主任邱捷老师请朱老师喝早茶，非常诚恳地感谢朱老师一直以来在学科建设等方面对本系的支持。我们心里都清楚：几年前学校申报中国古代史博士点，竞争激烈，审查严格。然则以姜师的个性，断然不会为此而公关请托。正是朱老师在当年的学科组评审会上仗义执言，发挥了举足轻重的作用，才使得这一博士点顺利过会，这无疑是本系中国古代史专业重振历程中的一个重要的转折点。但朱老师丝毫没有居功自傲的表现，反而谦逊地回应道：“这主要老姜的学问好，我早就说了，老姜不带博士太可惜了。”显然在朱雷老师看来他力荐姜师，乃是出于公义而非私谊。

自那以后，姜师门下的博士生论文答辩皆由朱雷老师主持，故而门下弟子亦因此获得了更多与朱老师交往问学的机缘。而朱老师则一如既往地来者不拒，有求必应，甚至主动进行“利益输送”。记得2017年朱雷老师来中大参加纪念岑仲勉先生的学术讨论会，其间一次小聚，我晚到了一会儿，进了包房就看到朱老师在饭桌上正在向“小侠”面授机宜，依稀记得是在谈关于吐鲁番文书与墓主身份关系的问题。朱老师不厌其详地娓娓道来，将他的基本思路与材料搜集整理的方式和途径和盘托出，并鼓励万毅兄今后尝试去研究这一课题。朱老师视学术为天下公器的情怀与人格魅力由此可见一斑。随着交往的加深，我们发现朱老师的博学多识不仅仅体现在学术领域。记得有一次博士论文答辩结束后，大家一身轻松聚在一起吃饭，席间谈天说地，不知怎么就聊到了近现代的武侠文学。朱老师认为新派武侠小说不如旧派武侠作品，这与他少年时代的阅读经历有关。对于这一另类的、非主流的看法，我是大不以为然的，因为我是金庸的铁粉。正与朱老师商榷时，一旁的万毅兄居然“见风使舵”，开始附和朱老师的“高论”，两人一唱一和，如数家珍地讨论起还珠楼主、宫白羽等这些民国文人的武侠作品如《蜀山剑侠传》的情节内容，好像很享受的样子。从那次“煮酒论武侠”之后，每次见面，朱老师开口言必称“万小侠”，其性情中潇洒、随性的一面令人印象深刻。

好像是在2007年我们主办的一次小规模中古史的研讨会，与会的赵和平老师一见面就风趣地问道：“你们太师父来了吧？”还振振有词地论证说：“你们姜老师不是常说朱先生是他师父吗？”这则轶闻在圈内几乎尽人皆知。是的，姜师确曾在许多不同的场合这样说过，无论朱雷老师是否在场。而朱老师只要在场却总是矢口否认，但姜师

1994年8月，马德、朱老师、向群、万毅（从右至左）在敦煌鸣沙山

依然固执己见，似乎非常珍视这个“名分”。20 世纪 70 年代中期，两位师长曾于京师共事，由此结为一生的知己。姜师亦曾多次对我们“遥想公瑾当年”，“那时候进入唐先生主持的吐鲁番文书整理组，我和朱雷还是小字辈，周围都是那个时代的优秀学者，比如说天分过人的马雍先生。一开始我碰到很多困难，每次有疑难问题去请教朱雷老师，他总是说我知道，然后毫无保留地指点我。他学问好，懂得多，好像没有他不知道的。最重要的是他愿意教，从不拒人于千里之外，有君子之风。我跟他学了不少东西……”我想在姜师门下有类似感同身受经历的弟子一定不在少数。

《易》曰：君子以厚德载物。回首往事，朱雷老师的音容笑貌不时浮现在眼前，他的人品、学品及师品如润物细无声的春雨一直在我们心中潜移默化……

（作者单位：中山大学历史学系）

朱雷先生与历史地理研究

鲁西奇

1999年冬，我写完了《汉水流域历史地理的初步研究》（最初的书名，出版时题为《区域历史地理研究：对象与方法——汉水流域的个案考察》）的书稿，经冻国栋老师推荐介绍，广西人民出版社允诺全权出版，只是提出来，希望请一位老师写一篇序言。业师石泉先生从来不给人（包括学生）写序，所以，我没有敢开口。与李涵老师商量，她建议请朱雷老师帮助，并亲自给朱老师打了电话。朱老师很爽快地答应了。我把书稿和内容简介给朱老师送去，并报告了自己对书稿所存在缺点的一些认识，以及以后的打算。朱老师问了一些问题，却并没有围绕书稿多谈什么。不知道为什么，却谈起了民国时期别廷芳主导的“宛西自治”，又说到镇平的中兴寺碑，也许还有别的话题。我的理解，朱老师对我当时的研究理路与学术风格其实有所保留，在以他的方式给我提醒。在《序》里，朱老师说：

> 应当说，作者还刚刚开始走上学术道路，未来的路还很长，希望鲁西奇同志再接再厉，不断努力，取得更多更好的、扎扎实实的研究成果。同时，作为我个人而言，更希望他能够得到学界前辈的指教，使有志于学习历史地理的年轻人，在学风和研究能力上，有更大的提高。

我知道朱老师对我从严要求的意思，认为当年我关于汉水流域的研究，时间与空间范围都太大了，在不长的时间内做出的研究还不够扎实，学风也有些浮躁，不够厚重。从 1987 年见到朱老师开始，一直到 2021 年朱老师过世，在 30 多年的时间里，这段话是朱老师对我说的最重的话，我当时反复读了几遍，想了很久，后来也常琢磨。这中间的“微言大义”，老师的期许与“恨铁不成钢”，大约只有我最明白，我自己不说，别人也许不会读出来。我一直记着老师的话，努力遵循老师的这些教导，对自己严格要求，不断改正自己的缺点。我不敢说自己做到了多少，但一直努力着。

我是武大历史系“土生土长”的，更因为石泉、李涵先生的缘故，以及一些个人因素，有很多机会向朱老师请教，听朱老师聊天，甚至在生活上也受到老师的关照；老师对我的影响很大，也是多方面的。朱老师和我聊过的话题，仅仅是历史地理方面的，也都写不完。总的感觉，朱老师对世界地理大势、中国地理格局都非常熟悉，特别是对军事地理、政治地理，有很多关注与思考。我没有听朱老师系统地讲过，都是在闲谈的时候，漫无边际地，说到哪里是哪里，所以，也没有记下来。朱老师的研究领域，主要在吐鲁番文书，我完全不懂；朱老师对武大历史地理学科建设的关照与帮助，我虽然了解一些，但由师兄们来说更为妥当。所以，这里，仅就记忆所及，谈几件对我影响较大的事情。

20 世纪 90 年代初，在石先生的指导下，我开始进入长江中游历史地理的学习与研究领域。在武汉大学历史系，关于长江中游地区的研究，有三个源头：一是唐长孺先生引导的古代长江中游经济开发研究，二是石泉先生开创的荆楚历史地理研究，三是彭雨新先生主导的明清时期长江中游地区农田水利与农田垦殖研究。既然有意学习这一领域，三种路径的研究都是要关注、学习的。当时，由中国唐史学会、湖北省社会科学院历史研究所编集的《古代长江中游的经济开发》论文集已经出版（武汉出版社 1988 年版），牟发松老师撰写的博士学位论文《唐代长江中游的经济与社会》也已出版（武汉大学出版社 1989 年版）。这两本书就成了我的必读书。《古代长江中游的经济开发》中有一篇朱老师的文章，《东晋十六国时期姑臧、长安、襄阳间的“互市”》，当时读了，就觉得了不起。在这篇文章里，朱老师先是从《渐备经》由西北到东南的传播经历入手，指出《渐备经》在长安译出后，即被带往凉州（姑臧）；后来，凉土沙门释慧常将此经寄托凉州“互市人”康儿，由其“辗转送至长安”；长安僧人安法华又将此经送长安“互市”，由“互市人”送达襄阳，付予自称“弥天”的释道安。当时统治凉州的是前凉张氏，前秦苻坚控制长安，襄阳是东晋重镇。三个政权相互对峙，经常交战。《渐备经》等佛典，通过“互市人”，由凉州而长安，到襄阳，在政治势力相互隔绝的背景下，得以传播开来。由此，朱先生抓住“互市人”这一核心问题，细致考察三国、十六国政权下的“互市”，特别是“互市”机构的设置，“互市”的地点及其交通路线，并特别讨论了凉州姑臧的互市人“康儿”，指出他是粟特人，且引用粟特文书信，以说明粟特商人在沟通中亚与江南的交通贸易路线上的作用。朱先生总结说：东晋十六国时期，南北经济交流的特殊形式是“互市”，“互市人”奔走其间，以进行贸易活动。东晋的襄阳设有的“互市”，不仅是通向关中、河西走廊地区的经济窗口，而且是思想、文化交流的窗口，奔走其间的“互市人”承担起了这个交流任务。同时，这条道路还是将“丝绸之路”东段，由长安伸向东晋的路线。在政治上，这条路线又是沟通河西走廊与东晋政治联系的路线。

这篇文章不属于吐鲁番文书研究，可能是朱先生的一篇“小文章”，却给我带来极大的震撼，而且，迄今为止，我一直认为这是朱老师最为经典的一篇文章。对佛典的引用，对传世文献的分析，对出土异族文书的敏锐，以及对上述材料的综合使用，都很让人佩服。这篇文章，有两点对我后来的研究有直接的启发与影响：一是襄阳在中古交通格局与政治交往过程中的地位与作用，二是佛典作为中古史研究资料的意义。但是，朱老师对于材料的敏感及其辨析能力，却是我终生难及的。

大约从 1996 年起，我开始关注乡村聚落与住宅的研究。闲谈时和朱先生说起来，他提起敦煌吐鲁番文书中关于居住园宅的记载，并说起《万子、胡子田园图》。记得朱先生说，要弄清并理清唐代的田宅形态，需要看日本的田图。这个提示，对我非常重要。所以，我马上就去看日本古代的条里制，留下了很深的印象，并进而读了土肥义和先生所撰《唐代敦煌の居住園宅について——その班給と田土の地割とに關連して》（《国学院杂志》77 卷第 3 号，第 162—177 页）一文。一直到先生所著《敦煌吐鲁番文书论丛》出版（甘肃人民出版社 2000 年版），我才认真研读朱老师的《敦煌所出〈万子、胡子田园图〉考》。这篇文章，应当算是朱老师的代表作之一。在文章的前半部分，朱老师就特别说明了这项研究与金田章裕先生有关日本古代庄园田图研究之间的关系，我才明白老师所说与日本田图相比照研究的涵义。这项研究的“巧”也就在这里。大约正是因为有日本古代田图、庄园图作为参照，朱老师才得以详细地考证《万子、胡子田园图》所绘诸种符号的意义，并结合相关史料，给出了恰当的解释。让我最觉佩服的是关于图中所标明的两处“道”的解释。他在池田温先生的基础上，进一步论证了敦煌所出天宝至大历间籍帐所记田地段亩，用“路”而不用“道”的原因及其变化，以为用“路”是因为玄宗崇尚道教的缘故；而在其后，因为不再遵循玄宗尊崇道教的敕文，故不再以“路”代替“道”。朱先生文章讨论的重心，是本件文书的年代。可是，给我印象最深的，却是关于平面田地图的绘制及其相关符号的解释。朱先生说：虽然中国很早就可以绘制田地平面图，但即使是唐代行均田制，也并没有广泛绘制平面图，而作于归义军时期的《万子、胡子田园图》也仅得一见，所以，可能仍未形成制度，绘制田园图，仅属于个别家庭的行为。直到南宋时行经界法，才较为普遍地制作田图。这一个论断，我琢磨了很久，上课时也多次讲过，真希望以后能有机会系统地梳理这个问题。

2007 年至 2016 年间，我到厦门大学工作了几年，但几乎每年都会回武大。每次回去，只要可能，都到朱老师府上，去聆听教诲。有一次到朱先生府上，刚坐下，朱先生就问起我的老家，是不是属于淮河流域，《水经注》关于沭水的记载，有没有认真读过，发现过什么问题没有。又说起对《水经注》淮水、汝水、泄水等篇的认识，并且跳到明清时期黄河与运河的关系上。我给老师问得七零八落的，努力搜罗自己脑海里的相关知识。快走的时候，朱老师问：淮水中游的渡口，你注意过吗？这个问题，我倒一直记得，因为我脱口回答：没。没注意过。过了大约一年吧，我从北京转道武汉，又去看朱老师。老师又谈起了淮河，问题还是差不多，也一直说到淮水中游的渡口。这回，我才知道朱老师正准备写一篇关于五代时期涡口都商税使的文章，这就是后来登在《广州文博》第 12 辑（文物出版社 2018 年版）上的《五代后周〈刘光赞墓志铭〉所见之“涡口都商税使”考》。记得朱老师还谈起五代时吴越国、荆南、南汉、马楚、南唐与中原王朝之间的贸易，特别是淄青境内吴越国的回易务，使我一下子想到姑臧的“互市人”。分裂格局下地区间的经济往来与文化交流，似乎是朱老师一以贯之的话题。

我考博士生时，朱老师是考试委员之一。他提的问题是东晋南朝荆州何以被称为“陕西”。我用“周召二公分陕而治”的典故回答；朱老师继续问，“分陕”之“陕”究在何处，有何不同看法；然后又问，荆扬之间，有可与“分陕”的“陕”相类比的地方吗？这样的追问，虽然让人紧张，却又很受教益。我回答不出，也不觉得难为情，因为答不出是正常的。我跑到桐柏看了淮源庙，然后西行，到了唐河湖阳镇，去寻访汉晋遗迹。回来见了朱老师，和他闲谈途中所见。老师忽然说，这一带郦善长最熟悉。我再读《水经注》相关诸水，确然如此。这才惭愧自己的浮浅与狭窄。朱老师不专治历史地理，然于山川形便、政区沿革、风土人情，均了然于胸，谈吐之间，往往发人启迪，引出新问题，指示新方向。在我的心目中，真有学问的人，就是这样的。所以，我从没有觉得朱老师了不起，因为他本来就是真有学问的人，真有学问的人本该如此。

朱老师也不以历史地理研究而著称。在他的学问里，历史地理的知识与方法，是做学问的一种素养。我上面谈到的三篇文章，在朱老师那里，也不是历史地理文章，他只是顺便使用了一些历史地理的知识与方法，探究了与历史地理相关的问题。可是，我想，如果能够沿着朱老师的研究路径，继续朝深处挖掘，并不断拓宽研究的问题，应当是很有学术前景的。比如上面提到的田图的绘制，就涉及田亩丈量、测绘以及几何学的很多问题，与中国历史上的田地制度、赋役制度都有很大关联；分裂格局下不同政权间的交通、贸易与文化交流，更是一个深广的研究领域。通过自己的研究，展示出更为深广的研究空间，给后人指示可以努力的方向，这才是真学问。

朱先生非常重视把真正的学问传给后人。2020 年下半年，朱老师已经住进了地质医院的康复中心，我带着博士生梁振涛去看他。我比划着告诉他振涛是新疆师大毕业的，毕业后在新疆工作过四年，学过维吾尔语，现在做唐代西北边疆的研究。朱老师听了，明显地非常高兴，不再理我，拉着振涛说了很多。我知道，朱老师看着更年轻的一代慢慢地成长起来，而且在做他的研究领域的学问，心里一定是高兴的。我也相信，朱老师的书，一定会不断地有人读，因为是真学问。

2021 年 10 月 26 日

（作者单位：武汉大学历史学院）

先生之风，山高水长

王启涛

我第一次见到朱雷先生，是在2010年10月24日至26日在新疆吐鲁番举行的“西域古典语言学高峰论坛”上，此次会议还有一个副标题“语言背后的历史”，由于时任吐鲁番文物局长李肖教授的精心张罗，此次会议盛况空前。当晚，我去拜见朱先生，没想到我们在吐鲁番的第一次聊天，一聊就是一个通宵。在这一个通宵里，我们聊学问其实不多，主要是聊掌故，那范围可就宽了，从中国古代史到近代史，再到现代史和当代史，我问什么，朱先生就答什么，先生非常耐心，也非常尽兴，有一些现代史和当代史上的历史事件，朱先生和他的父辈或者祖辈都亲身经历过，所以讲起来绘声绘色。先生的音质非常好，讲述每一个历史细节，不虚美，不隐恶，不褒贬任声，不抑扬过实，字字句句体现了一位历史学家的严谨和文献学家的扎实。讲到精彩之处，先生会拊掌击节，发出爽朗的笑声，这笑声一直传到窗外，传到吐鲁番静谧的夜空里。到了清晨六点钟的时候，我向先生建议还是休息一下，先生说：“那好，睡会儿吧，我一会儿还要赶到新疆师范大学去讲座呢，你一会儿记得叫醒我。”可等我回到房间刚刚睡下，睡得迷迷糊糊时，就听见清脆的敲门声和先生在走廊里洪亮的声音：“启涛，我出发了，到新疆师范大学去讲座啦。”我当时想，朱老师身体可真好呀，我们这一代是拼不过他们那一代了。

十余年来，我与朱先生的交往可以说是无拘无束，这主要有两个原因，一是我当初并不是朱先生的学生，更多的是忘年交，所以先生在我面前就不像对他的学生那样师道尊严。还有一个原因：我是学语言文字学的，朱先生对语言文字学素来非常看重，所以对我非常亲切。他曾经不止一次对我讲：他非常敬佩语言文字学家蒋礼鸿先生，他把蒋先生撰写的《敦煌变文字义通释》读了很多遍。他在给拙著《吐鲁番出土文献词典》写序时，曾经这样写道："唐长孺师以其深厚而广泛的学识，继承了'乾嘉之学''义宁之学'，因而能自然游刃于历史学和语言文字学之间，但更多的后学晚辈，或稍长于历史学，或稍长于语言文字学，而难于二者兼备。以自身而言，或略长于史，却无语言文字的科班训练，但凡撰文碰到语言文字障碍，虽知查阅有关前人成果，但总觉得只知其然而不知其所以然，每每拜读蒋礼鸿先生的《敦煌变文字义通释》，深感我辈无知，而有豁然开朗之感。但看某些语言文字工作者之成果，又感其于历史典章制度有缺。"这当然是朱雷先生的谦逊之辞。但是，他在序中语重心长地叮嘱后学者：治历史文献，必须双管齐下，既要有语言文字学的功底，又要有历史学的功夫，确实是至理名言。只要我们阅读朱雷先生的论著，尤其是《朱雷敦煌吐鲁番文书论丛》（上海古籍出版社 2012 年版），就可以看到他的语言文字学功夫是非常了得的，我曾经撰写小文《论朱雷先生的文献学贡献》，论及朱先生在历史文献学领域的六大贡献："从语言文字学角度整理与研究文献；从史学角度整理与研究文献；将历史文献的范围扩大，将敦煌变文等视为历史文献；将传世文献与出土文献相结合；将历史文献与考古资料相结合；注重历史文献的内在联系和外部联系。"（"中国社会科学网"2021 年 12 月 5 日"中国史"栏目）王素先生曾经说过："朱先生的很多论文，尽管经过了十多年甚至二十多年，学术价值还是难以超越。”“学界师友常言：唐长孺先生门下，论文风格与唐先生最为接近者，莫过于朱雷先生。读罢此书，深信此言不虚。”（引自刘进宝《朱雷先生学术简历》，《朱雷敦煌吐鲁番文书论丛》，第2页）唐刚卯先生在《祝贺朱雷老师八十寿辰》里也说：“我父亲对朱老师一直是很欣赏的，他也是承续了我父亲的学风，这从他的论文中可以看出。”（《敦煌吐鲁番文书与中古史研究：朱雷先生八秩荣诞祝寿集》，上海古籍出版社2016年版，第445页）这些评价都是非常中肯的。

朱雷先生对语言文字学的高度重视，是与他的老师唐长孺先生的影响分不开的，我曾经对唐长孺先生的论著进行全面考察，从七个方面论述唐先生在语言文字学上的杰出贡献：一、将语言史和政治史相互观照；二、将词的本义、引申义和术语义综合考察；三、将俗字与写本符号作为重要的研究对象；四、将名物训诂视为文献整理的重要一环；五、将通假作为探究字义的重要手段；六、将方音考察与古音演变研究相结合；七、将语言文字作为史料断代的证据。我得出结论：唐先生继承了乾嘉之学和义宁之学的优良传统，毕生学术以语言文字学为根底，善于从词的本义、引申义、假借义角度考察语义脉络，善于从微观、中观、宏观层面考论史实真相（参见拙文《从乾嘉之学到义宁之学——唐长孺先生在语言文字学领域的贡献》，该文收入拙著《丝绸之路语言新探》，社会科学文献出版社2021年版，第290—355页）。朱雷先生是继承了唐先生这一传统的。

朱雷先生从他的老师唐长孺先生那里继承了重视语言文字学的传统，又把这一传统传授给他的高足刘进宝教授等学者，从唐门到朱门，这一中华学术的优秀传统得到了很好的传承。这使我由衷想到《后汉书》里的一段话，《后汉书》卷二五《鲁丕传》载丕上疏曰：“臣闻说经者，传先师之言，非从己出，不得相让，相让则道不明，若规矩权衡之不可枉也。难者必明其据，说者务立其义，浮华无用之言不陈于前，故精思不劳而道术愈章。”

老一辈学者是非常重礼数的，朱雷先生也不例外。朱先生在为拙著《吐鲁番出土文献词典》写序时，专门写到我的两位老师，先生这样写道：“王君师出名门，先后立雪于董志翘、张涌泉二位先生门下，深得川大与浙大两派之长。”同时，他与我的两位太老师也非常熟悉，他多次提到与项楚先生的密切交往，还特别提到张永言先生的《关于一件唐代的“唱衣历”》（《文物》1975 年第 5 期）写得非常好。我后来也不止一次在我的两位老师和两位太老师面前提起朱雷先生，他们都非常感谢朱先生对我的指导和教诲。张涌泉师告诉我，他曾邀请朱先生到浙江大学古籍研究所讲学，可惜先生当时非常繁忙，未能成行。

与朱先生交往十余年，让我印象深刻的，还有以下三点：

首先是先生对他的老师唐长孺先生的敬重。在我与朱先生交往的十余年里，先生提及最多的老师和前辈，必然是唐长孺先生。这不奇怪，先生做唐先生的学生和助手多年，登堂入室，得其真传，朝夕侍坐，师生情深。但让我非常惊诧的是：就我与先生接触的印象和感受而言，先生在生活上其实是一个极为简洁、不拘一格之人，他本人对衣食住行毫无讲究，他本人也无很强的自理能力。先生在生前曾给我讲过一个细节：有一次他出差上火车时，怎么也找不到火车票，只得跑到售票处再买一张，等到上了火车，才发现身上有两张火车票，原先买的那一张并没有丢失。但就是这样一位偶尔丢三落四的助手，却把一代大师唐长孺先生的学术事务和日常起居打理得非常好。尤其是在北京陪护唐先生整理吐鲁番出土文书期间，朱先生为唐先生煮饭、炖汤，为唐先生做好学术和后勤服务，一丝不苟，样样在行，深得唐先生信任和喜爱，这需要多大的毅力呀。可以说，这是在对老师的极度尊敬和对事业的无限担当前提下逼出来的。朱先生去世后，朱师母田苏华老师来到成都，与巴蜀书社的领导同志交流朱先生遗著出版事宜时，我亦陪同在侧，我特地向师母说到朱先生生前向我讲到的重复购买火车票的有趣细节，师母还告诉我另外两个细节：当年朱先生在北京陪伴唐先生，尽心尽力，唐先生的眼睛不好，下楼梯时，全由朱先生搀扶着，每下一步，都是由朱先生数着数，一步一步提醒着，没有出现过任何意外。朱先生回到武汉后，对家人也养成了下楼梯数数的习惯，每当男女老幼下楼时，他必然从第一步数到最后一步，温馨提醒大家。师母还告诉我：那些年朱先生在北京陪伴唐先生，回武汉家中的时间非常少，偶尔回来一次，家中的孩子都不认识他了，径直问师母："我家的这位客人怎么还不走啊。"

朱老师给我们留下的第二个印象是善良。朱先生对我们的请求，总是有求必应。我每次到武汉大学查找资料，他必然提前一天与石墨林老师联系好，然后陪同我去资料室，中午陪我到餐厅，招待我吃饭。我每一次从成都打电话到武汉请教学术问题，他总是诲人不倦，直到说清楚、说透彻为止。2011 年，我撰写《吐鲁番出土文献词典》，出版前，请求朱老师为拙著写序，并请朱老师审改这部 300 万字的书稿，先生嘱我背上全部纸质件，来到武汉大学珞珈山培训公寓安营扎寨，咱们面对面修改。武汉的夏天，骄阳似火，朱先生的住所又没有电梯，他每天就戴着一顶草帽，早早地从高高的四楼走下来，走下老式教师公寓陡峭的楼梯，走很远的路，然后步行登上培训楼三楼，我能够给他准备的，就只有一包香烟，一杯浓茶。先生对《吐鲁番出土文献词典》逐条审改，疲倦了，他就使劲地抽烟，使劲地喝茶，然后又接着看稿，连在室内挪动一步都舍不得，生怕耽搁时间。每天就这样起早贪黑，直到灯火阑珊才回家。该书出版后，先生又在《光明日报》2014 年 5 月 6 日发表书评《求其真义，集其大成——王启涛〈吐鲁番出土文献词典〉评介》，2018 年 11 月 4 日，我主持的国家社科基金重大项目“吐鲁番文献合集·校注·语言文字研究·语料库建设”开题报告会暨“走向未来的吐鲁番学”国际高峰论坛在成都举行，先生莅会并发表热情洋溢的讲话。先生还为拙著《吐鲁番文献合集》撰写了总序，在北京举行的《吐鲁番文献合集·儒家经典卷》首发仪式上，先生在师母的搀扶下到京，到现场为我们助阵；在成都举行的《吐鲁番文献合集·契约卷》首发仪式和《吐鲁番学大辞典》启动仪式上，先生冒着凛冽的寒风，从武汉来到现场祝贺并做精心指导。可以说，先生为了后辈的成长，真是关怀到家了。

这样一位与人为善的学者，在过去曾经由于为不少长辈和同事说公道话而遭受不公正待遇，在身心上遭受巨大的摧残，朱师母告诉我，朱老师的身体也正是在那个特殊的年代，在极不公正的对待和冲击下，在夜以继日地承受重体力活儿的折腾中，彻底地垮掉了，这使他的晚年一直遭受着病痛的折磨和煎熬，过得一点儿也不轻松。

朱雷先生的善良，还体现在他总是信义当先，非常富有合作精神。多年前，他应邀去新疆博物馆整理当年唐长孺先生团队因客观原因漏出的一批吐鲁番文书，先生与博物馆的同仁精诚合作，成功申报国家社科基金重点项目，寒暑易节，始一返焉。先生一丝不苟，高质量完成了这批文书的定名、断代、缀合、解题、识读、校勘、注释工作，如今，这批整理成果即将由巴蜀书社隆重出版，必然有力推动吐鲁番学向前发展。

朱雷先生给我们的第三个印象是：从来不臧否人物。我与朱雷先生接触十余年来，听不到他对当代人的评价。如果有评价，都是好的评价。即使是好的评价，也都是如实的、客观的、理性的评价。在他的论著里，在他的讲话里，在他为别人写的序跋里，都可以发现他的陈述只对事，不对人。这其实也是唐长孺先生的风格，亦即是唐门的风格。程喜霖先生告诉我：在唐门，形成了一种风气：如果不赞同别人的观点，一般都不必指名道姓，只需把自己的观点陈述出来就行了。事实正是如此，只要我们打开《唐长孺文集》八卷（中华书局 2011 年版），就会发现唐先生的行文，完全是摆事实、讲道理；唐先生的文笔，不仅有大格局，而且有大胸怀。朱雷先生在这一点上是完全继承了自己老师风格的。可以这样说，唐门在中国现代学术史上之所以具有崇高的地位和威望，除了其博大精深的学术成就外，还与其心胸宽广、极富包容、海纳百川、广结善缘的学术气象密不可分。由此我由衷想到司马迁在《史记》卷四七《孔子世家》里描述孔门业绩之后的总结陈词："《诗》有之：'高山仰止，景行行止。'虽不能至，然心向往之。余读孔氏书，想见其为人。适鲁，观仲尼庙堂车服礼器，诸生以时习礼其家，余祗回留之不能去云。天下君王至于贤人众矣，当时则荣，没则已焉。孔子布衣，传十余世，学者宗之。自天子王侯，中国言六艺者折中于夫子，可谓至圣矣！"我们对唐门，对唐长孺先生，对朱雷先生，是怀着史迁当年同样的心情的。

如今，朱雷先生走了，我再也不能和他在吐鲁番彻夜长谈，再也不能请他到天府之国来讲学，再也不能到武汉去他的书斋访学。转眼寒冬来了，先生书斋外珞珈山的树木，恐怕早已由层林尽染变为落叶归根了。在这寂静的寒夜里，先生距离我们渐行渐远，我们除了无尽的伤悲和深深的怀念外，只有祝愿先生在另外一个世界，安息永远。

（作者单位：西南民族大学中国语言文学学院）

点滴追忆当初，敬怀朱雷先生

万　毅

程存洁学长转达刘进宝先生编辑朱雷先生追思文集的通知，并嘱令提交文章一篇，让我既觉惶恐又感犹豫。惶恐的是，本人并非朱雷先生及门弟子，极少亲炙，甚至谈不上有所交往，仅仅可以说是有些接触，再加上自己才疏学浅，担心无法完成作业。犹豫的是，我的授业恩师姜伯勤先生与朱雷先生堪称至交，朱先生对姜师和我们这些门下弟子都关爱照拂有加，撰文追思，于情于理都无法推托，而姜师目下患有脑积水、脑萎缩等多重疾病，根本无从动笔，本着“有事弟子服其劳”之义，也应该勉为其难；而在同门之中，无论从才具、学养、资历哪个方面，即令与朱先生的过从，我都不是撰写此文的合适人选，这也是仅存的一点自知之明了。但经不住存洁先生的再三提命，只好勉强写上几句。

回想忽然获悉朱雷先生辞世的噩耗，当时顿觉一片茫然。定神之后，心里涌出的第一个念头却是如何向姜师禀知这个不幸的消息：两位平生至交，虽然都已风烛残年，似乎不久之前还在执手相晤，不经意间却已天人永隔，怎不令人黯然伤神？而真正当我直面禀告时，并没有出现预想中的恸悸场面，时空仿佛一下子静止了，向以情感炽烈、性情中人而为人所知的姜师只是一遍遍地念叨着老友的名字，喃喃自语着同一句话：“他的身体比我好啊，怎么这么快就走了？”而泪水却早已止不住地夺眶而出了。在这种近似无言的哀痛中，与朱雷先生接触的点点滴滴，也一幕幕地涌现在我的脑海中……

初闻大名

最早看到朱雷先生的大名，是20世纪80年代中后期，大概1987、1988年的样子，我在中山大学历史学系读一、二年级。记忆之中，那时的大学人文学科课程安排得并不太满，在经历了三年紧张的高中生活，特别是最后一年高强度的复习之后，整个人一下子松弛了下来，生性懒散的我也不可避免地染上了抽烟喝酒等不良习惯，整天浑浑噩噩地打发日子。平素除了应付差事似的正常上课外，也会去逛逛书店，跑跑图书馆。而在图书馆里，常去的则是古籍、期刊和工具书三个阅览室。去古籍阅览室，是因为根据本系教学进程的安排，一、二年级都必须修习古代史课程，通过走马观花式的翻翻相关正史文献，就自以为是地觉得掌握了基本史料；去期刊阅览室，则是一厢情愿地认为通过翻翻研究论文就可以掌握所谓的学界最新动态，实际上读下来也是似懂非懂，半通不通；而去工具书阅览室，更是企图通过查书的办法了解本专业的相关基础性知识，而像这样通过八卦式猎奇所获取的信息，也很快变成酒酣饭饱后的桌上谈资，随风而去了，如同东北人讲的狗熊掰棒子，随摘随扔，并没有留下多少知识积累。

平心而论，现在想起来，当时在这三个阅览室中，对我帮助最大的还是工具书阅览室，因为在那里获取的一些知识信息，至今还留在我的脑海里。也就是在这里，我第一次知道了朱雷先生。那是一本由高等教育出版社编辑出版的全国高校和研究机构博士学位授权点和博士研究生导师的名录，在武汉大学中国古代史专业之下，唐长孺先生之后，赫然开列着朱雷先生的名字。

对我来说，唐长孺先生的名字似乎并不陌生，因为给我们讲授中国古代史课程的老师经常在课堂上提及，并多次引称他的论述，是一位年高德劭、成就卓著、大名鼎鼎的老先生。朱雷先生的名字虽然陌生，但能列在唐长孺先生之后，在我的想象中，似乎也应该是一位皓首斑髯的老者形象。等翻到该书后面的分类介绍时才发现，原来唐先生是1981 年国务院学位委员会批准的第一批博导，而朱雷先生是 1986 年遴选的第三批，于是又推测，朱先生或许也可能是唐先生的学生辈，而且应该是唐先生早年甚至是解放前的弟子，心目中的形象倒是没怎么变化，直到不久之后我在《武汉大学学报》（哲学社会科学版）的封三看到关于朱雷先生的介绍。

20 世纪 80 年代中后期，许多高校的学报都开设了介绍本校知名学者的栏目，办得比较好的可以举出武汉、南京、复旦、南开、吉林等综合性大学。那个时候，全国高校的博士学位授权点和博士生导师资格审定都要经过国务院学位委员会，控制十分严格，因而也含金量十足。各高校屈指可数的博士生导师，作为各个学科领域的佼佼者，同时也是全国性的知名学者，自然是这些栏目的重点介绍对象。记得在期刊阅览室读到《武大学报》（社科版）1988 年第 5 期封三关于朱雷先生的介绍时，顿时颠覆了自己心目中历史学家的形象。那篇简介的题头附有朱雷先生一幅一寸免冠照片，因为当时摄影和印刷技术的关系，照片显得有些模糊，但依然能够分辨出朱雷先生略显圆润的国字脸型和满头青丝。再看简历，原来朱雷先生出生于 1937 年，1955 年入读武汉大学历史系，大学毕业后又随唐长孺先生攻读研究生，一直从事吐鲁番出土文书整理和魏晋南北朝隋唐五代史研究。屈指一算，朱雷先生成为博导时年龄还不到五十岁！于是一句颇为粗鄙但绝对不无敬意的赞叹涌上心头：“哇，真牛！”要知道，那时全国范围内的博士点和博士生导师数量寥寥无几，作为中国古代史研究重镇的武汉大学仅有唐先生和朱先生两位，而号称阵容强大的北京大学也不过邓广铭、周一良、许大龄、田余庆、张广达等先生几人而已！这样算来，朱雷先生绝对是当时中国古代史专业领域最年轻的博导，即使放在整个人文学科也是最年轻的博导之一。

大学三年级以后，在陆续选修的“敦煌学概论”“敦煌文书研究”等课堂上，从授课者姜师那里获知了关于朱雷先生的更多信息。原来两位先生年岁相近，经历相仿，青少年时代都生活在江城武汉，甚至住址也相距不远。不过在 1955 年高考时，朱先生就地入读武汉大学历史系，而姜先生则南下广州入读中山大学历史系。记得在谈到那段历史时，姜师曾不无自嘲地半开玩笑说朱先生的高考成绩绝对比自己高，“何以见得？当时武汉高中学子读大学的选择不是北京、上海，就是武汉本地，地处岭南的广州因为还经常受到盘踞台湾的国民党军机袭扰，所以当地的高校比较少人问津”，“我因为上中学时喜欢绘画，有些旁涉远骛，除了外语，其他功课的成绩都很一般。后来发现自己缺乏两个 cai，一个是天才的才，一个是钱财的财，只好放弃美术，临近高考时不得已选择了历史，又自忖成绩一般，怕考不上本地的高校，才选择了广州的中山大学。而朱先生则不然，一考就考上了本地最好的武汉大学”。当然更会讲到在唐长孺先生主持的吐鲁番出土文书整理组的工作情形，除了唐先生的教诲之外，我们这些学生听到最多的，就是朱雷先生的学识渊深和博闻强记。讲者款款道来，听者心驰神往。

初见尊颜

第一次见到朱雷先生本人，是在 1993 年夏季学期的开学之初，当时我重新考回母校中山大学，攻读姜师的硕士研究生。记得那是一个雨后的傍晚，我正在位于康乐园马岗顶西侧陈嘉庚堂南面的历史系办公室门前的布告栏看通知，看到一行三人踏着积水，自北向南施施然而来。走在前面带路的是正在随姜师攻读博士学位的同门学长向群师兄，另外两位中年人，身材高大一些的略显魁伟，身材稍矮一些的略显清瘦，三人边走边谈，似乎是向群师兄在向客人介绍沿途路过的各栋古旧建筑。看到身材高大的客人略显圆润的国字型脸庞，我心中突然灵机一动，猛地联想起几年前在《武大学报》上看到的关于朱雷先生的介绍，判断客人应该是朱雷先生，并推测另一位清瘦的客人应该是陈国灿先生。因为姜师在给我们上课时不止一次地说过，两位先生是继唐长孺先生之后国内最好的古文书学专家。于是我壮起胆子上前招呼，两位客人也驻足下来，经向群学长介绍，证实了我的判断和推测，当时心里还不免有些许得意。

因为是偶然相遇，又是初次见面，场面难免局促。为了化解这种气氛，生性洒脱的向群学长掏出香烟递给每人一支，我赶忙拿出打火机给两位先生点燃，开始了寒暄。承两位先生下问，身为晚辈的我自然是将自己的学习经历合盘相告。可能因为初次面见这些心仪已久的学界名家，心中紧张的缘故，禀告之时我不免有些磕磕巴巴，前言不搭后语。两位先生则是不时颔首，面露宽容的微笑，并未多言，而我却早已汗流浃背了。当时谈了些什么，早已记不得，只是感觉两位先生态度亲切温和，恂恂如也。与陈国灿先生稍显尖细急促的语调相比，朱雷先生的声音则显得浑厚低沉。回到宿舍，我把这次幸运的偶遇讲给同学们听，得到了一位本科就读于武大历史系的同学首肯，说他们本科同学也有这样的感受。

后来随侍姜师的过程中，在学术研讨会、学术讲座和学位论文答辩等各种场合，我又几次见到朱雷先生，接触逐渐多了，也就慢慢熟悉起来。1996 年暑假陪同姜师在敦煌考察，又一次与朱雷先生相遇。某晚，来自日本的一家艺术团体在莫高窟前的九层楼广场进行日本传统雅乐表演，两位先生欣然命驾前往观摩，我们一众人等自然陪侍同去。其间，不学如我对缓慢冗长的表演节奏颇感不耐，于是便中途溜号，与几位同好偷偷跑去饮酒，此事第二天被姜师知晓后十分震怒，当然免不了一番疾言厉色的训斥。朱先生一方面担心怒火中烧的姜师情绪过激而引发身体不适，另一方面又怕满心羞愧的我心理脆弱无法承受，在一旁不住地温言相劝。姜师的情绪渐渐平息下来，生怕闯下大祸的我也偷偷吁了一口气。此时此刻，我既真正见识了姜师的雷霆霹雳，也深切地感受到朱先生的和风细雨，令我没齿难忘。于是话题又渐渐地转到一名学者养成的不易，年岁相近的两位先生都不约而同地谈到了自己性格养成重要阶段的中学时代。姜师半开玩笑地自嘲是“街边顽童”，恭维朱先生出身“世家子弟”，朱先生自然谦逊再三，连称“不敢”，并询问我的中学情况。说来惭愧，我上中学的 20 世纪 80 年代前中期，正好赶上当时的两次“严打”，学校教学秩序颇为混乱，生性散漫、胸无定志的我虽然侥幸没有完全沦落，但也受到当时社会风气的影响染上了许多市井江湖的恶习，经常逃课，流连于文摊书肆，可以说是在复刻的公案小说和盗版的武侠小说熏陶下度过的，虽然没敢隐瞒，却也自惭形秽。朱先生似乎看出了我的尴尬，却不忤不弃，反而平易地跟我谈起了自己中学时代痴迷武侠的故事。特别是讲到从近代公案小说到现代武侠小说的发展流变，虽似漫谈闲聊，却是引经据典，旁征博采，言说有据，娓娓道来，听得我如醉如痴。中学少年时代的相似经历和朱先生平易近人的风范陡然拉近了我对他的感情距离，而姜师也不失时机地对我投来一句：“看看，小巫见到大巫了吧？”

1994年11月，朱雷老师与姜伯勤先生及弟子在中山大学
右起：万毅、姜伯勤、朱雷、向群、王承文

话虽不无揶揄，对我却如醍醐灌顶：专业学术研究的严谨浸润于日常生活的闲聊之中，竟然一至于斯，这是怎样一种学者的气质与风范啊！看着对面侃侃而谈的朱雷先生，钦佩、景仰之情在我心中油然而生。而自此以后，朱雷先生见到我也不再陌生，并开玩笑地叫我“大侠”，令我如沐春风。

久而久之，我似乎还发现其中的一个小秘密：姜师在提及学界前辈、同仁时，姓名之后必加先生二字，而唯独对朱雷先生不然，总是称“我的师父朱雷”、“我师父朱雷”，或径称“朱雷师父”。开始有些不解，后来攻读姜师的论著时，于后记跋文之中读到对朱雷先生情真意切的鸣谢，方才明白两位先生的交谊之深之挚。再后来，数次遇到两位先生在不同场合倾心晤谈，多是情感充沛的性情中人姜师侃侃而言，宽厚沉稳的朱先生则静心倾听，不时颔首。童心乍露的姜师会时不时地冒出一句“是不是啊，师父”加以强调，而朱先生也总会急急地插上一句“哪里，老姜”，并不打断。每见及此，我总是忍俊不住地涌上会心一笑，想起同门学长湛如法师给我讲过的一席话：“姜先生和朱先生就像我们平常所说的哥们儿一样，只有在朱先生面前，姜先生的整个身心是放松的。”诚哉斯言。

初识斯人

真正让我认识朱雷先生的崇高人品和风范，还是在十年之后的一次学术研讨会上。

2006 年秋季开学之初的 9 月上旬，朱雷先生门下高足刘进宝先生在南京师范大学举办了“转型期的敦煌学：继承与发展国际学术研讨会”。作为一次筹备已久的高规格学术会议，原拟邀请六十位在国际学术界具有影响的知名学者参加。作为德高望重、声誉卓著的业界前辈学者，朱雷先生和姜伯勤师自然都在受邀之列。也就在这时，由于症状强烈，姜师被查出了严重的脑神经内科疾患，不得不入院卧床治疗，无法出席。而留在中山大学的姜师门下弟子中，才具学识可堪代表的王承文、向群两位学长又因为教学科研的任务无法分身前往。于是，在朱雷先生的关照和进宝先生的斡旋下，资质平庸、力不堪任的我得以有机会忝陪末席，恭赴聆教。

报到之后的当天下午，进宝先生找到我，说接到朱雷先生电示，让把他和我安排在同一房间，听后我既感受宠若惊，更觉忐忑不安，忙问其故。进宝先生说，本来会议给朱雷先生安排了单独的房间，原计划是由朱师母田苏华老师陪伴同住，但朱师母临时有事，无法成行，只好由朱先生单独前来。进宝先生并嘱咐我，朱先生年事已高，也是百病缠身，让我留心一下先生的身体情况，我便义不容辞地应承下来。吃完晚饭后，我返回房间，随手打开电视，恭候着先生驾临。

大概是晚上七点多钟，朱雷先生来到房间，一见面就连称“大侠”，依然是那么亲切随和，我则不好意思地连连拱手作揖。寒暄过后，朱先生便急切地问起了姜师的病情，关心之情，溢于言表。我把自己所知道和了解的情况一五一十地向朱先生做了禀报。朱先生一边认真听着，一边不住地嘱咐我们一定要照顾好姜师。我担心朱先生一路鞍马劳顿，便劝请他早点休息，可朱先生谈兴正浓，表示并不觉得累，于是便海阔天空地闲聊起来。这时，电视里正在播放着那段时间非常风靡的谍战电视剧《暗算》的第三部分《捕风》，时代背景设置在解放前，画面上是主人公幼年时在放学返家途中似乎漫不经心地东游西逛，我见朱先生也在饶有兴趣地看着，便自充内行地向先生介绍剧情，哪料先生淡淡地应了一句：“我小的时候也是这样……”反而勾起了我的八卦好奇之心。于是先生打开话匣子，毫不见外地向我讲述了自己的传奇家世和人生经历，再次听得我如痴如醉，不由得想起姜师的评价：朱雷先生“经历丰富，见多识广，本人又博闻强记，听他聊天，那才真叫过瘾”，果不其然。

通过一个晚上的神聊，使我对朱雷先生有了更进一步的了解，也更增加了对先生的亲近之感和钦敬之情，于是斗胆拿出作为参加本次会议“敲门砖”的一篇敦煌道教拙作向先生请教。朱雷先生认真地审阅一过后，谦逊地告诉我，自己对道教关注的并不是太多，不好评判，但从所引材料和论证逻辑来看应该还是成立的，并指示我要认真学习陈寅恪、汤用彤、唐长孺等前辈先生们的相关研究成果，顿时给我指明了这个问题的研究方向和前景，令我受益匪浅。

三天的会期很快就过去了，离开南京时我向朱雷先生辞行，先生拿出三袋南京当地的风味特产盐水鸭，嘱托我带回广州分赠姜师和本系的胡守为、蔡鸿生两位先生。我也赶忙去超市选购了一些本地特产，以姜师和自己的名义回馈先生。但朱先生以此行外出考察还要奔赴其他地方，随身携带不方便为由再三婉谢，最后只好商定以先生的名义分送参加此次会议服务工作的进宝先生门下诸位研究生同学。

回到广州，我把这次南京之行的情况原原本本地向姜师做了禀报，不料却引发了姜师的谈兴，对老友朱雷先生的为人为学进行了鞭辟入里的生动阐释。姜师说，近代一位西哲曾经对在学术领域取得建树者进行过分析，大致有遭逢时变的世家子弟、一心进取的“雾都孤儿”和意志坚定的革命志士三种类型。而朱雷先生身兼其二，本身就是世家子弟，又出身于革命家庭，可以说既有秉持道义、崇尚气节、恪守礼法、注重情意的世家优美门风，又有秉公持重、正直善良、宽厚大度、谦逊诚朴的个人优秀品质，在为人处世上真正做到了尊敬师长、推奖同侪、提掖后进，这是现在一般人不易做到的。在治学上，朱雷先生勠力笃学、潜心沉思、厚积精研、博闻强识，武汉大学三至九世纪研究所资料室保存的朱先生亲手做的分类资料卡片就是很好的证明。在研究课题的选择上，朱先生也并不像许多人那样一味追求新材料，轻易开拓新题目，而是不跟风、不逐潮，咬定青山，按部就班，一步一个脚印地次第前行。“朱先生文章里述及的问题很多都是我们当年遇到并讨论过的，但限于当时的材料条件和认识水平，大都没有解决，时间长了大家也就渐渐放弃，转向其他了，只有朱雷先生锲而不舍，迎难而上，啃下了一个又一个硬骨头。因此，朱先生虽然看似没有高头讲章式的所谓鸿篇巨著，但他的一篇篇文章不仅仅都是‘干货’，而且绝对是‘硬货’，因为它们实实在在地解决了一个个难题。”“还需要说的是，朱雷先生的最好年华和大量精力，都无私地倾注到了吐鲁番出土文书的整理之中，朱先生的这种气度和器局，也是一般人做不到的。”“我敢说，对吐鲁番文书的整理工作，除了唐长孺先生之外，朱雷先生的贡献是最大的。朱先生也是继唐先生之后中国最杰出的古文书学者！”

说到这里，姜师的情绪逐渐激动起来，说话的语气也更为凝重：“朱先生为人称道的，不仅仅是他正直宽厚的人品风范和严谨平实的治学风格，更重要的是他对待唐长孺先生的态度。”“他对自己的老师唐先生的倾心服侍和悉心照顾想必大家都有所耳闻，很多事情更是我亲眼目睹，许多回忆文章也都屡有提及。”“更值一提的是在上世纪五十年代到‘文革’时期严峻的政治氛围里，许多人出于各种原因批判自己的老师，我就在‘批白专、拔白旗’运动中被迫写过恩师刘节先生的大字报，至今还感到耻辱，悔恨不已。但朱雷先生就能够顶住各方面压力，坚决不为所动，从来没有说过唐先生的半个不字。这已经不仅仅是一般意义上的意志品质了，它所彰显的才是真正意义上尊师重道的学术伦理，而朱雷先生正是这种伦理的一位很好的守护者和践行者，这更是一般人所做不到的，这也是为什么我总称他‘师父’的原因。”姜师的这番阐释，在后来许多人的回忆文章里，特别是 2016 年武大历史学院为朱雷先生举行的颂寿座谈会上冻国栋先生的长篇发言中也得到了很好的印证。

朱雷先生彻底退休，特别是将平生藏书捐赠广州图书馆之后，到广州的次数多了起来，我也有了更多接触和陪侍机会，对先生的宽厚温润和师母田苏华老师的热情爽朗有了更为深切的体会。疫情之前的 2019 年底，本来还跟先生和师母当面相约，邀请先生为广东移动和《中山大学学报》编辑部、中山大学《艺术史研究》编辑部共同开办的“全球通大讲堂”举行讲座，先生也愉快地答应了。但疫情一起，一切停摆，中间还曾在电话联系时询问先生情况，师母也表示一切皆好，谁知一年以后，等来的却是先生辞世的噩耗，怎不令人唏嘘！今草此文，追忆点滴，就算是表达对先生的敬怀之意吧。

（作者单位：中山大学历史学系）

邂逅西域源于文书

——深切缅怀朱雷老师

鲁礼鹏

2021年8月10日早晨起来，我习惯性拿起手机打开微信看信息，映入眼帘的第一条信息是新疆文博院于志勇院长发的一条信息“中国敦煌吐鲁番学会顾问朱雷先生今天凌晨1：40在武汉去世了”。我看着信息呆住了，7月18日，武汉大学举行了“纪念唐长孺先生诞辰110周年学术座谈会”，我从会议信息上还看到了朱雷先生出席会议的照片，而且是一整天都在会议上，想着今年秋天准备再邀请朱先生到乌鲁木齐商议出版课题成果事宜，没想到先生突然仙逝，实感突然。叹息之余，想起和朱先生相识、协助先生工作的往事，历历在目。

和朱先生相识，缘于吐鲁番阿斯塔那墓地出土文书的整理。我从事考古工作，但不擅文书研究。参加工作之初，基本在野外发掘和进行室内整理工作。1999年，新疆维吾尔自治区文物局组织人员开始整理吐鲁番阿斯塔那墓地出土资料，我作为新疆博物馆整理小组的成员从此开始接触阿斯塔那墓地的出土资料，一直到与先生相识并协助先生整理吐鲁番出土文书十余年。

一

2006年4月，新疆博物馆考古部在新疆文物局的支持下，为整理吐鲁番阿斯塔那墓地发掘报告进行了一次补充发掘，又出土了一批晋唐时期文书资料，除公布了 1 件保存稍好的衣物疏外，余皆沉睡整理室。随着 1999 年开始启动阿斯塔那墓地的整理，在整理过程中，一是发现在 1975 年将出土文书送京以便整理时，犹有若干墓葬出土文书漏遗在保管室，总数达到 50 余件，为晋唐时期的官私文书；二是在清理馆藏棉、麻、丝织品与器物上，剥出不少文书残片，约廿余座墓葬文书残片，经过认真辨识，不少可与已刊布的文书拼合；三是 2006 年出土的一批未公布的晋唐时期文书，既没有拼合、定名，也没有释文、断代，是否能与此前刊布的文书拼合、如何拼合等一系列问题摆在我们面前。

吐鲁番阿斯塔那发掘报告整理小组最初是由吴震先生负责的，吴震先生去世后，其遗孀武敏先生一直在考虑这批文书的整理工作；由于朱雷先生和吴震先生曾在 1959—1975 年间整理吐鲁番出土文书时就已经熟识，相互都非常了解。经过深思熟虑，最后武敏先生推荐了令人敬重、信任的朱雷先生来主持这批文书的整理工作。时年朱先生已近 75 岁，接到可以亲自主持整理这批文书的邀请后，一生视学术如生命的朱先生欣喜万分，不顾身体有恙，没过多久就赶赴乌鲁木齐市，开始了这批文书的整理工作。

2010 年 8 月，朱雷先生从炎热的武汉来到了乌鲁木齐市，随行专门陪护的还有朱先生的老伴田苏华老师。我也初次见到了一直只闻其名、不见其人的令人敬仰的朱雷先生。想到朱先生年龄大，新疆博物馆领导提出每天派车接送，但是朱先生坚决不同意，田老师也是无可奈何地支持朱先生的决定。朱先生和田老师在乌鲁木齐市的整理工作和食宿都由我专门负责，由于当时条件有限，加上朱先生不愿用公车接送，无奈只好安排二老住在博物馆对面的宝石花酒店，每天步行过马路到博物馆上班；一日三餐非常简单，以清淡为主，早晨在酒店基本上是牛奶和面包，午饭和晚饭就安排在我非常熟悉的新疆博物馆旁边的老成都饭馆。后来了解到，二老吃得很少，饭馆老板饭菜给的量也很足，每次吃不完的菜，都让老板收起来，晚上热一下继续吃，我听后真想哭。就这样，这种三点一线的枯燥生活一直持续到大雪纷飞的十二月份才返回武汉。其间，因整理工作任务繁重，田老师担心朱先生身体吃不消，就建议朱先生调来了博士后崔世平同学来协助工作，直到整理工作初战告捷才返回。

这次整理文书的机会，是我和朱先生认识以来交往时间最长的一次，每天早上朱先生上班都比我们来得早，办公室没开门就在楼道等，搞得我很不好意思，想直接把办公室的钥匙给朱先生一把方便，但朱先生坚持原则，说不符合博物馆规定，不能拿，最后还是我们每天早上早点来开门才算解决了问题。在这四个月的时间里，朱先生给我的印象终生难忘。作为一名从事吐鲁番文书研究的知名大咖，不仅为人低调，平易近人，而且热心提携后学，关心新疆博物馆的青年人才的培养问题。整理工作开始之初，朱先生就提出让博物馆挑选出一两名协助文书整理的人员，这样既完成了文书整理工作，又培养了博物馆自己研究文书的专门人才，一举两得，可谓考虑周到、细致。众所周知，从事文书研究，不仅要有丰富的历史知识，还要有深厚的文献功底，按此条件全馆搜索，有博物馆新进的赵德文、贺婧婧和孙丽萍三人符合条件，朱先生甚至给其中的赵德文、贺婧婧两人都选好了论文题目，指导他们写文章，可惜最后因种种原因没有完成；而得益于朱先生几个月悉心点拨的孙丽萍却收获很大，如今孙丽萍同志已顺利于2019 年考上武汉大学刘安志教授的博士，继续进行敦煌吐鲁番文书整理研究专业的学习。

二

因这批文书残损较严重，整理起来费工又费时，而整理经费又有限，所以 2017 年初，我们以朱雷先生为课题负责人，以新疆博物馆的名义申请了国家社科基金重点项目《吐鲁番出土文书补编》课题，最后顺利立项，使得整理工作得以顺利进行；其间，来自北京师范大学的博士后刘莹、武汉大学的博士研究生蒋晓亮等功不可没。但最不能忘记的是最佳护卫田苏华老师，没有她的精心照顾，就没有项目整理的一帆风顺。到了 2018 年 7 月，整理工作基本完成。根据项目需要，同年 8 月 11 至 13 日，我们邀请了来自西南民族大学的王启涛教授，河北社科院的孙继民研究员，新疆师范大学历史学院的盖金伟院长、施新荣副院长以及新疆吐鲁番学研究院的陈爱峰研究员等专家学者进行了预鉴定会。会议由项目所属单位新疆维吾尔自治区博物馆法人、

预鉴定会后合影

2018年9月，新博讲堂

馆长于志男研究馆员致会议开幕词并作重要讲话，项目负责人朱雷先生及秘书田苏华女士对该项目所取得的阶段性成果及下阶段的工作计划做了详细汇报，预鉴定工作会议由鉴定专家组组长、河北省社会科学研究院孙继民研究馆员主持。

此次由朱雷先生主持的国家社科基金重点项目《吐鲁番出土文书补编》课题对吐鲁番阿斯塔那数十座墓葬中出土的三百余片文书进行了整理、拼接、编号、拍照、识读、定名、录文、解题和注释等重要工作，完成了残损文书清理、拼接四十余件，基本完成了国家社科基金重点项目《吐鲁番出土文书补编》工作的主体工作，经与会专家组一致认定，国家社科基金重点项目《吐鲁番出土文书补编》课题的主要目标已经达到，主体任务已经完成，得到预鉴定专家组的一致认可并给予高度评价。

2018年9月，朱先生与学生在新疆博物馆合影

鉴定会之余，新疆博物馆邀请朱先生在"新博讲堂"第十期作了《从"走近"到"走进"——敦煌吐鲁番文书的追求历程》的精彩讲座，讲座吸引了来自新疆师范大学、新疆大学相关专业的学生，文博系统的专业技术人员等。讲座结束后，高校粉丝还和朱先生合影留念。

2020年，《吐鲁番出土文书补编》课题该结项了，我和田苏华老师联系，打算邀请朱先生来乌鲁木指导填报结项事宜，才得知朱先生身体不宜远行，10月，田老师孤身一人到乌鲁木齐指导我们完成了结项的填报工作。2021年5月，等待了将近半年的鉴定结果终于出来了，评为良好。这批文书耗费了先生10年心血，最终有了一个很好的结果，也是对朱先生的最好回报。

在2017—2019年的整理工作中，朱先生时时表示想到吐鲁番考察、调研；我知道，他老人家是惦记这些地方的出土文书。为了满足老人家的愿望，经请示于志勇馆长同意并由我陪同，2018、2019 年两次到吐鲁番去考察、调研，每次到吐鲁番，朱先生都受到来吐鲁番学研究院的青年学者陈爱峰、李亚栋、张海龙和吴海龙等人的“围攻”，不仅在查看文书时轮番上阵请教，而且在饭桌上讨论的还是朱先生一生最爱的文书。而朱先生总是面带笑容，侃侃而谈，直到他们满意为止。而我这个旁观者也受到了隆重的招待，因为我两次把朱先生这个取之不尽、用之不竭的“百宝箱”请到了他们的眼前，让他们取到了各自所需的真经。

三

朱雷先生是新疆文博界的老朋友，因文书与新疆结缘，而我也因文书与朱先生相识。朱先生将毕生美好的年华和精力献给了自己最挚爱的吐鲁番出土文书的整理和研究工作。

先生一生在史学领域里辛勤耕耘，恪守学术道德和学术规范；恭谨敬业，矢志不渝，视学术如生命，退而不休；如今，以先生为课题负责人的国家社科基金重点项目《吐鲁番出土文书补编》课题已于 2021 年 5 月顺利结项，鉴定良好。正当我们为结项课题成果做出版准备时，先生却骤然驾鹤西行，给我们留下了终生的遗憾。我等唯有尽快出版课题成果，以告慰先生在天之灵！

（作者单位：新疆博物馆）

由文献学而入史学者，其史学可信

——纪念和蔼的朱雷先生

潘　晟

一、和蔼的老头

1998 年 9 月，我到武汉大学历史系攻读历史地理学硕士学位，指导老师是鲁西奇先生。那个时候的我，还完全不知道什么是学术，对于当世重要的历史学者也完全没有概念，纯粹是一个白得不能再白的学术小白。

第一次见朱雷先生的日子具体是哪一天不记得了，应该是新生报到的第一个星期四下午，在人文馆的地下一楼召开全院迎新生大会时。记不得当时的细节了，只记得散会的时候一位和蔼的老头（不知道是不是鲁老师引介的），过来问我是不是扬州来的，我说是，然后聊起扬州师范学院历史系的一些熟人，满面爽朗的笑容，很开心。

后来的学习生活中，经我的同学卜庆华热情普及学术史，才知道朱雷先生是一位学问非常好的大专家，在敦煌吐鲁番研究方面造诣精深；才知道他的老师唐长孺先生更是大学问家；也才知道，我们同一届跟随朱雷先生攻读博士学位的刘进宝老师已经是正教授了。

因为我所学的专业是历史地理学，未曾有听朱雷先生讲授课程的机会。我们那一届，他们 3—9 世纪方向的同学，有课程是在朱雷先生家里上的，回来后，偶尔会讲一些上课的趣闻，常常引人开怀大笑。

有机会更近距离地与朱雷先生聊天，则是我到南京师范大学工作之后的事情。2012 年 5 月，我从天津师范大学转到南京师范大学工作，全赖刘进宝老师大力促成。后来，入选学校百人计划的时候，刘老师成为我的合作导师。在刘老师的引导下，我在原来敦煌地理书之外，读一点其他的敦煌学论著，特别是敦煌学学术史方面的论著。因为这个缘故，有机会参加敦煌学相关的会议。记得在我参加的会议中，有两次朱雷老师不顾年迈，来参会了。一次是在南京师范大学，一次是在浙江大学。

南京师范大学的那一次会议应该是 2012 年下半年的时候。我刚到这里工作不久，会议休息时间，刘老师带我见朱雷先生，聊天的过程问起我学习与工作的情况。虽然那个时候，先生的身体好像并不是特别好，由先生的夫人在旁督促照顾，但是谈锋尚健，聊天愉快欢乐。

2018 年 4 月 20 日，刘老师国家社科基金重大招标项目《敦煌学学术史资料整理与研究》开题会，朱雷老师也来了。与朱老师聊天时，具体聊了哪些话题，我已经完全记不得，只记得气氛很好。作为晚辈，一方面与朱雷先生长聊的机会并不多；另一方面作为外行，聊天时能与朱先生聊得起来的话题也不多。虽然如此，在仅有的几次聊天中，朱先生给我的印象就是开朗，阳光，欢乐。

在刘老师讲的关于朱先生的故事中，印象最深的是刘老师跟随朱先生读书时，有一次朱先生说在吐鲁番文书中有一条什么材料，让刘老师去找一下。然而刘老师把唐长孺先生主持整理的吐鲁番文书 10 册，认认真真地翻阅了一遍，没有找到；不敢确定，刘老师又认认真真翻阅了一遍，还是没有找到，然后去告诉朱雷先生，朱先生很轻松地说，哦，真的没有啊。刘老师说他事后才反应过来，这其实是朱先生有意为之，希望他能认真读吐鲁番文书。每次听这个故事的时候，就想，朱雷先生看到刘老师的反应，内心一定是很欢乐的。就是这样一位和蔼的老头，现在他离开我们，去另一个世界讨论敦煌吐鲁番文书去了，祝愿他在另一个世界也还是那么开朗，欢乐。

二、朱雷先生在文献学方面给我的最初印象

作为晚学后辈，既非朱雷先生的硕博士生，也没有正式听过他的课程，但朱雷先生在文献学方面给我的印象却极为深刻。

第一次是 1998 年的硕士生入学考试。那时是武大自主出卷，其中一门是历史文献学。记得准备考研时，得知要考这个科目，完全没有头绪，就把扬州师范学院图书馆开架部分仅有的十几种文献学论著全部翻了一遍，惴惴不安地去考了。谁晓得，就是这门自己觉得最没有头绪的科目，考得最好，得了 84 分。要不是这门科目考了好分数，以另外两门专业课的成绩是一定达不到录取线的。入学后，才知道这门科目当年的试卷，是朱雷先生出的题。

第二次是 2001 年第一次参加博士生入学考试，当时选择报考武大本校，最后因为英语没有达到分数线，未能考取。不过那次考试中，朱雷先生出的一道文献学方面的试题，却让我大吃一惊。题目原文虽然回忆不起来，但是大体考点还记得，问的是二十四史点校本在校勘上有什么特点，并任选一种举例说明。这道试题我当时根本答不出来，就算是现在我也答不好。这道文献学考题，对我来说一直是一个警醒，告诉自己在文献学方面不懂的东西还有很多很多。

不过从朱雷先生给我们出的这道考题，不仅可以想见他对于文献学的重视，更可以知道他在传统的文献学上下过苦功。朱雷先生不仅仅长于敦煌吐鲁番文献，也不仅仅熟稔魏晋隋唐文献，而是对历代文

献都有全面的把握。据同届的同学讲，他给武大 3—9 世纪方向的同学上文献学课程时，是拿着《四库全书总目提要》，随翻随讲，并不做断代或专题的限定。这除了对听讲的学生要求高之外，其实对讲授者要求更高，需要对历代经史子集四部文献，以及释道文献也要极为熟稔，才能驾驭。反观我自身，与文献学打交道的时间也不算太短了，但是至今主要还是限于专题文献中的一部分，对于历代文献总体的认识还很是不足，距离朱雷先生对文献学这个娴熟的状态还很为遥远。

三、朱雷先生对文献学与史学关系的独到认识：由文献学而入史学，其史学可信

对于文献学与史学的关系，朱雷先生有独到的理解。在评他人著述时，朱雷先生专门引用了张之洞的这一段话："由小学入经学者，其经学可信；由经学入史学者，其史学可信；由经学史学入理学者，其理学可信；以经学史学兼词章者，其词章有用；以经学史学兼经济者，其经济成就远大。"（张之洞《书目答问》）他由此提出"由语言之学入文献学，其文献学可信"，"由文献学入史学，其史学可信"。[①]

此"由文献学而入史学，其史学可信"，既是朱雷先生对文献学与史学关系的独到认识，也是他史学研究的一个重要特点。

朱雷先生史学研究的成绩，已有充分的论述，但是其由文献学而入史学的这一侧面，似还有进一步阐发的空间，对于当下的史学研究也有一种警醒的价值。

史学研究的基础在于读懂史料，从而得到可以凭信的史实，然后才是在此基础上的意义等角度的阐释，离开了读懂史料这一基础，也

① 朱雷：《求其真义，集其大成》，《光明日报》2014年5月6日第16版。

就很难谈得上所谓的意义、阐释、规律等价值了。而读懂史料的基础，除了基本的语言文字之外，熟练地运用文献学知识和技能是关键。这个道理虽然从事史学工作的人都懂，但是真舍得在该领域下功夫并在撰述过程中予以熟练运用的人，或许并不多。朱雷先生则是这方面的高手。

朱雷先生在史学研究中，其文献学的运用特点主要是这样几个方面，即注重文书的定名与断代、校勘、文献性质，并熟稔各断代不同类型的文献等。

因为朱雷先生主要从事敦煌吐鲁番文书的整理与研究工作，所以文书定名与断代是首先要面对的问题。他在回忆唐长孺先生主持吐鲁番文书整理工作时，有如下叙述：

> 字难辨识，残片难拼合，这都是常人所难以想象得到的。而在进入“定名”、“断代”阶段，更是艰辛，因为判断文书整理成功与否的标志，主要是根据释文拼合之准确，“定名”之遵合古制，“断代”之清晰等诸方因素。其中，文书之准确“定名”和“断代”所要求的学术水准是很高的，难度因而也是极大的。故作为文书整理的领导者，尤须在历史及古文献、书法诸方面具有渊博精深之学识，方能对这批从十六国到唐代开元、天宝年间的官、私文书，以及古书、佛、道经典作出准确之定名。面对大量并无纪年之残片，既要考虑纸质，又要考虑书法之时代风格变化。除了这些“外证”，还特别需要从文书本身寻求“内证”，从而作出适当的判断（准确或比较接近的“断代”）。[1]

---

① 朱雷：《唐长孺师与吐鲁番文书》，《河北学刊》2005年第5期，第82—85页。

经由唐长孺先生的指导，在参加吐鲁番文书整理的实践过程中，朱雷先生学得了这一手本事。据此记述，将文献断代分为外证与内证。外证，在于纸质、书法的时代风格，这也是判断文献真伪的重要的物质依据，因为不同时代造纸技术不同，纸张质量不同；不同时代精神面貌不同，其书法风格不同。但是一方面依据此等外证，只能给出大致的时代，难以精确，另一方面如果遇到文献作伪的高手，只要有利润，可以选用同属于一个时期的空白纸张，书法也能模仿，两相结合甚至能瞒过专家的法眼。因此还需要内证。所谓内证，虽未明言，但是结合朱雷先生的相关论文，可以大体概括为从文书内容所涉及的公文制度、典章制度、史事本身出发，从而做到在辨析史实的基础上，拟定遵合古制的文书名称。

其所撰《敦煌所出〈唐沙州某市时价簿口马行时沽〉考》，① 虽然是一篇并不很长的论文，却也能从中窥见朱雷先生由文献学而入史学的做法。

（前缺）

1　上家生中婢壹□

2　上蕃丁奴壹口　直钱肆拾

3　上蕃中奴壹口　直叁拾伍阡文　次叁阡文

4　上蕃丁婢壹口　直钱参拾阡文　次贰拾伍阡文　下贰拾阡文

5　上蕃中婢壹口　直钱贰拾柒阡文　次贰拾伍阡文

---

① 朱雷：《敦煌所出〈唐沙州某市时价簿口马行时沽〉考》，《敦煌吐鲁番文书初探》，武汉大学出版社，1983年，第192—204页。

6　上家生细敦父马壹匹　直柒拾阡文　次陆拾伍阡文
7　上家生□敦父马壹匹　直贰拾叁□□　次贰拾壹阡□
后缺

朱雷先生在转录张勋燎先生介绍的文书之时，随文标注，对文字做了校勘。特别是利用《唐六典》卷一七诸牧监条，指出第 7 条“家生”下缺文，当是“粗”字。

行文之初，首先认可张先生的工作，指出从书法及其本身所反映的某些制度看，将其断为唐代文书是可靠的。

然后通过征引敦煌写本《王梵志诗》《捉季布传文》《庐山远公话》，日僧园仁《入唐求法巡礼行记》，日本学者仁井田陞所补定的唐令，《太平广记》，《唐天宝年间交河郡某市时价簿》《唐开元十九年唐荣买婢券》等吐鲁番文书，唐人小说《虬髯客》，《唐会要》《唐律疏议》，《长安志》等文献，考其中“口”是唐律“贱口”，即奴婢；“蕃”是表示奴婢的地域来源“吐蕃”；“家生”则是指奴婢的所有性质属于没有交易契约“市券”的主人家中自产奴婢，从而确定该件文书的性质是唐代坊市中从事奴婢与畜产交易的“口马行”时价簿记；并据《唐会要》中宗景龙元年十一月敕，“诸非州县之所，不得立市”即文书出土地点，将其定名为《唐代沙州某市时价簿口马行时沽》。

上述一系列考订中，对关键字、词的语义的确定，与文字校勘一样，是文献学中最基础的语文工作，属于朱雷先生自己所概括的“由语言文字入文献学，其文献学可信”的范畴。而在此过程中，广泛征引同时期以及其他时代各类型文献，则充分展示了对具体文献的熟稔程度，这是历史研究中文献学方面的基本功。

而最为充分表现其文献学功底的则是在引用各类文献时，对各类文献性质的把握，如引敦煌出土之《捉季布传文》《庐山远公话》时，首先用史传记载证其史事之非，明确其文学性质，然后笔法一转，通过引证指出其中所载语、词、故事与文书本身所处时代的“口马行”交易制度的吻合，不仅为该文书残片拟出遵合古制的“定名”，更揭示了文书所反映的唐代行、市制度及奴婢牲畜交易背后的残酷的社会阶级关系。

这并不是朱雷先生最为著名的论文，但其中知微见著之处，就已经很好地体现了朱雷先生自己所概括的“由语言之学入文献学，其文献学可信”，“由文献学入史学，其史学可信”的特点。

四、朱雷先生养成扎实的文献学功力的缘由

朱雷先生在史学研究中得文献学之真，大概源于以下机缘：得名师指导，得文献整理实践的锻炼，自身善于体会积累。

在他为《广州图书馆藏朱雷教授藏书目录》撰写的序言《关于我的藏书》中，朱雷先生明确表示，“因得名师指点，也就补充有关目录学、版本学、史料学等方面的书籍”。此处之“名师”，即指他的导师唐长孺先生。

既得名师指导，在目录学、版本学、史料学方面窥见门径，但如若没有经历过文献整理的实践工作，很容易停留在书本层面。朱雷先生非常幸运的是，在唐长孺先生指导下，既做过敦煌文书的录文校勘，又具体负责了吐鲁番文书的整理工作。

在1962年朱雷先生毕业留校之际，先是下乡劳动锻炼，11月初返回武大工作，唐长孺先生交给他两项工作，一项是通读《全唐文》，并做出分类资料卡片，另一项就是整理校对补充唐长孺先生此前所抄录的敦煌文书资料。朱雷先生校补的做法是，购入一大册财会人员所

使用的“万能表纸”，按校勘记的办法划出行格，凡有遗漏处，表中注明，遗漏文书则别册抄录；凡有误释者，用此勘误表注出。同时附带着对商务印书馆所出《敦煌遗书总目索引》据缩微胶卷，一一校勘。查出颇有一些漏录，所引题记有讹有脱，一并作在勘误表上。[①] 这项工作是朱雷先生第一次系统地从事文书整理的实践，为他后来跟随唐长孺先生从事吐鲁番文书的整理工作打下了很好的基础。

补充校录敦煌文书的工作到 1963 年完成。1975 年，朱雷先生作为唐长孺先生的助手，开始在唐先生指导下从事吐鲁番文书整理工作。历经 13 年，至 1986 年大功告成。《吐鲁番出土文书》10 册录文本、4 巨册图文本陆续出版，成为中国当代文献整理上的经典巨著。

除了两次文书整理工作的机缘，得以经受长期的文献学实践训练之外，朱雷先生自己肯下功夫钻研，注重长期的积累，也是他在文献学上不断精进的重要原因。据其为《广州图书馆藏朱雷教授藏书目录》所撰序言《关于我的藏书》，知其平时搜集文献时：

（1）并不限于史学，而是只要有研究价值的经、史、子、集，皆一一搜罗，并旁及佛、道，及语文类文献。

（2）在利用今人古籍整理成果时，注重收集不同版本，如《汉书》《后汉书》除中华书局标点本，王先谦之《补注》《集解》外，又有陈直《汉书新证》（天津人民出版社）和吴恂《汉书注商》（上海古籍出版社）；《洛阳伽蓝记》则不仅收集了张宗祥、周祖谟、范祥雍三家校释本，其中范祥雍释本的三种版本（即上海古籍出版社 1958、1978、1982 年版），因其书有修订重版，并增《校注补》《后

---

① 朱雷：《唐长孺师与敦煌文书的整理》，《魏晋南北朝隋唐史资料》第21期第41—44页。

记》，照片及地图三幅，亦一一备及。

（3）关注古籍研究动态，一一搜罗补抄到已有整理本上。如《耶律楚材西游录》，中华书局标点本有缺遗的，用丁谦本补了“唐故节度参谋王济之碑”条。又如《唐大和上东征传》中华书局汪向荣校注本，又用《大正藏本》补录改“不良久”为“不良人”，等等。或随时将最新研究成果剪贴在相应的书上。

（4）利用学术交流与个人旅行，积累中国港、台地区及日、韩等国所出之书。

正是在这种博求广搜而专精的日常功夫中，朱雷先生练就了文献学的真本事，从而在史学研究上达到了“由文献学而入史学，其史学可信”的成绩。

（作者单位：南京师范大学历史系）

精益求精与“学术拖延”

黄　楼

8月10日，历史学家、武汉大学历史学院暨中国三至九世纪研究所朱雷教授病逝的噩耗突然传来，我感到十分震惊。7月中旬，朱老师还坐在轮椅上全程参加了纪念唐长孺先生诞辰110周年纪念会。我是最后几届有幸听过朱老师讲课的学生，工作以后又多次得到朱老师的关怀，昔日所见所闻不禁浮现眼前。这几天心情慢慢平复，提笔记录几件朱老师晚年逸事，虽是点滴小事，足以彰显朱老师的高尚人格。

一、再次入疆整理文书

朱老师在20世纪70年代陪同历史学家唐长孺至新疆调查、整理吐鲁番文书，已为学界所共知。实际上，时隔40年后，已经70多岁高龄的朱老师再次入疆整理文书。唐先生主持文书整理时，最后的工作是在北京完成的。由于种种原因，有一些文书未能装箱送至北京，而是由新疆博物馆吴震先生保管。此外，吴先生又陆续在吐鲁番几个墓葬中发掘出一批文书。2008年吴先生病逝前，留下遗愿，这些文书统一交给挚友朱雷整理。

2010年后，朱老师几乎每年都去新疆待上几个月。最初还有博士后崔世平等人协助，后来每次赴疆都是朱老师和田苏华师母相伴而行。2017年9月，我去新疆历史博物馆调研，当时朱老师和田师母正在馆内整理文书。我很关心二老的生活，专门进行了探望。

此前，我不清楚朱老师在新疆的具体情况，亲眼看过之后，才知道他们的日常生活很简单，甚至算是清苦。没有合适的住所，辗转在附近的几家宾馆里居住，也没有条件开灶生火，只能去饭店买饭。二老在新疆别无他求，就是埋头整理文书。依朱老师的成就与学术声誉，完全可以享受非常安逸的退休生活。支撑朱老师的绝非世俗名利，而是一种情结，或者说是一种心愿。

据田师母说，2021 年，文书整理工作顺利完成，在《吐鲁番出土文书补编》出版事宜尘埃落定后，朱老师说，“我的心愿总算了了”。我想，朱老师的“心愿”应该至少有两层意思。一方面，这项工作是当年唐先生整理工作的延续，是在完成老师未竟的事业；另一方面，这项工作是挚友吴先生的临终嘱托，也是完成朋友的遗愿。

吴先生也是 20 世纪文书整理项目组的成员之一，朱老师与他的深厚友谊就是那时结下的。不过，有一次，朱老师亲口说，吴先生比较“霸道”，工作中常坚持己见、不肯让步。唐先生要求朱老师等人一定要同新疆的同志搞好团结，定稿时暂无确论的内容大多听从了其他单位同志的观点。我想二位先生最终成为生死至交，除了都有学术至上的品格外，也与唐先生的叮咛不无关系。

二、请朱老师写书序

熟悉朱老师的都知道，朱老师论著谈不上“等身”，但篇篇都是精品。不过，他有一个习惯，就是写东西时常拖延，有时需要多次催促，我们后辈私下称之为“学术拖延症”。

2017 年，我在科学出版社出版一本小书《碑志与唐代政治史论稿》，想请朱老师写篇书序。一个同门师兄弟知道了，半开玩笑地说，朱老师写肯定好，但是你要做好心理准备，两个月都不一定能拿到。

大概半个月后，我给朱老师打电话，朱老师说："快写好了，三天后你过来拿吧。"三天后，我兴致勃勃地到了朱老师家，朱老师却说："实在不好意思，书稿还有点没有读完。"见我有点失望，就又问我说："你的书稿想不想再加点内容，我这里有吐鲁番出土的《张雄墓志》，也非常值得去写。"然后，就和我谈起张雄家族和麹氏高昌王国。不知不觉，半天就过去了。

就这样，每隔两三周，我去朱老师家拜访一次，实则是为了催促书序。朱老师学识渊博，也非常健谈。有一次我说文书中的字不容易辨认，朱老师让我去看《草诀百韵歌》，还讲了不同的版本。还有一次，朱老师说他正在关注一份不同颜色书写的族谱，虽然每次都无功而返，但内心却大有收获。

临近书稿定版的时候，我终于拿到书序，果然用了将近两个月。与时下书序多属应酬之作不同，朱老师的书序是认真通读后所写，非常精悍，不到一千字却字字精炼，结尾处还借用《北齐书·斛律金传》中"丽龟达腋"的典故，对拙著作了较高的评价。惭愧之余，我想，朱老师的过誉之词主要还是对青年学者的一种鼓励。

三、病榻前的学术交流

2020年，朱老师脑梗复发，在武大旁边的地质医院住院调养。我出版了新著《吐鲁番出土官府帐簿文书研究》，特意送了他一本。

一天上午，我突然接到田师母的电话，说朱老师已经把书看完了，希望和我交流一下。这个电话大大出乎意料，我原本送书是想让朱老师知道一下后学没有终日枉食，不成想朱老师年事已高，住着院还喊我去谈话，又担心书中是不是有什么不妥的内容，于是怀着忐忑不安的心情来到医院。

朱老师思路非常清晰，但是由于脑梗引发的语言功能障碍，只能发出简单的音节，需要仔细听才能分辨出“吐鲁番”等词语。他一边慢慢地翻着书，一边含糊地说着话，我只能轻声附和着。过了一会儿，朱老师大概察觉我听不明白，要来纸笔，想要写字，却控制不住方向和落点，字也不能成形，看着让人心痛。见此情形，我想，绝不能让朱老师多说话了，不如自己主动多讲些。

此前在朱老师家闲谈时，朱老师提到有一件文书说当地有“城主四，城二人”，其中“城”二字，一般释作“城局”，朱老师认为是“城扃”，指掌城门钥匙的人。在朱老师的点拨下，我琢磨出个大致的论文框架，正好向朱老师汇报下。朱老师有时点头，有时含糊不清地说几句。

当我说到“扃”字在唐代前期与唐末五代时期所对应的正字有所变化时，听到了朱老师努力说出“刘涛”两个字，我顿时明白他所说的应该是77级校友、中央美术学院教授刘涛。刘先生精通中古书法史，大概是在建议我向他请教吧。

2021年7月，唐长孺先生诞辰110周年纪念会上，我见到刘先生，立马当面向他请教。刘先生告诉我，40年前他在历史系读书时，就发现这个问题，因为作“局”解释不通，报告给了朱老师，朱老师也表示赞同。40年前的一次讨论，仍被记得一清二楚，我不由得佩服朱老师的超强记忆力。

由于疫情等因素的阻隔，2019年地质医院病房里的这次“交流”是我最后一次聆听朱老师的教诲。千金易得，良师难逢。感谢朱老师对我关爱、提携，哪怕是极为细小之事，我都将永远铭记于心，并鞭策自己在求学路上不断前进。

（作者单位：武汉大学历史学院暨中国三至九世纪研究所）

敬忆朱雷先生

胡耀飞

中国唐史学会第四任会长、武汉大学中国三至九世纪研究所教授、浙江海盐人朱雷（1937.5.24—2021.8.10）先生去世了，曾经受先生教益的师友纷纷撰文怀念。作为与朱先生并无学缘的后辈小子，本来没有写文章纪念先生的资格。但有幸与先生同为浙江人，且因编辑已故硕士师兄陈翔（1979.11.11—2012.10.21）博士的遗著而与先生略有交往，乃略陈数言，以备存览。

一

先生大名自然是很早就获知，但从未得见。2010 年 8 月，我从庐山东林寺访道出来后，即从九江坐汽车赴武汉，旁听中国宋史研究会在武汉大学举办的第十四届年会。由于当时是穷学生，故而提前通过武大本科出身的方圆兄联系了在武大跟朱雷先生做博士后的崔世平师兄（即便没有学缘，但我也跟着方圆兄叫他师兄）。虽然是别人介绍认识的崔师兄，但他不嫌我唐突，直接让我住在他校内的博士后公寓，解决了我很多天的住宿问题，十分感激！当时是我第一次去武汉大学，旁听了讲座和年会之余，对武大校园也摸得门清。但以一介外校硕士生，没有机会拜见珞珈山的老先生们，不无遗憾。2011 年 7 月，我第二次到武大，以正式代表身份参加中国唐史学会第十一届年会暨唐长孺先生百年诞辰纪念国际学术研讨会之余，首次于大会报告、会议餐等场合见到朱雷先生，当然没有单独交流。而等到有机会联络时，却是因为一件让人悲伤的事。

2011 年 9 月，我入读复旦大学历史系博士班。自陈翔师兄于 2012 年 10 月英年早逝之后，同为杜文玉先生门下硕士的我，开始为陈师兄的遗著整理而奔走。一方面，我联合当时上海大学博士生秦中亮一起编辑陈师兄的遗稿；另一方面，也联络陈师兄的师长和亲友写序跋。于是，就有了第二年出版的《陈翔唐史研究文存》（花木兰文化出版社，2013 年）之序一（朱雷先生）、序二（杜文玉先生）和跋（陈师兄的叔父陈创先生）。其中，请朱先生撰写序一，便是我与先生交往的开始。

根据当时的日记，我是在 2013 年 1 月下旬与崔师兄联系的，蒙其致电先生，获得先生夫人待先生回家后转告的承诺。不过朱夫人说先生写东西较慢，时间上不好把握。而我们整理的《文存》，大约 3 月底就得给花木兰文化出版社交稿，所以我需及时关注此事。当然，即便 3 月底未能获赐序文，在 6 月校稿之时插入亦可。幸好，到 6 月 14 日时，崔师兄发来了朱先生的《忆陈翔》一文，我当即转发给花木兰出版社编辑。此后，出版流程顺利进行，我也未再打扰先生。2013 年 9 月，《文存》出版。9 月 20 日，我收到从台湾寄来的 20 册《文存》样书。23 日，我给在武汉大学读博的吕博兄寄去《文存》数册，请他帮忙转交 1 册给先生。更有幸的是，在之前的 9 月 13 日，我于南京师范大学见到了前来参加中国唐史学会第十一届年会第二次会议的朱先生。这次会议上，我与先生同桌进餐，蒙崔师兄介绍，与先生第一次照面。

先生给我第一个印象，大概是慢条斯理，不怒自威，符合一位

76 岁老人的正常状态。在那次会面期间，主要由朱夫人说到一些关于陈翔师兄生前卒后的事，比如安康学院让人心凉的赔偿金等等。当然，也没有说太多，怕引起先生过多的感伤。通过这次会面，我一直以为先生是在珞珈山安度晚年的状态。故而，当我从崔师兄处听说先生常年飞赴吐鲁番整理出土文书时，不由肃然起敬！近年来，又从其他渠道和文章中更多了解了先生的学问人生，便更加为先生的学术情怀所感动。

2018 年 11 月，中国唐史学会在浙江大学召开第十三届年会，我第三次见到朱雷先生。虽然这时候先生已经 81 岁高龄，但依然从武汉来到杭州，与唐史学界的新老朋友见面，让人感佩不已。特别是在 11 月 18 日的晚宴上，先生与郑学檬先生作为两位学会最年长的前任会长，而且是同龄人，在一起互相敬茶的场面，或可成为中国唐史学会历史上经典的一幕。我当时正好在旁边见证了这一时刻。在先生与他人聊天时，我还用手机拍了一段小视频，以备日后学习。虽然当时餐厅环境嘈杂，但先生未受干扰，谈的内容也不离学术，是他对西域出土文献整理的挂念。其中，先生说到当时刚刚在新疆克亚克库都克烽燧遗址出土的讲唱文学《韩朋赋》，说比敦煌出土的版本还多一些字，具体是何原因，尚不清楚，故而说明年准备再去考察云云。不久，先生即先行离席，回去休息了。虽然自此以后，未能再见朱雷先生，直至听闻噩耗，但先生的音容笑貌依然如在眼前。先生去世后，我将 2018 年拍的这段小视频放到微信视频账号上，以为时时纪念。

二

对于朱先生的学问，我没有什么能力来评价，只有学习的份。最近几年，我开始接替导师杜文玉先生，给本科生上“敦煌学概论”课程，每每向学生介绍敦煌学领域的大家时，都会重点介绍朱先生在吐鲁番文书整理与研究方面的成就。但就我自己来说，也是勉为其难地进行介绍，因为并不从事这方面的研究，故而也无法深入揭示其中的奥妙。事实上，朱先生于我最深的影响，还是跟先生对学生不遗余力地提携有关。

已故陈翔师兄于 2003—2006 年在西安跟陕西师范大学唐史研究所杜文玉先生读研，我则于 2008—2011 年跟杜先生读研，原本与陈师兄并无交集。直到我硕士毕业那年的 2011 年 7 月，我正式与陈师兄在武汉大学的那次年会上结识，半夜一起在高架下吃烧烤。在此之前，陈师兄曾于 2006—2010 年在朱雷先生门下读博士。根据朱先生的《忆陈翔》一文，陈师兄在读期间“沉稳好学、言语不多”，且“喜欢看书，喜欢买书，喜欢思考并善于发现问题，关心本学科的学术动态”，甚至“沉迷于学习，每日都是三点一线地活动（寝室→食堂→资料室或导师家）”。可见，先生对陈师兄的了解十分深入，并未因自己年事已高而放松对学生的管教，时常在家中指导陈师兄。

可惜的是，随着陈师兄和朱先生的相继去世，我们也无法获知先生如何指导陈师兄的往事了。在陈师兄的叔父陈创先生给《陈翔唐史研究文存》写的跋《博之殇》中，记载了一件师生之间的小事，或可反映先生用提问方式启发学生思考的教学手段。陈创先生写道：“朱雷教授想必是深知闽人极重宗族及其源流的，有一次问陈翔：‘你的祖先从哪里来？’陈翔无以为答，转问于我。我说闽台陈姓主要有三派：一派是‘将军派’，系‘开漳圣王’陈元光后裔，唐时由河南固始迁入；一派是‘义门派’，南朝陈后主之弟陈叔明的传人，宋代由江西九江析庄而来；一派为‘太傅派’，唐玄宗李隆基的老师、太子太傅陈邕，因遭权相李林甫迫害，开元二十四年被谪入闽……我们这个家族就属于‘太傅派’。”可见，先生通过向陈师兄提问家族来源，成功引起了陈师兄对于家族历史的兴趣，并因此向自己的叔父询问，从而获得一定的了解。

事实上，朱先生对于陈师兄的家族来源之所以感兴趣，不仅因为他了解闽人的宗族观念，更因为他曾经确实研究过唐末入闽移民之事。这就是发表于《魏晋南北朝隋唐史资料》第十六辑（武汉大学出版社1998年版）上的《唐末光州人入闽史实考》一文。这是朱先生于敦煌吐鲁番学之外，难得的一篇隋唐史议题文章。我本人出于对五代十国历史的兴趣，早已拜读先生这篇大作，但陈师兄大约未曾留意此文，也没有对自己家族历史的强烈兴趣，故而无法作答。当然，朱先生为何在忙碌的时间安排中，挤出时间写出了这样一篇文章，我到现在也不清楚其缘由，希有识之士能予赐教。

至于陈师兄在2009年第一次答辩未能通过，导致无法按期回委培单位安康学院工作，延迟到2010年才毕业，则属于一场意外。对此，杜文玉先生在给《陈翔唐史研究文存》写的序中已有略述，此不赘言。在与杜先生的私下交谈中，我曾获知一些关于此次事件的其他相关信息，更让我对朱雷先生与人为善的品格肃然起敬！简而言之，即便身处复杂的环境，先生首要考虑的依然是他人，而不是自己。无论是在学术上，还是在生活中，先生真正做到了“为他人作嫁衣裳”！

抚今追昔，斯人已矣。虽然以上都是一些小事，但足以想见朱先生平生磊落。至于这篇小文章，一方面，我想以我仅知的一些事纪念先生；另一方面，也是为了怀念已去世九年的陈翔师兄。

陈师兄九周年忌日

长安·述黄阁

（作者单位：陕西师范大学历史文化学院）

追忆朱雷教授藏书入藏广州图书馆

广州图书馆

广州图书馆新馆开放以来，已入藏多位知名历史教授的藏书，包括以陆上丝绸之路研究为中心的姜伯勤教授藏书（2012年）、以海上丝绸之路研究为中心的蔡鸿生教授藏书（2014年）、以明清社会经济史研究为中心的李龙潜教授藏书（2016年），力求打造成独具特色的历史文献名人专藏。三位教授的藏书以名人专藏的形式整体入藏，涵盖专业文献、手稿（笔记、信札等）资料，为广州图书馆形成独具特色的历史专题文献奠定了坚实的基础。

2015年从孙中山大元帅府纪念馆程存洁馆长处获知，武汉大学朱雷教授有意将自己耗费一生心血的藏书入藏图书馆。得知这一消息，广州图书馆立刻组织相关部门着手对朱雷教授藏书做了前期调研工作。朱雷教授是享誉中外的历史学家，长期从事魏晋南北朝隋唐史、敦煌吐鲁番文书整理与研究，取得了丰硕的研究成果。无论是他的研究领域还是学术地位与广州图书馆设立历史文献名人专藏的理念都很契合。

2015年11月，方家忠馆长、罗小红副馆长、项目负责人王婧到武汉大学拜访朱雷教授，在位于珞珈山的家中，在满是书柜的客厅里，朱雷教授和田苏华老师热情地接待了我们。朱雷教授为我们详细介绍了他的藏书，讲到了他的藏书经历，也流露出对百年后藏书散佚的担

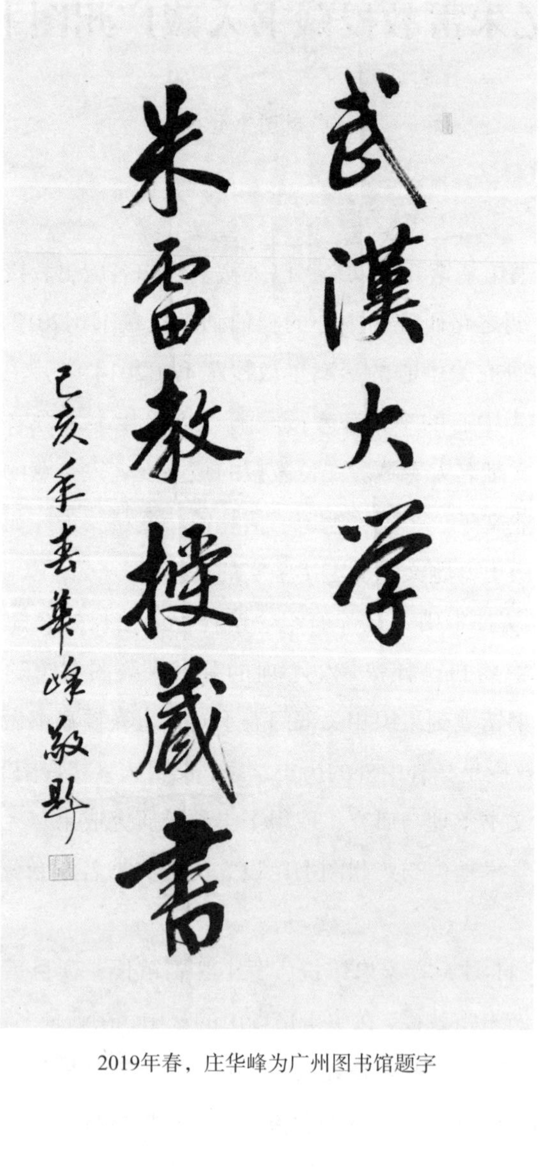

2019年春，庄华峰为广州图书馆题字

忧。在问及对专藏有什么具体要求时，两位老师表达了最朴素的诉求，就是想给倾注一生心血的“姑娘”（藏书）找到一个好“婆家”，不要让这些书散了。这次的拜访让我们下定决心入藏朱雷教授藏书。

然而接下来的工作并不轻松，首先要面对的就是对藏书的清点及目录的制作，这是一项浩大的工程，耗时耗力。我们要特别感谢田苏华老师，她默默地承担起这项艰巨的任务。由于藏书数量较大，历时一年多时间朱雷教授藏书目录才得以完成。本以为可以顺利进行接下来的入藏工作，但不久后我们收到了令人痛惜的消息，已经整理完毕放在楼下仓房里的1532册期刊被盗。朱雷教授曾提到“文革期间，有近三年困踬襄阳隆中，大部分书籍托好友得以保存，但也有一部分被人窃走，如汲古阁大字本《三国志》，清何焯批套红印本《昭明文选》，局刻本、殿本、同文本的诸种南北朝史籍……令人心痛啊！”没想到多年以后，书籍再次被盗。避免再出意外，我们加快了办理入藏手续的节奏。

2017年12月5日，历时两年，朱雷教授藏书终于正式入藏广州图书馆；6日，朱雷教授致信我馆，就特色文献资源建设提出了四点建议，强调在特色资源组织的过程中可对书中的批注等信息进行重点标注或提示，以便他人利用。我馆也于当月邀请朱雷教授到馆实地指导专藏建设。朱雷教授藏书以历史文献和史学著述为主，其中有关魏晋南北朝、隋唐史及敦煌学的研究最为丰富，关于佛教类的文献也极为可观，还有相当数量的宋史及明清社会、经济史，以及关于马克思主义哲学和儒道等传统文化的典籍。此外，一些英、日、俄等语种关于唐史及敦煌学研究的著述，也颇为难得。朱雷教授藏书是广州图书馆第四个历史文献名人专藏，也是广州图书馆设立的第一个广东省外知名历史教授专藏，对广州图书馆名人专藏建设来说是个突破，意义重大。

广州图书馆对名人专藏不仅注重收藏保护，更注重对文献的整理、开发和利用，这一点亦与朱雷教授对我馆名人专藏提出的宝贵建议一致。朱雷教授的藏书入藏我馆后，我馆第一时间对包括普通图书、古籍、手稿（笔记、日记、信札、讲义、资料卡片、一般手写稿）等类型的文献进行了详细的分类著录，更对其藏书中的批语、校注等进行了逐一析出。在此过程中，我们不仅了解、学习了朱雷教授所专攻的魏晋南北朝隋唐史暨敦煌吐鲁番文书的相关知识，更深刻感受到了其勤恳、严谨的治学态度；尤其是在析出其批校时，其批校不仅详细且仔细，从标点符号的使用、字词的解读，到专业术语的考释修订等，无不浸透着其作为一名专业学者的大家风范。朱雷教授对《吐鲁番出土文书》系列用力最深，几乎每一册都有修订意见、内容考释等批注，部分册次的批注多达 50 多处，这些专业的释读对研究者有着极高的参考价值。部分朱雷教授指导的学位论文稿，亦有其详细的指导意见，或可窥见朱雷教授辅导学生之细致及治学之严谨。入藏广州图书馆的朱雷教授手稿也是能见其真力的重要方面，这部分主要包括成册资料 42 种 57 册，散叶 104 种 339 叶，卡片 3 盒 2159 张，照片 1 种 8 张。成册资料中的学习和工作笔记、日记等可见其对教学工作的认真与对学术研究的勤勉；现存两千多张的卡片是朱雷教授做学术研究时分类辑录的资料，其中体现的做学术的扎实认真态度也是值得敬佩和学习。

2018 年 12 月 19 日，朱雷教授藏书专区正式建成并向读者开放服务。开放前朱雷教授及夫人田苏华女士也在程存洁馆长陪同下一同到馆。其间，朱雷教授翻阅了部分入藏书籍，介绍了其中部分批注的缘由，并指出《魏书》等书中其师唐长孺铅笔改动之处，可见其对藏书的珍重及爱惜。2020 年 10 月《广州图书馆藏朱雷教授藏书目录》

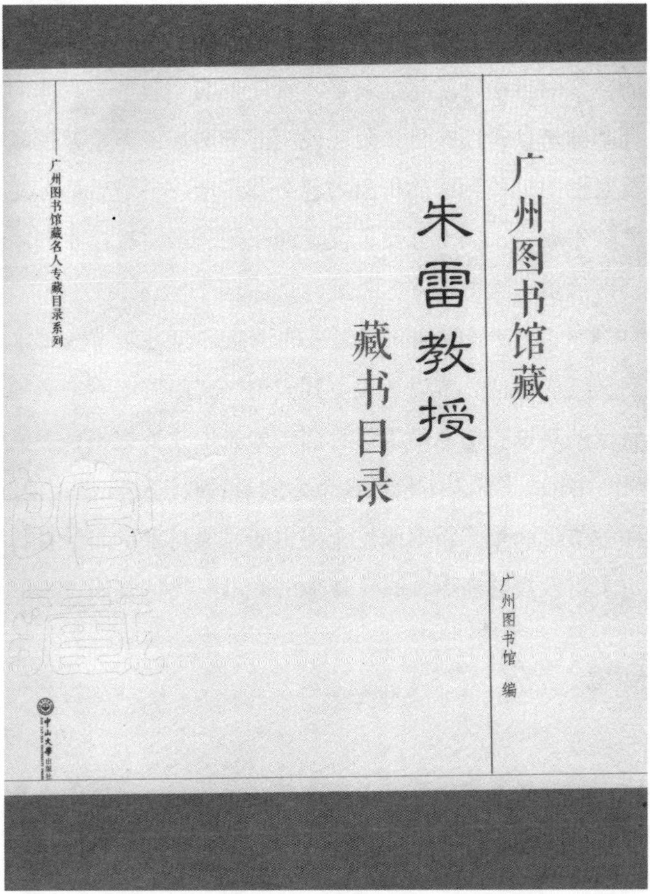

《广州图书馆藏朱雷教授藏书目录》封面

由中山大学出版社正式出版，全书共收录广州图书馆藏朱雷教授藏书5604种。其中，中文图书4802种，中文期刊421种，外文图书及外文期刊211种，线装古籍19种，手稿类文献150种。与其他藏书目录不同的是，书目中除了包括题名、责任说明、版本、载体形态、丛书信息等基础信息，还在目录附注说明部分增加了朱雷教授藏书签名本信息及对书中批校题跋的析出内容，并在每种书目后都标注了广州图书馆文献索取号，大大方便了读者的使用。朱雷教授收到《藏书目录》后，评价说“编得真好！”

2021年8月10日收到同事发来的消息，惊悉朱雷教授永远地离开了我们，沉痛之情，难以言表。我们第一时间向田苏华老师表达了对朱雷教授的哀思。田老师告诉我们“朱先生让我把书、手稿交给你们（广州图书馆）”，朱雷教授在生命的最后时刻还在惦记他的藏书。面对这样一位将一辈子精力倾注于历史研究值得敬重的学者，我们唯有不辜负朱雷教授的遗愿，真正让他的藏书“物尽其用，为广大读者服务”！

2021年10月

（执笔者：方家忠、王婧、李莺莺、谭丽琼、袁兴薇）

20世纪七八十年代，唐长孺先生与张广达（右一）、朱雷（右二）等在北京整理文书

20世纪80年代，华东师大袁英光、北大周一良、朱雷、兰大齐陈骏（从右至左）合影

1983年，在兰州参加中国敦煌吐鲁番学会成立大会期间合影

前排右起：孔祥星、沙知、唐长孺、张广达、吴震

后排右起：李征、朱雷、姜伯勤、唐耕耦、齐陈骏、程喜霖、卢开万、陈国灿

1983年，日本东京

左起：任大熙、唐长孺、马雍、池田温、朱雷

1983年，日本东京

右起：唐长孺、朱雷、池田温等

1987年，陪唐师赏樱花

右起：程喜霖、唐长孺、朱雷、卢开万

1987年香港，朱雷与饶宗颐先生合影

1989年，西安临潼

左起：程喜霖、陈国灿、胡如雷、韩国磐、唐长孺、朱雷、李文澜

1991年香港开会

左起：韩国磐、任育才、朱雷

1992年9月，唐长孺先生家中

左起：朱雷、唐长孺、台湾学者张荣芳

1993年武汉

左起：邹逸麟、石泉、马克垚、唐长孺、刘家和、张泽咸、姜伯勤、朱雷

池田温、朱雷、气贺则保规合影（从右至左，具体时间不详，约在20世纪90年代初期）

1996年，朱雷在敦煌莫高窟查看壁画题记

1996年，新疆伯孜克里克千佛洞合影
左起：马世长、王炳华、朱雷

1996年，参加国家社科基金评审会时在北京京西宾馆合影

前排左起：南开魏宏运、北大田余庆、人大李文海、西大张岂之、历史所林甘泉、近代史所王庆成

二排左起：北师大刘家和、川大隗瀛涛、广东社科院张磊、山大陈之安、历史所陈高华、人大孙喆（学科秘书）

后排左起：陈文学（规划办）、北师大龚书铎、中大胡守为、朱雷、历史所刘景莲（学科秘书）

2001年11月，朱雷、吴其昱、刘进宝（从左至右）台湾合影

2002年，朱雷夫妇、谷川道雄夫妇给唐长孺扫墓，中为唐刚卯

2004年，朱雷在新疆库车烽燧遗址

2004年10月28日，朱雷、卞孝萱、刘进宝（从右至左）在卞先生家合影

2010年，朱雷参观交河故城

2013年，朱雷夫妇在延安

2016年3月，朱雷夫妇
摄于家中书房

甘肃人民出版社版《敦煌吐鲁番文书论丛》封面

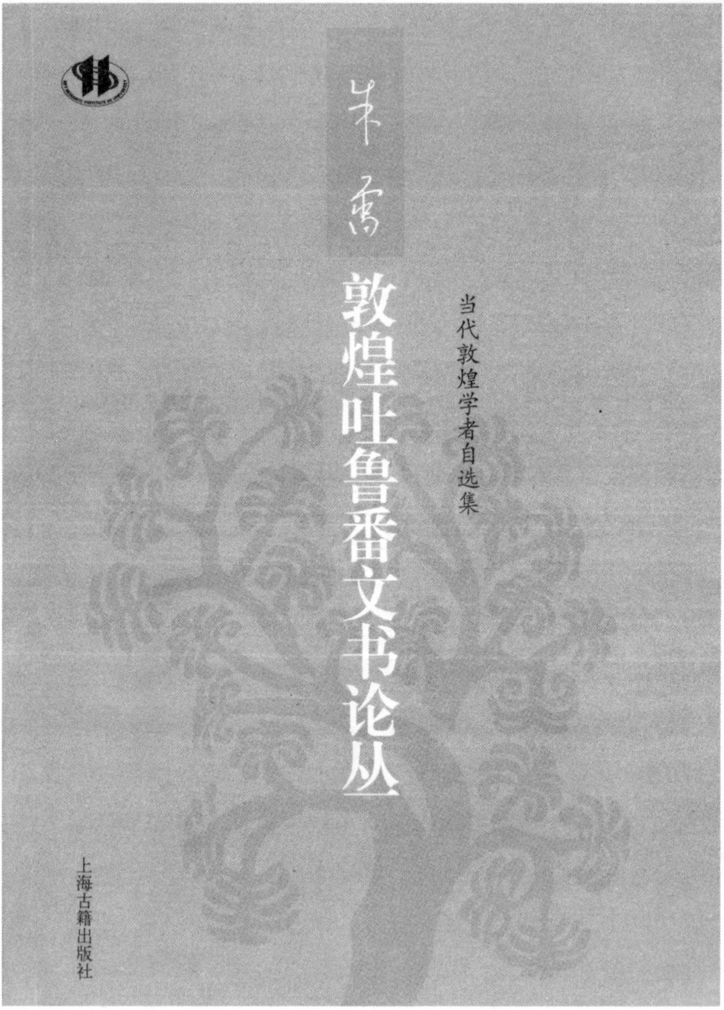

上海古籍出版社版《朱雷敦煌吐鲁番文书论丛》封面

浙江大学出版社版《敦煌吐鲁番文书研究》封面

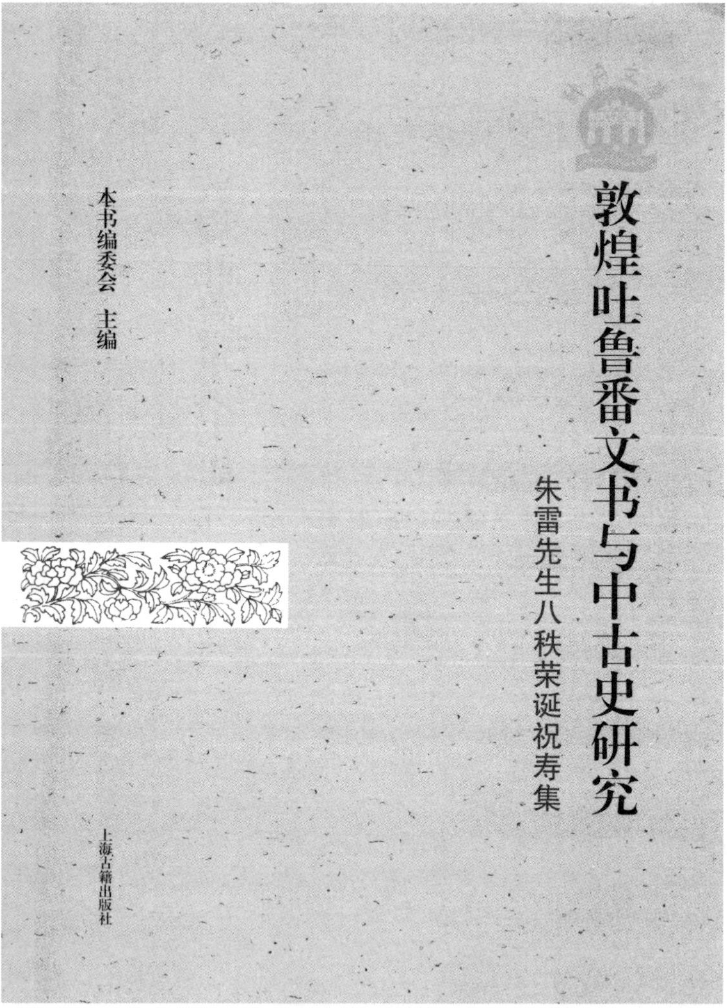

上海古籍出版社版

《敦煌吐鲁番文书与中古史研究：朱雷先生八秩荣诞祝寿集》封面

追忆朱雷先生点滴

孙继民

一

认识朱先生始于1981年武汉大学历史系开设的“吐鲁番出土文书”选修课。

我是1977年参加高考进入武汉大学历史系的本科生，实际入校时间是1978年3月，但仍被称为七七级。1981年春节后开学，历史系面向大学四年级的我们开设了选修课“吐鲁番出土文书”，由陈国灿、朱雷、程喜霖三位先生主讲，我选修了这门课。

“吐鲁番出土文书”课共有十二讲，分别是：

一、吐鲁番历史概况

二、出土文书内容

三、解放前吐鲁番文书的出土和研究概况

四、麹氏高昌“作人”考

五、唐代户籍制度

六、唐赵须章等貌定簿定名

七、唐苏海欢等家口给粮三月帐等一组文书

八、雇佣劳动和契券

九、吐鲁番出土的几件长安唐朝廷档案文书

十、吐鲁番出土文书中的几件借贷契券

十一、从吐鲁番出土的“质库帐”看唐代的质库制度

十二、从出土文书看晋唐之间高昌地区寺院的兴盛及其对土地的经营

以上十二讲内容，其中第一、二、四、五讲由朱先生授课；第三、九、十、十一、十二讲由陈先生授课；第六、七、八讲由程先生授课。这门课自 1981 年 2 月 21 日开课，至学期末考试，整整上了一个学期。

三位先生的授课，距今已经过去 40 年了，具体内容多已忘记，但有些文书内容和授课片断至今记忆犹新。像朱先生所讲麹氏高昌时期文书出现的“作人”，唐代西州户籍文书的解读；陈先生所讲英国、法国、德国、日本等外国探险家在新疆、甘肃的活动情况，吐鲁番墓葬出土陶俑拆解而出的纸质文书质库帐；程先生所讲赵须章等貌定簿和苏海欢等家口给粮文书；他们讲课时的神态和语气，现在回想起来都恍如昨日。

武汉大学历史系在 1981 年就率先开设“吐鲁番出土文书”这门课，现在看来，在吐鲁番学学术史上都值得大书一笔。吐鲁番文书的发现始于晚清时期，20 世纪前半叶曾吸引了不少外国探险家和中国考古文物工作者的注意，自 50 年代末起至 1974 年，新疆考古工作者先后进行了十多次发掘，积累了一大批魏晋南北朝隋唐时期的古文书。1974 年，唐长孺先生向国家文物局领导建议成立专门机构整理吐鲁番文书，局长王冶秋遂决定成立古文献研究室，任命唐师为主任，主持吐鲁番文书的整理工作。吐鲁番文书由此进入全面、系统的整理阶段。《吐鲁番出土文书》分为不带图版的录文本和图文对照的图录本两种。录文本分为 10 册，自 1981 年第 1 册起至 1991 年第 10 册出齐，前后费时十余年。武大的“吐鲁番出土文书”开课时，《吐鲁番出土

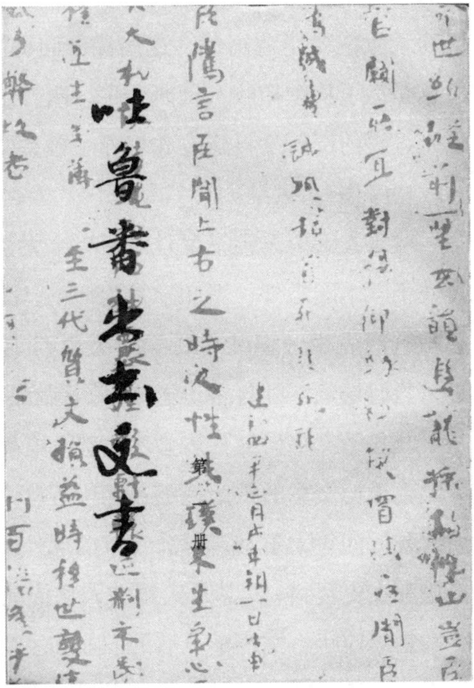

《吐鲁番出土文书》封面

文书》第 1 册尚未面世，图录本的出版更是靠后。由此可见武大“吐鲁番出土文书”课程设置的前沿性。而且朱、陈、程三位先生都是亲炙唐师教泽，直接参与了吐鲁番文书的整理。尤其难能可贵的是，他们可以直接接触文书原件。他们讲课的内容，大多是自己潜心钻研的成果，所用的文书资料，大多源自平时的抄录和积累。无论是课程的设置、讲课的内容，还是以文书整理经验为特点的主讲人学术阵容，都体现了这门课学术含量的丰富和学术眼光的超前。而且从开课的时机看，它也体现了唐先生为吐鲁番文书研究培养新一代后备人才的长远考虑。这门课开课时间是 1981 年 2 月，这时正是 77 级本科生四年级的第一个学期，也是 77 级本科生的第七学期，一年以后，这个年级的学生就要毕业离校。这门课面向即将毕业的 77 级本科生开设，显然是为了从中招收一批研究生，蕴含了唐先生紧盯学术前沿的超前眼光、提前部署学科建设和培养吐鲁番文书研究后备力量、人才储备的战略考虑。

可惜我天资驽钝。况且对于一个大学三、四年级的本科生，当时尚处于学术圈之外，不知学术为何物，完全昧于学术大势，也根本无法理解唐先生开辟吐鲁番学术天地的雄心和培育后备人才的良苦用心。当时选修“吐鲁番出土文书”课和后来考取唐先生硕士生，既非基于吐鲁番文书研究代表学术大势、必将成为显学的认定，亦非仰慕唐先生道德文章的铁定追随，相当程度上是一系列机缘选择的结果。因为我的四年大学本科，前三年的课外阅读，兴趣主要集中于近现代史籍和文史资料，尤其是大量的人物传记和各种回忆录。到了第三年，特别是第四年，围绕毕业后的职业和去向，同学们的学习重点和主攻目标才逐渐明晰，一部分准备考研，大部分准备就业。当时武大历史系拟招研的专业领域有中国古代史、中国近代史和世界史三大方面。中国古代史方面的招研专业则有魏晋南北朝史、吐鲁番文书整理与研究、荆楚历史地理和明清经济史。这时环顾周围，才发现准备考研的同学们有的早已锁定专业，有的早已接触导师，像我这样无所目标，无所归属的并不多见。我这才认真考虑今后的专业方向和工作去向。恰在此时，历史系决定开设“吐鲁番出土文书”的选修课，还听说唐先生日后以此为基础招收研究生，自忖近三年虽然精力主要集中于近现代史方面，但过去古代史基础比较好，考入大学前已读过《史记》《汉书》《后汉书》《三国志》《晋书》《宋书》《北齐书》《隋书》和《旧唐书》等典籍，现在再转回古代史并不困难。加之吐鲁番文书深奥生疏，门槛较高，同学们了解不多，有意报考的人少，我判断录取的几率较高，因此，这才下决心选修“吐鲁番出土文书”课，并最终决定报名考研。为此还先后选修了古文字学、魏晋南北朝史、宋辽金元史、史学史、中国绘画史等课程。

实话实说，上课之初很有些不适应不习惯。由于选课的投机性太强，且课堂的信息量又太大，内涵异常丰富，加上文书资料过于细碎，又没有现成的教材，老师们给我们和盘托出的是他们整理过程中摘录出的第一手资料，讲课中提到的是一个又一个陌生的新疆和吐鲁番的地名、一个又一个外国探险家的人名、一个又一个西域地区的历史事件，一个又一个古代王朝的典章制度。我面对这些残片断简，只觉得眼花缭乱，目不暇接。上课生怕漏掉有用的内容，只好拼命做笔记，一堂课下来，大脑几乎处于麻木状态，回想起来又仿佛是一片空白。刚开始接触吐鲁番文书时实在提不起兴趣，心想这些破烂残片能做什么研究。后来，随着课程的推进和文书知识的丰富，才逐渐领略到吐鲁番文书学术蕴含的吉光片羽，并能够比较出三位老师各自的学术风采和授课特点。陈先生讲起课来神采飞扬，善于搭配恰到好处的肢体动作，常常能将枯燥干涩的史料和文书讲得活灵活现，例如他对阿斯塔纳 206 号墓所出质库帐文书如何从京城长安辗转到西州来历的生动描述，至今都深深印在脑海之中。程先生讲课字正腔圆，不紧不慢，对学界前贤不时流露出崇敬与自谦，记得他在解读苏海欢等家口给粮三月帐时，我的脑海曾突然蹦出过 20 世纪 60 年代后期 70 年代前期自己在粮站排队买粮的情景。朱老师讲课不苟言笑，不善辞令，由于口音的关系，完全听懂并非易事。但仔细体味就能发现朱先生授课内容的学术含量其实很高，例如他所讲“麹氏高昌‘作人’考”一节，我因为尚未入门，并不是很感兴趣，只是后来才认识到它的学术价值。

再如朱先生所讲“唐代户籍制度”一讲，其中有关手实、户等簿、貌阅簿、授田簿等等文书的识别和学术内涵的开掘，都代表了当时均田制研究的最新认识和前沿水平。此外，朱先生这一讲对我触动最大的是另外一个细节，他在解读户籍文书中应授田、实授田等词语时，与唐代的田令规定制度联系起来，一一援引唐代田令条文，说明户籍中的丁口受田数量与唐代均田制的受田规定相符或变通，户籍残片证实了唐代均田制的实施。这个细节的解读对现在敦煌吐鲁番学界来说并无什么惊人之处，但对一个初窥学术之门的本科生无异于石破天惊，一下子激起了我的极大兴趣。原来自己看不起的破纸片居然能反映唐代的均田制！我对吐鲁番文书的偏见由此顿变。做任何事情，只有压力没有兴趣，都不可能长久，也不可能做好。常言道兴趣是最好的老师，兴趣是真正的良师益友。我从起初上课听不懂、听不进到后来兴致渐浓以致兴趣盎然，从最初报考吐鲁番文书研究生带有一定程度的投机性，到最终走上并醉心于敦煌吐鲁番学之路，以致后来的黑水城文献研究、古籍纸背文书研究，其中转换的枢机第一个就是朱先生的“唐代户籍制度”一课，第二个枢机才是拜师唐先生门下。可以这样说，朱先生的授课为我撬开了倾心吐鲁番文书研究的兴趣之门。

二

“吐鲁番出土文书”选修课安排的时间是1981年的第一个学期，也就是上半年。2月21日开课，6月份结课，6月27日考试。研究生考试报名时间是7月15日，考试时间是下半年，也是1981年第二个学期、77级本科生第八个学期的9月12日至14日，整个“吐鲁番出土文书”选修课的安排恰与研究生考试无缝衔接，我则依次参加了“吐鲁番出土文书”的结课考试、研究生考试报名和研究生资格考试。

当年武汉大学的研究生考试科目有五门，政治和外语两门是全校统一拟题，中国通史、专业课和古汉语三门课是各系自拟试题。考试的专业当时称为“吐鲁番文书整理与研究”，后来入学后唐先生觉得这一名称表述不够准确，就改为“隋唐史（吐鲁番文书研究）”。此后直到毕业，包括学位论文，在涉及填写专业研究方向一栏时，我们都作如是表述。导师列名的是三位，排序是“唐长孺、陈国灿、朱雷”。我们这个专业的考生起初是 4 人，坚持到底的有二人，最后我和同年级同学的孙晓林女士被录取。11 月 5 日唐先生召见我和孙晓林，告知我们：“你们被大概录取了，只等教育部批准了。”然后指示我们入学之前需要掌握的学习阅读要点。这也算是我们的拜师礼吧，从此开启了投师唐门一段弥足珍贵的经历。

1982 年至 1984 年硕士研究生三年，朱先生、陈先生都一直协助唐先生指导我们。例如第一学期唐先生给我们定了两门课，一是读《资治通鉴》，至少要通读隋唐五代部分，要写读书笔记；二是每周一次的答疑课，我们可以提出读书中的疑难问题，由唐师作答。对读书笔记的检查批改，唐先生给朱先生和陈先生做了分工，陈先生负责我的读书报告，朱先生负责孙晓林的读书报告。每周的答疑课，通常是周四的下午，都在唐先生家里，朱先生和陈先生也都照例在唐先生家汇齐。我的印象中，朱先生和陈先生都自始至终参加，从未缺席。答疑课除了三位老师两位学生之外，偶尔也有其他老师因请示汇报工作或杂事而临时插入，例如陈仲安、黄惠贤、卢开万、程喜霖等先生都曾短暂加入。因为答疑课涉及吐鲁番文书的话题稍多，故程先生加入的频次多于其他老师。

答疑课的内容不固定，通常是我们就读书中遇到的词语、史料、人物、事件、制度等问题向唐先生请教，唐先生的回答往往高屋建瓴，广征博引，直中肯綮，像魏晋南北朝时期的清浊官问题、中正制问题、六丁兵问题、“六家共备”内涵问题，唐代的府兵制和均田制问题、制举问题，陈寅恪与岑仲勉的治学特点区别问题，都曾涉及，其中所谈内容有的是唐先生的已有结论，也有不少是唐先生正在思考、研究的问题，多发前人所未发，道前人所未道，后来反映在了《山居存稿》相关论述之中。现在想来很懊悔，唐先生答疑实在是一个难得的求学机会，可是我学植尚疏，所提问题多属浅显的枝节末叶，颇类唐先生形容自己早年嘉业堂读书经历的“身入宝山，空手而归”。此外，唐先生学识渊博，兼通中西，尤其谙熟明清史、版本学、目录学、文献学等多个领域，答疑内容自然有时候也会延伸到隋唐史和吐鲁番文书范围之外。记得唐先生讲庄廷鑨明史案时，娓娓道来，曲折生动，引人入胜，远较一般读物为详。还有一次唐先生讲起太平洋战争爆发后他从上海脱身，转道浙江、江西前往湖南的经历，其中所述在浙江敌占区通过封锁线的情景，比我们今天所见《唐长孺回忆录》中的《记湘行及国立师范学院》描述还要详细。记得自己当时每每听得入神，留下极为深刻的印象。

硕士研究生阶段和毕业后留校的三年，也是自己与朱先生、陈先生接触最多的一段时间。2001 年我重返武大拜师朱先生摘取“论文博士”的“桂冠”，前后持续不到一年的时间，其间面见朱先生也屈指可数，而我们每周的答疑课，都可以见到朱先生。

朱先生在答疑课上留给我印象最深的是回答唐先生的问题常常应声而出。在唐先生的答疑课上，朱先生和陈先生与我们一样都仔细倾听，一般不轻易插话。唐先生对我们的提问，或三言两语，简而答之，或引申发挥，滔滔不绝。唐先生的一些学术新见和精彩片段，常常就闪现于引申发挥之时。唐先生具有惊人的记忆力，通常情况下，他的答疑凡是涉及中文的内容，包括人名、地名、事件经过、人物对话、成段史料等，都不假思索，脱口而出，信手拈来。对于日本学术界的动态，唐先生也是了如指掌非常熟悉，经常谈到的学者有内藤湖南、那波利贞、玉井是博、滨口重国、藤枝晃、川胜义雄、谷川道雄、菊池英夫、池田温、竺沙雅章、小田义久等。对他们的学术观点和相互异同也都有自己的把握。但是由于语言和文字的障碍，唐先生对日文资料的了解不如对中文史料的那样熟悉。记得有几次在涉及个别日本学者姓名与各自文章的匹配，个别学者的具体观点或具体文章时，唐先生也会有所询问，这时候朱先生往往是应声而答，及时补充。我的印象中，这个情况有三四次。可惜我忘记了具体作者名和具体文章名。朱先生去世后，我在悼念诗中有一句“疑义应询指顾间”，描写的就是答疑课中的这个情景。

二

我在武大读书工作十年，其中四年本科，三年硕研，三年留校工作。本科生期间，与陈国灿先生、石泉先生、李涵先生接触最多。“吐鲁番出土文书”开课后，才认识朱先生，也才有了课下请教与接触。硕研期间，与本室（魏晋南北朝隋唐史研究室）老师多有接触，像陈仲安先生、卢开万先生、杨德炳先生、鲁才全先生、程喜霖先生等，都曾拜访请教过。当然，请教最多的是陈国灿先生，因为陈先生住在校内。去朱先生家很少，因为住在校外，在解放路与民主路交叉口武昌区委的宿舍，距离武昌司门口12路公交车站不远，去一趟要花不少时间。有一次去拜访，朱先生还送我一册《唐书兵志笺正》的收藏本，我一直珍藏至今。

与朱先生接触过的人多知道，他博闻强记，兴趣广泛，知识面很

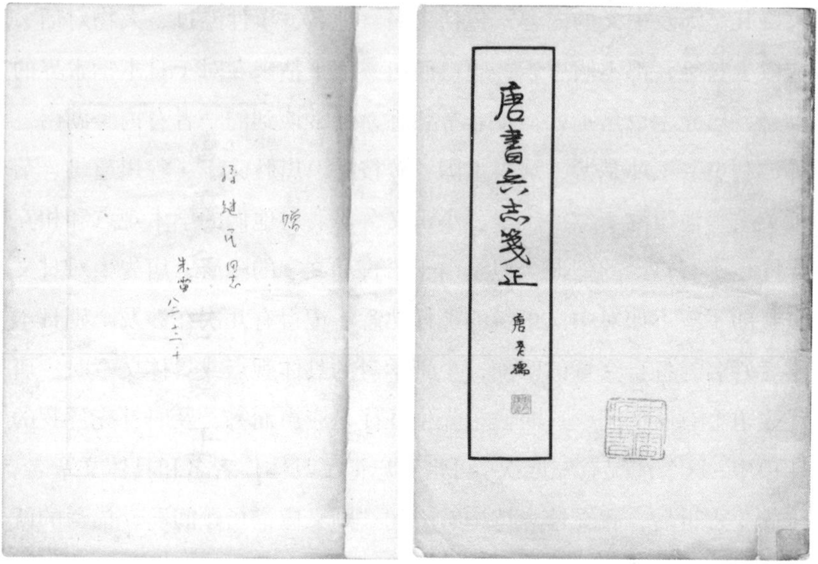

朱雷老师赠书书影

广，讲起来滔滔不绝。隋唐史和敦煌吐鲁番学可以不论，近现代史、革命史特别是鄂豫皖根据地史以及红四方面军史也很熟悉。此外，天文、地理、中医药等，也都有涉猎。有一次谈到中草药，他一连串说出好几种中药的名称性味、根茎叶果、四气五味、丸丹膏散、功能主治等等。起初我也暗暗称奇，时间久了，才发现其中有一个奥秘，那就是朱先生随身携带有不盈巴掌的小本子。见缝插针，随时随地，记诵不辍。

我在武大读书期间，是 20 世纪 70 年代末 80 年代初，那时距离个人拥有电脑还远得很，我甚至没有见过计算机，没有见过电脑。文科学生的做学问方式基本还是传统的方式，听课做笔记，读书做卡片。除此之外，同学中也有一些用功的学生随身携带一个可装口袋的小本

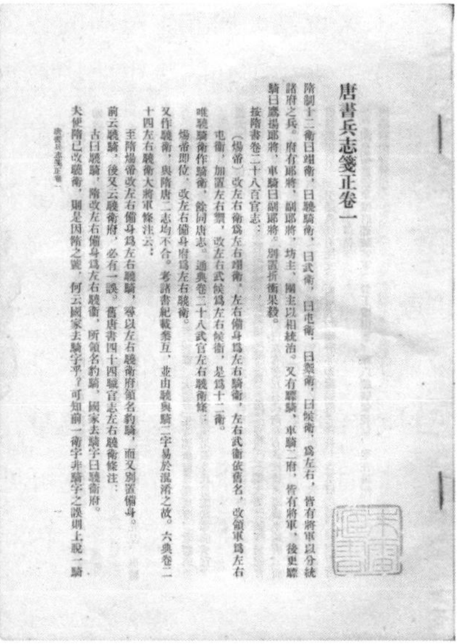

唐書兵志箋正卷一

隋制十二衞曰翊衞，曰驍騎衞，曰武衞，曰屯衞，曰禦衞，曰候衞，爲左右，皆有將軍以分統諸府之兵。府有郎將，副郎將，坊主，團主以相統治。又有驃騎，車騎二府，皆有將軍，後更驃騎曰鷹揚郎將，車騎曰副郎將。別置折衝果毅。

按隋書卷二十八百官志：

（煬帝）改左右衞爲左右翊衞，左右備身爲左右騎衞，左右武衞依舊名，改領軍爲左右屯衞，加置左右禦，改左右武候爲左右候衞，是爲十二衞。

唯驍騎衞作騎衞，餘同唐志。通典卷二十八武官左右驍衞條：

煬帝即位，改左右備身府爲左右驍衞。

又作驍衞，與隋唐二志均不合。考諸書紀載參五，並由驍與騎二字易於混淆之故。六典卷二十四左右驍衞大將軍條注云：

至隋煬帝改左右備身爲左右驍騎，尋以左右驍衞府領名豹騎，而又別置備身。

前云驍騎，後又云驍衞府，必有一誤。舊唐書四十四職官志左右驍衞條注：

古曰驍騎，隋改左右備身爲左右驍衞，所領名豹騎，國家去騎字曰驍衞府。

夫使隋已改驍衞，則是因隋之舊，何云國家去騎字乎？可知前一衞字非騎字之誤則上脫一騎

唐書兵志箋正卷一

朱雷老师赠书书影

子，借以记诵一些常用专业知识词语，或有所感悟随手写写划划。这种学习方式在学生中不一定普遍，但常能见到。我也曾短时为之，只是没有能坚持经常，原因除了毅力之外，也与自己先天性远视有关。我在20岁之前晚上没有看过书，不是不想看，而是看不清字。初中毕业后参加工作有了积蓄，20岁时到医院配镜子，医生检查后告诉我才知道，我是先天性远视眼，而且散光，属于那种远近都看不清楚的远视眼。配了眼镜之后，都是阅读时才戴镜子，平时不戴。而手拿小本子随身随时随地阅读，又要不断掏出眼镜然后再装入口袋，这对我是一个不小的负担。因此影响所及，就没有养成随手翻阅小本子以记诵的习惯。我在成年人中，包括老师们都绝少见到如此学习记诵的人。如果说有一个例外，那就是朱先生。

上文说到，唐先生每周的答疑课，地点就在唐先生家里，通常每周一次。朱先生和陈先生照例都要参加。朱先生住在校外的武昌司门口附近，我们研究生住在桂园的12舍，12路公交车站设在校园内化学系大楼的南侧。有时答疑课结束，我也会与回家坐车的朱先生同走上一段路，从住在北三区21栋的唐先生家里到校园内的12路公车站，也就十分钟左右的距离。在这短短的一段路程，朱先生常常会在两人说话的间隙掏出口袋内的小本子看上几眼，在候车的公交车站，我也见过同样的情景。小本子不离身，见缝插针瞅几眼，朱先生的好学不倦、惜时记诵的学习精神于此可见一斑。

我读研时间是1982年至1984年，朱先生出生于1937年，1982

2009年，朱老师夫妇与孙继民在河北天桂山

年至 1984 年已接近天命之年。青年学生当中见缝插针、记诵不已的大有人在，知识分子当中好学不倦、手不释卷的老师也不鲜见。但像朱先生这样年龄的教师，仍然在利用走路、候车间隙，一切可以利用的时间来记诵的教师，确实罕见。朱先生的博学和强记应该就是这样练出来的。

2021 年 11 月 30 日星期二

（作者单位：河北省社会科学院）

师恩深深深几许

刘玉堂

可亲可敬的朱雷老师离开我们已经三个月了，但他高尚的品德、宽广的胸怀、渊博的学识和对学生的倾情以付，令我不时生出师恩深深深几许的感怀。

一、江陵指津

初识先生是1990年春，机缘是中国古都学会和湖北省历史学会联袂召开中国古都学会年会，地点在湖北荆州江陵。朱雷先生作为湖北省历史学会负责人，同省历史学会副会长冯天瑜先生和我的硕士生导师张正明先生共同主持了这次会议，我也有幸应邀与会，从而得以第一次近距离接触朱雷先生，此前只是在武汉大学听过他讲座。朱先生当时刚过知天命之年，身材高大健硕，面色红润，说话中气十足，有一种浓郁的书卷气和天然的亲和力。会议开得很成功，在会议结束前，朱先生提议在与会论文的基础上编写一部学术专著，得到与会者的一致赞同。经过反复讨论，书名为《南国名都——江陵》，采取纵分横写的体例，即按历史朝代顺序分章，章下根据具体内容分节，节下分目。朱先生还提出书中应有一篇概论性的文章，作为全书的“绪论”或“结语”，并建议冯天瑜先生和我共同承担，由我执笔。我一直专注楚史暨先秦史研究，对夏商至秦汉时期江陵的状况还比较熟悉，冯先生是研究明清史和中国文化史的大家，这首尾两个部分写起来问题不大，而中间部分即魏晋至隋唐时期就有些犯难了。恩师张正明先生看出了我的心事，半是鼓励半是打趣地说，“你身边就是研究三至九世纪史的大家，还发什么愁呀？”真是一语惊醒梦中人，是呀！我怎么就没有想到这一点呢？其实，如从心理上分析，也不是完全没有想到，主要是从内心深处感觉自己与朱先生不算十分熟识，不好意思叨扰他。当晚，我按张先生的指点去拜访了朱先生，朱先生十分热情地招呼我在他身边坐下，使得我本来紧张的心情一下子烟消云散，待我说明来意，朱先生当即将魏晋南北朝隋唐时期江陵地区的历史文化概况给我做了重点讲解，可说是忐忑而去，满载而归。后来这部分内容写作比较顺利，正得益于朱先生的悉心指点。初识先生即获点津之助，不可谓不幸！

二、宽严相济

自江陵初识朱先生后，因俗务缠身，刚开始联系并不多，印象比较深的一次是《南国名都——江陵》一书出版后，我同荆州地方志专家蒲士培先生一起到武大历史系办公室给朱先生送样书，同时对他的帮助表示谢意。本以为同先生的交往就这样不疏不密，没想到一件事改变了这种局面。硕士研究生毕业后，我曾报考过北方某著名高校的博士研究生并通过了笔试，但因工作单位不愿放行（当时报考博士生须征得工作单位同意），加之母病女幼，不得已放弃了面试的机会。等到单位态度改变，家庭负担稍轻时，我心中几近熄灭的“博士梦”又再次燃起，只是此时我已年近不惑，且担任研究所所长职务，报考外地高校或科研单位的博士生显然不大现实，而本地又无我适合的专业。我把心中的困惑告诉了恩师张正明先生，张先生听后略一沉吟，建议我报考朱雷先生的博士生，记得张老师当时是这样说的：“朱雷先生师出唐门（指朱先生系唐长孺先生的高足），学识渊博，学风严谨，受其亲炙必能精进，此其一；你有先秦史的基础，若能延至汉唐，研究领域势必大为扩展，此其二。一举有此二利，何乐而不为？”张老师的话给了我信心和力量，正当我准备登门向朱先生表达想报考他博士生的愿望时，恰好在省博物馆一次新展开展仪式上遇见了朱先生，我瞅准机会说了自己的想法，不料朱先生听后微笑着说：“得到你的信任我当然很高兴，只是你已经是教授了，术业已有专攻，又是一所之长，更重要的是跨专业方向报考，你还是再考虑下吧！”因当时不断有人向朱先生问安请益，我也不便多说，便把这一情况告诉了张正明老师。张老师当晚就同朱先生通了电话，向朱先生郑重推荐了我，并特别强调我报考他的博士生是经过慎重考虑的，并非一时冲动。也许是看张老师言辞恳切，朱先生欣然应允了。经过一番紧张备考，我在第二年如愿成为朱先生的入室弟子。

入学后第一次师生见面，朱先生问起我博士学位论文拟研究方向，我了解到大多数高校对大龄在职博士生的学位论文选题比较宽松，并不严格要求与导师的研究方向完全一致，便表示希望能做先秦经济史或城市建筑史方面的研究。朱先生听后，以一种看似平静却不容置疑的语气说：“尽管有不少学校或导师并不强求博士论文的研究方向与导师的专业方向相同，但我所在的武汉大学三至九世纪研究所却要求二者必须一致。因为若二者不一致的话，导师如何指导学生？学生又如何充分利用所在研究机构的师资和资料优势？”他看我略微一怔，又进一步强调说，“别的事或许还可以通融，博士学位论文选题方向还是希望能够遵守我们三至九世纪研究所的不成文规定。”本想论文选题能扬长避短，而按先生所言我得“扬短避长”了，我不得不为朱先生坚持原则的处事风格所触动。

与执行规则的“严”相反，在导师所授课程的时间和地点的安排上，朱先生则相当“宽”，即表现出很强的灵活性，尽可能使我做到工作、学习乃至家庭三不误。宽严相济的风范，在朱先生身上体现得淋漓尽致。

三、耳提面命

因为我博士论文的研究方向与原来的研究方向有较大距离，朱先生对我的论文也格外关心，从论文的选题，到资料的搜集，甚至问题的分析和观点的提炼，都浸透着朱先生的心血和汗水，期间某些情节迄今仍历历在目。

记得是在研究唐代关于结婚禁止条件的法律规范时，我发现唐律有“有妻不得更娶妻”的法律规定：“诸有妻更娶妻者，徒一年；女家，减一等。若欺妄而娶者，徒一年半，女家不坐。各离之。”这表明唐代法律在名义上是维护一夫一妻制的。遗憾的是，尽管从法律的表现形式上看唐律的相关规定已很周延，但当执法流于形式时，这种周延便受到不同程度的限制和破坏。对此，不仅《旧唐书》《太平广记》等典籍屡有所载，而且敦煌所出唐代户籍等资料也不乏其例。当我把这一发现告诉朱先生时，他要我进一步发掘史料，并明确指示我查阅《金石续编》，我在该书中果然发现了一些与此有关的碑文，如《周村十八家造像塔记》碑文记载，唐代周村存在着严重的一夫二妻甚至一夫三妻的现象。我由此惊叹朱先生的洞察力和记忆力。朱先生却谦逊地说，不是我有好的洞察力和记忆力，而是因为你的博士学位论文选择了唐代婚姻立法作为研究方向，为了能够尽到指导的责任，我近来经常思考这方面的问题，并十分留意这方面的资料和信息。关于这个论题，你还可以看看《杭州师范学院学报》新近发表的日本学者爱宕元（钟翀译）《唐代前期华北村落一类型——河南修武县周村》一文。我连忙找来一看，顿生先得我心之慨。每当想起朱先生为学生的论文念兹在兹，耳提面命，不禁双目湿润。

还有一件事给我留下了难以磨灭的印象，即我在研究唐律关于“监临官不得娶所监临女”的规定时，有一部日本学者小田义九主编的《大谷文书集成》在图书馆未能找到，我想朱先生对隋唐史料搜集甚丰，便抱着试试看的心态问了朱先生，谁知朱先生立马搬来梯子，从书架最顶层一个大纸包子中翻出了这本书。当时先生已年过花甲，为学生不惮登高寻书，此情此景，令人动容……

四、举贤避亲

2007 年 10 月的一个上午，我接到院人事处通知，说是省政府文史研究馆领导来了，想约我座谈。我立即赶到院接待室，发现中间沙发上坐着时任省文史馆副馆长的朱先生，旁边是省文史馆的黄仲平、彭义龙二位处级干部。我连忙躬身向朱先生问安，先生热情地示意我坐下。我问先生来社科院为什么不提前通知我好去接他，先生连忙摆摆手说：“没必要啊！你工作忙，我们今天也不耽误你太多时间，只是想听听你对文史馆工作的意见。”因我是省文史馆主办刊物《荆楚文史》的忠实作者，并一度协助组稿，同文史馆联系比较密切，也了解一些情况，便如实谈了自己的看法。朱先生先是充分肯定我的看法很客观，接着话锋一转，问我：“如果增选你任省政府文史馆员，你是否愿意？”作为一名史学工作者，能进入文史学者视为“殿堂”的文史馆，当然是件幸运的事，故我连忙说：“能进入文史馆向各位前辈和同仁学习，为存史咨政尽自己的微力，不仅十分愿意，而且深感荣幸！”朱先生听后欣慰地点了点头，座谈就在这种亲切随和的气氛中结束了。两天后，省文史馆就来院里对我的馆员资格进行了考察，不久就获得了批准，时任省长李鸿忠同志亲自向我们新馆员颁发了聘书。

也许是“幸福来得太突然”，有一个疑问一直在我脑海中萦绕：加入馆员队伍是一件很重要的事，朱先生此前怎么丝毫没有透露点风声呢？而这事显然不便问朱先生。直到有一次同时任馆长朱启耕先生闲谈，他不经意间“泄漏”了其中的“秘密”。原来在这次新馆员遴选工作者中，文史专业的馆员只有1至2个名额，由于朱先生是分管业务的副馆长，又是文史专家，文史专业馆员的提名主要尊重朱先生的意见。馆里根据事先掌握的情况，以为朱先生会提我，谁知看到名单时，发现朱先生只推荐了一名研究中国近代史的知名学者，另一个名额示意其他人推荐。朱馆长对此有些疑惑，便直接问朱先生：“您提的这位近代史专家完全符合条件，但您最了解且馆里一直看好的刘玉堂为什么未被提名呢？”据说当时朱先生是这样回答朱馆长的：“刘玉堂当然是合适人选，但他是我的学生，而名额又这么少，他上其他人就没有机会了。人们常说‘举贤不避亲’，我觉得在特殊情况下，举贤还是避亲为好。何况馆里对刘玉堂普遍看好，这次不上还有机会。”从朱启耕馆长讲述的神情就不难看出，他之所以会“泄密”，完全是出于对朱先生高风亮节的由衷赞许和深深感念。至于我能入选馆员，则是馆里其他领导和馆员的力荐。听了朱馆长的一席话，我被朱先生心无纤尘的处世原则所深深感动，不由得想起了王阳明的临终遗言：“此心光明，亦复何言！”朱先生何尝不是如此！

五、人梯情怀

朱先生就是这样，当自己或亲近者的利益同他人发生冲突时，他选择的是退让；而当自己的名利与学生的事业发展产生矛盾时，他毫不犹豫地支持后者。

2009年，中央文史馆决定启动国家重大文化工程项目——《中国地域文化通览》的编纂工作，该丛书共34卷，31个省、自治区、直辖市和港、澳、台各1卷，由各地文史馆负责编纂工作。接到任务后，省文史馆立即召开馆员会议，研究确定主编人选，再由主编提名执笔者。当时有几位馆员提出朱先生任主编，也有人提议由冯天瑜先生或我任主编，意见不大一致，新上任的赵毓清馆长表示想听听朱先生的意见。回想起来朱先生大概是这么说的：感谢大家对我的信任，但我的研究专长是魏晋南北朝隋唐史，对湖北地域文化不太熟悉；冯天瑜先生是明清史和中国文化史专家，对湖北近代历史也有深入研究，但他事务繁多，不一定能抽出时间和精力亲力亲为；相对来说，我觉得刘玉堂馆员最合适，他长期致力于楚文化和湖北地方史研究，又具有较强的组织协调能力，且年富力强，完全符合中央文史馆关于主编必须学养深厚且能亲力亲为的要求。正当我诚惶诚恐，想着怎么推辞的时候，冯天瑜先生率先表示赞成朱先生的意见，紧接着几乎所有与会者都认为朱先生的话十分客观，纷纷表态赞同朱先生的建议，看情势已不容许我推辞，只得“霸王硬上弓”了。为确保《中国地域文化通览·湖北卷》的进度和质量，会议确定由我和赵毓清馆长任主编，朱雷先生、冯天瑜先生和陶宏家副馆长任副主编。正是有朱、冯二位先生在业务方面的精心指导和赵、陶二位馆长在组织协调方面的大力支持，《中国地域文化通览·湖北卷》出版后获得了中央文史馆和广大读者的高度评价。而朱先生让我站在台前，自己甘居幕后的人梯精神，不仅使我终生难忘，而且已然成为我如何对待青年学子的表率。

（作者单位：湖北省社会科学院）

先生之德，高山景仰

——怀念导师朱雷先生

石云涛

8 月 10 日早上 7 点 28 分，手机铃声忽然响起。这个时间的电话总是让我心慌，因为没有特殊情况，一般大家不会在这时打电话的。广州同学程存洁先生打来的，我立刻有一种不祥的感觉，果然他告知了朱雷师逝世的消息。朱老师是当日凌晨 1 点 40 分去世的，这让我感到颇为意外。虽然师母已经告知朱老师住进了一家康养中心，但她说条件很好，朱老师很满意，目前身体状况很好。而且，7 月 18 日，在武汉大学召开纪念唐长孺先生诞辰 110 周年座谈会，我听说刘进宝兄将参加会议，我发了一条微信，请他代我们去看望朱老师。朱老师参加了座谈会，进宝兄专门拍了一张照片发给我，我还把这张照片转发程存洁先生，那张照片显示朱老师精神状态很好。不过我从会议报道上看到会议集体合影的照片，朱老师坐在最右边轮椅上的状态，不免产生一种辛酸的感觉。既然能参加会议，说明身体还是可以的，不承想才过了 20 多天，朱老师遽然离我们而去。

虽然北京疫情防控局势严峻，上级部门和单位一再强调“非必要不出京”，而且出京管控很严，离京返京有复杂的检测、隔离观察等程序，但只要情况允许必须赴武汉奔丧，做最后的告别。但是出于防疫的需要，武大历史学院发出的讣告通知，根据朱老师的遗愿和防疫政策，不举行告别仪式，也不接受赠送花圈。哀痛之情无由表达，只能给师母发信，寄托哀思，并请师母节哀保重。

在这千里之外，每天关注着老师的后事。我是一个不善于表达感情的人，这几日每天沉浸在悲痛中，茶饭不思，寝不安眠。常言说："滴水之恩，当涌泉相报。"朱老师于我师恩如山，可我又有什么报答了老师呢！悲伤之中夹杂着惶恐愧悔之情。这几天，只有夫人不断地安慰我。后来从武大历史学院看到了朱老师的安葬仪式，刘安志教授、师弟黄楼先生和数十名武汉的师生参加了仪式，为朱老师送行。人都有一死，入土为安，愿先生走好。然而许多往事浮现在回忆中，回忆昔日负笈江城，令我深深感到当年有机会在武大历史系中国三至九世纪研究所读书，师从朱老师攻读博士学位，真是今生有幸。那时朱老师精力旺盛，中国三至九世纪研究所正是如日中天。唐长孺先生健在，一支老中青队伍阵容雄壮，而且人人都在学界声望日隆，个个都抱负不凡。记得北京这边在美国学者罗杰伟资助下成立唐研究基金会，最初担任基金会秘书的刘后滨先生专程赴武大，咨询和征求武大三至九世纪研究所先生的意见，并聘请了朱老师担任基金会学术委员会委员，体现了唐史学界对武大珞珈学派的重视。当时研究所里一派浓烈的学术气氛，感染着所有的师生，在前途上正感到茫然的我，顿时感到一种鼓舞。但现在回想起来，其实朱老师当时也是负重前行。他担任着历史系主任，又要兼顾三至九世纪研究所的工作，还有各种社会兼职，他又是一位责任心极强的人，事必躬亲。我在中文系读硕士时导师是苏者聪教授，苏老师的丈夫何国瑞先生当时正担任中文系主任。他跟我说，你们系主任朱雷老师真好啊，学校里有些会本来应该是职能部门领导参加，只要别人有事儿，他都替他们去开会。给朱老师造成压力的，可能还不是系里教学科研，当时经费困难，老师待

石云涛与朱老师、程存洁（从右至左）

遇不高，高校都提倡创收，而历史专业在创收方面最少门路，系里甚至成立公司，想挣点儿钱年终发福利，这正是老师们不擅长的，也是朱老师不擅长的，这给身负领导重任的他也造成不小的压力。师母也是奉献精神极强的人，她是医生，居然以五十多岁高龄远赴阿尔及利亚援外，朱老师家里家外一个人。阿尔及利亚发生了动乱，接下来发生了战争，师母只好提前归国。正常的航班无法飞回，转道法国，辗转回到国内。那些天朱老师颇不自安，现在想起来他当时一定是心力交瘁。

入学第一学期，朱老师请唐先生为我们开设一门课，即魏晋南北朝隋唐史概论，讲授的内容就是先生即将出版的《魏晋南北朝隋唐史三论》，唐先生讲的内容我并不能完全领会，但在我面前一位大师的学识和气量直接树立起一座学术的丰碑，让人感受到学术的庄严，虽高山仰止却跃跃欲试，虽不能至而心向往之。我想这样一种精神力量对我后来矢志学术，生死以之的从事研究，比读了任何一部著作产生的推动力都要大。当时一起听课的除了我和程存洁之外，还有朱老师的博士留学生玛格烈黄，她是缅甸仰光大学的老师，比我们早一年入学，还有从北京大学毕业就职于武大并担任唐先生助手的何德章。开始几次课，朱老师陪着我们听，我还记得唐先生跟我们提到朱老师时称他“老朱”。唐先生很关心我的学习，知道我原来偏重学习魏晋南北朝和唐代文学，有时候就跟我谈一些古代文学的问题，跟我聊过《文心雕龙》、陆机、陆云，他说他写的有这方面的文章，但并没有发表。《文心雕龙》是我过去比较关注的，至于二陆，我却是知之甚少。一个学期结束，要写学期论文。唐先生一点儿都不马虎，他眼睛不好，我们是写好论文后到家里从头到尾念给他听，他才打分的。唐先生也关心我的论文选题，并且先后还曾推荐过若干思路。在毕业论文选题方面，唐先生强调“解决重大问题”，毕业论文并不是填补“空白”就是好的，研究的问题要有重要价值，才是好的选题。闲谈中，唐先生给我说过在史学理论和研究方法方面，他没有写过东西，他建议我读严耕望先生的《治史三书》，认为在他看来是初学者最好的入门书。唐先生给我们讲了两个学期的课，也是他的关门课，那时没有手机，照相机也不普及，后来我们都遗憾于没有把唐先生讲课的情景拍照、录音，或者跟唐先生合个影以作纪念，这成了永远的遗憾。

当时研究所里跟朱老师算是同一代的学者还有黄慧贤先生、陈国灿先生、卢开万先生、鲁才全先生、杨德炳先生，比较年轻的一代是牟发松先生、冻国栋先生，都已经成果卓著。还有刚从北大历史系毕业来任教的青年才俊何德章先生，资料室管理图书的石墨林先生工作井井有条，兢兢业业，任劳任怨。在中古史研究领域国内外少有这样的阵容。听他们言传身教，读他们的论文和著作，逐渐了解了武大历史系中古史领域的学风。在他们的著作中，没有“水分”，真正是“文章不写半句空”。杨德炳老师说过，真正的学术成果不一定是专著，而是论文。一本几十万字的专著，其中必然有一些常识性的东西，要吸收前人的成果，而论文则必须是实实在在的自己的东西。他特意讲到唐先生，他说唐先生其实也没有专著，都是论文。《三至六世纪江南大土地所有制的发展》是一篇大论文，《魏晋南北朝隋唐史三论》是三篇大论文。三至九世纪研究所的先生们也有皇皇论著，杨老师的话其实强调了一点，无论是论文也好，还是专著也好，都要有真知灼见，都要论，都要从基本的史实入手，不加水，不空谈。唐先生创办的《魏晋南北朝隋唐史资料》中的文章都是质量很高的学术论文，却名曰“资料”，强调了史学研究中文献的本位价值，这其实也透露出唐先生史学研究的基本认识。

这种扎实的学风也体现在硕士生和博士生的培养上，学习中古史的学生首先是通读这一时期基本的历史文献，这几乎是三至九世纪研究所的一个传统，既打下扎实的文献底子，又从阅读中读出问题来。这样由学生“读”出来论文选题本身就是学术能力的培养，因为学生不可能永远从老师那里获得研究题目。就我所知，有的导师热衷于给学生毕业论文题目，学生当然也乐于从导师那里得到一个论文题目。殊不知这样反而限制了学生研究领域的开拓，限制了学生在选题方面主观能力的发挥，限制了学生基本功的培养，限制了学生的学术的想象能力。而且，当学生拿到一个现成的题目时，往往自己找不到感觉。我入学后，朱老师强调的就是系统地读新、旧《唐书》和《资治通鉴》，两唐书要对照着读。我后来的博士论文选题就是这样读出来的。这种方法在有的人看来，有点儿“笨”，实际上史学的功底就是从这种笨功夫来的。我从两唐书对照阅读中领会了许多问题，比如在两唐书中同一件事，同一个人物，会出现不同的记载，这种情况比比皆是。这里涉及版本、史源、作者立场、文本书写等等多方面的问题，这些问题都是我们利用史料研究问题时必须解决的、必须分析的。这就让我认识到，学习历史和研究历史不是读任何一本书就可以写文章和写书的，要全面占有资料，对于史料要有分析的态度。我是在武汉大学中国三至九世纪研究所的学术氛围熏陶下走上史学研究的道路的，后来学术上取得的一点点成绩，与当时学术上打下的基础密切相关。“曾经沧海难为水”，有这些先辈作榜样，平平庸庸就觉得对不起他们的培养，对不起自己。

我是从古代文学专业转入中古史学习，朱老师一开始就给我进行了学术的定位，就是从文史结合方面从事研究。朱老师为什么大胆招收一名古代文学背景的学生攻读历史博士学位，既有对前辈学人如陈寅恪先生的学术成果作为镜子，又有他本人的学术实践的亲身体会。入学后读朱老师的著作，读到他通过两种《燕子赋》文本的解读，说明唐代浮逃户问题和唐代括客的变化，将唐先生有关浮逃户问题的研究向前大大推进了一步，从而揭示了《燕子赋》的重要史料价值，让我深深折服于朱老师精辟的分析和深刻的洞察力，折服于他对文学作品反映历史的角度、维度和深度的精确把握。没有读朱老师的文章，让我读《燕子赋》，可能注意的就是其拟人化的文学手法，就是寓言体的叙事文学，不会意识到这样一篇通俗文学，却蕴含着深厚的历史问题，可以弥补历史文献的不足。大家都称赞唐先生的学术思想和研究方法，朱老师继承了唐先生的文风，我认为通过具体问题的分析，

石云涛与朱老师

探讨和解决历史的重大问题是其最重要的方面。唐先生对敦煌吐鲁番文书研究的要求是通过文书解读，解决唐史研究中的重大问题，对我们毕业论文选题和写作也是这个要求。从这个思路出发，无论研究什么问题，立意就高，格调就高，就出手不凡。这样去分析问题、研究问题，虽然是从具体问题入手，最终解决的也是重要问题，最终的成果就具有重要性，就避免“碎片化”，就不是无关宏旨。朱老师的论文所以质量高，所以影响大，一个重要的原因也在于此。在这方面朱老师是得唐先生心要的，他的论文有的显然是在唐先生研究的启发下进行的，但又在唐先生研究的基础上向前推进。这一点杨剑虹先生给朱老师的《敦煌吐鲁番文书论丛》写的书评里有很精到的评价。

在研究历史问题时，文学资料的利用是应该非常谨慎的，因为文学资料不同于其他历史文献，它对历史的反映是一种艺术的反映，它的真实性是艺术的真实。既要把它看作研究历史的第一手资料，又要把握它反映历史的艺术性和真实性，认识到它反映历史的曲折性。朱老师的解读是那样令人信服，既考虑到《燕子赋》反映历史的艺术上的真实性，又注意到它的文学色彩。这给了我很大的启发。朱老师给我们讲了一年课，第一个学期是魏晋南北朝隋唐史料学，第二个学期是敦煌吐鲁番文书。但在博士论文选题上，并没有要求我搞敦煌吐鲁番学，只强调从文史结合上进行选题。我读新旧唐书，发现唐后期人物的传记中常常写到他们的幕府经历，以前学习唐代文学时只知道几位边塞诗人有入幕经历，没有想到这种情况在唐后期是如此普遍，这个问题又是如此重要。这些入幕文士既是幕府僚佐，又是富有文学才华的诗人，他们的政治作为和文学成就都值得研究。更重要的这是唐后期政治制度的一部分。经过读历史，才把历史现象和文学现象联系起来，才有了"唐代幕府制度研究"的思路。这些年，我仍然是沿着朱老师所指导的方向前进，不管从事历史方面的哪些研究，都注意到文学方面的资料。这种文史互证的工作，前人已有不少成绩，但确有很多领域值得深入挖掘。我是拜读了朱老师的著作受到启发，又通过几年的历史学习，才了解到文学背后的复杂背景和丰富内容。也是在朱老师的课上，让我了解了敦煌吐鲁番学的基本知识，为日后唐史、唐诗和丝绸之路、中外关系史研究中能够利用相关的资料打下了基础。

毕业以后到北京工作，朱老师始终关心我的成长，我也一直保持着随时向老师请教的一贯做法。每年教师节和春节，师生之间必有一次通话。除了问候之外，通话中仍是学术上的请教和指教。朱老师因为是国家社科基金评审专家，每年都会有不止一次到北京来，有时也会在北京见面。在跟朱老师的接触中，对他的了解越来越多，我也改变了许多以往以为理所当然的惯常思维。记得有一次评审结束，他才联系我。见面当时都聊了些什么，已经不完全记得了。关于评审，他叹了一口气说，要向边远地区倾斜，比如你们在北京，学术信息和图书资料都得天独厚，人家那里就不同了，搞学术困难重重，所以要给他们更多支持。国家社科基金中增加西部支持项目，跟朱老师这一思路是一致的。刘进宝先生屡次提到在人才培养方面，朱老师一直对西北地区表现出特别的热情和支持，这和他对国家社科基金项目评审表现出来的态度是一样的。后来他身体状况不如从前，来北京参加评审工作，师母提前打来电话，告诉我朱老师要来北京开会，希望我去西客站迎接。那一次见面，朱老师告诉我评审组已经换届，他是作为前辈学者保留下来的四位专家之一。这一次谈话中他建议我进行唐代一部典籍的校注或校证工作，他说这部书虽然已经出了两个校注本，在他看来问题都很多，需要重新整理。我如果能做出来，完成后他可以向全国古籍整理委员会推荐立项，资助出版。我购置了相关书籍，但这些年有一些当务之急的研究工作，一直未能着手。我很遗憾，朱老师如果在世，做出来还可以请益于他，如今他离我们而去，再不能在他指导下从事这个工作。但我有计划，等我目前的工作完成结项，有生之年，一定努力实现老师的遗愿，不辜负老师的期望。

朱老师八十大寿那年，庆祝活动中听大家的感言，读大家的纪念文章，让我加深了对老师的认识。这次在历史学院发表的安葬仪式报道后附了国内外众多高校、学术单位和文化部门、知名人士的悼词，再次反映了朱老师在人们心中的崇高声望和学术影响。最近几天，《中华读书报》《光明日报》连续发表了刘进宝兄纪念追思朱老师的文章，非常引起学界的关注。读了这些文章，增加了我对老师的了解，也越发印证了我对朱老师的印象。除了他个人学术上的巨大成就之外，他对国家、对学界、对老师、对后学都给予了难以估量的贡献，大家几乎是异口同声地赞美朱老师的无私奉献精神，他把自己的时间、精力和心血都奉献给了他人。他把自己一个字一个字手抄的数以千计的《全唐文》卡片、敦煌文书资料卡片放到资料室，作为公共资料；他花大量时间和精力辅助唐长孺先生的学术工作，唐先生去世后，操作老师的文集出版；他对一位不幸罹难的贫困生家庭的慷慨解囊；担任历史系主任为系里学科建设和各项工作的呕心沥血；他为国家社科基金评审付出的辛劳；他为吐鲁番文书的整理付出的心血，他对众多学人的帮助和指导……在在都为大家所铭记。朱老师一生，不知道成就了多少人的学术梦，成就了多少人学术论文、学术论著和学术项目的完成。日本德岛大学葭森健介教授的唁电中特意提到一件小事。1993 年，朱老师访问德岛时，告诉日本学人，德岛的阿波国计帐与吐鲁番文书的计帐方法相似，让他们很受启发。朱老师的渊博学识，就是这样不经意间便让学者们获益。这些事看似平凡，看似点点滴滴，看似涓涓细流，却是一般人做不到的。在他生命的最后阶段，又把自己数千种珍贵图书捐献广州图书馆，目的是让更多人可以利用，这是一个多么理智又是多么无私的考虑啊！一个人的学术成就可以追及和超越，而人格方面达到的高度却往往难以企及。朱老师的人格为海内外学人景仰，作为他的弟子，我为今生遇此恩师而深深庆幸，为他的遽归道山而不胜悲痛，只能更加努力，继承老师的学风，用更多的成绩告慰老师在天之灵。

先生之德，高山景仰；先生之恩，江汉水长。先生往矣，我心凄怆。珞珈立雪，永世难忘！

（作者单位：北京外国语大学中国语言文学学院）

我陪朱雷先生游黄山

庄华峰

总觉得先生您一定能活得很长，因为您总是那么乐观，那么与人为善，那么和蔼可亲。所以在您八秩荣诞祝寿会上，我书写“今朝贺米，相期以茶”书法条屏敬赠，愿上苍厚您，一世平安。然而没想到的是，您却于今年 8 月 10 日永远地离开了我们。

我与先生的第一次见面是 2002 年 7 月的一天。当时我与同事去武汉出差，办完事情后便慕名去先生家拜访，先生热情地把我们引到客厅。先生家的客厅宛如一座“书山”，四壁书架上码的全是书，一直到顶。“哎呀，太乱了，”先生一脸歉意，“我书太多，所以我就把客厅改成了书房”。当我把想跟先生攻读博士学位的想法和盘托出后，先生表示欢迎，我感到特别高兴。就这样我便于 2003 年秋季亲炙先生门下在职攻读学位。由于当时我在安徽师范大学有较为繁重的教学和科研任务，加之又在学校图书馆从事管理工作，完全处于“五加二”“白加黑”的状态，与先生自然是聚少离多，当然也就失去了许多向先生求学问道的机会，这是我每每感到遗憾的地方。

不过，在我求学的日子里也有些许与先生“亲密”相处的机会。那是 2009 年 11 月 6 日，我邀请先生来我校讲学。先是邀请先生考察我校图书馆，他指出我校馆藏《洪武正韵》与盛宣怀愚斋藏书的联系，并盛赞我校馆藏丰富、古籍珍贵。他还给我校图书馆古籍部工作人员谈了古籍保护所应注意的一些问题。当天下午，先生又在我校花津校区学术会议中心给社会学院的师生做了题为《出土文献与历史研究》的学术报告。他根据自己的学术经历，结合对古代土地管理制度如均田制、户籍制度制定，赋税徭役制度如杂徭差科、民间租佃契约、敦煌民间艺术作品等研究实例，强调了出土文献特别是敦煌吐鲁番文书，对传世文献研究重大的补充和纠谬作用。先生的报告引起了与会师生的极大兴趣，不少学生和青年教师提出了许多问题，先生都不惮其烦，一一作了解答。

吃完晚饭，我把先生和师母送到宾馆，刚在房间坐下，下午听先生讲座的一位青年教师慕名来拜访先生。寒暄几句后，这位教师把一

庄华峰陪同朱雷老师在安徽师大敬文图书馆古籍部查阅资料（摄于2009年）

份国家社科基金项目申请书递给先生，希望先生给他把把关。青年教师申报的是有关敦煌民间信仰文献整理方面的课题，先生是这方面的大咖，请先生提提意见那是再合适不过了。先生二话没说，戴起老花眼镜就看起了项目申请书，看完后就和青年教师谈他的修改意见。先生谈兴很浓，不时还会说说他和唐长孺先生当年在吐鲁番整理文物的趣事。不知不觉两个小时过去了，我看时间不早了，就提醒青年教师说，朱老师明天还要外出，要早点休息，有问题你以后再与朱老师联系吧。可先生却说，还有一个问题没有谈完。等先生指导结束，已经是深夜十点多钟了。对一位素昧平生的求教者，先生的指导竟是如此的认真，如此的上心，委实让人感动。

7 日一早，我租了一辆车，和我的研究生一道陪先生和师母去黄山一游。先生和师母都是第一次来皖南，对这里的一草一木似乎都感到新鲜。先生在欣赏沿途风光的同时，还不时地询问当地的民风民俗。下午 2 时许，我们到达了黄山脚下的汤口镇并在这里住下。晚上陪先生散步时，我就自己获批的国家社科基金项目“7—19 世纪长江下游圩田开发与生态环境变迁”向先生请教有关问题。先生说：“今天要以‘了解之同情’的视角研究历史时期的人地关系。在这一视角之下，我们来审视历史时期的人地关系不难发现，古人在开发与保护两个方面总是顾此失彼，无法找到两全之策。发展以后带来的是停滞，繁荣的另一面是环境的退化，循环往复，难以跳出这一怪圈。”我问先生形成这一怪圈的原因究竟是什么，先生说：“现在从人地关系这一层面审视，可以说我国数千年来问题的症结，还是我们今天同样最为关注的全面、协调、可持续发展的问题！这似乎是我们中华民族永恒的课题！”先生还说，作为一个相对完整的区域，圩田事实上是一个相对独立、自成体系的系统，也是一个水利共同体和地域社会生活共同体。应该立体地去研究圩田，这样才能得出科学的结论。先生的这一番话对我启发很大，为我的课题研究指明了方向。

第二天我们都起得早，汤口镇的景色很美，特别是在秋季，林茂色艳，鸟语花香，生机盎然，犹如秋天里的春天，令常见的悲秋之情为之一扫。这里景美，食也美。经一位驴友推荐，我们来到小镇一家很火爆的美食店，点了笋干面、五香蛋、甜酒酿、蟹壳黄烧饼和石头粿，老板娘还送了两碟可口小菜。笋干面的面条是手擀的，上面覆盖上浇头，先生说这面味道不错，与武汉的热干面有一拼。更受欢迎的是石头粿。老板娘介绍说，这种粿子是用石头压扁的，所以俗称“石头粿”。过去，徽商外出，都要携带这种粿子，是徽州人最爱吃的点心。从原料上分，这种粿子有米粉粿、油面粉粿和玉米粉粿三种。相传，乾隆皇帝下江南时，从歙县渔梁坝上岸来到凉亭歇息，只见亭中有个卖粿摊子，便令随从买了一个吃，觉得又香又脆，很有味道，连声称赞：“好吃，好吃！”他付了加倍的钱以后，又赠送卖粿人一枚“福”字小印，叫他在粿上印上志号，以便下次来吃。这样一来，徽州的石头粿名气就更大了。徽州民间流传着这样一句顺口溜：“手捧徽州粿，急急咬一口，问我好不好吃？哈哈，除了皇帝便是我。”这道出了人们对徽州粿的偏爱。老板娘的介绍绘声绘色，我们纷纷品尝起来。师母称赞说：“这粿子酥软香脆，味道超级好！”结束早餐后，我们师生三代人按照景区路线先到达云谷寺，先生和师母都说要走上去，经过对路线和身体状况的评估，我建议二老乘坐索道上山，在缆车中也可从不同方位和角度欣赏沿途风景。先生接受了我的建议。缆车中我们远眺奇松、云海、苍石、红枫、黄菊等自然景色，美轮美奂，令人心旷神怡。缆车穿越在薄薄的云雾之中，宛如浮游在仙境一般。不知不觉缆车从云谷寺到了白鹅岭。我们四人下了缆车，开始步行往上攀登，沿途给先生留下最深印象的景点有三个（返程途中先生跟我们聊天说的）。一是“云海”。在白鹅岭看云海，人若在云中，感到眼前之景如梦如幻。先生打趣说，有种飘然成仙的感觉，我到哪儿，云也追随我到了哪儿，甚至伸手可拽住它，脸可以接触到它，很神奇。二是“吐故纳新”松树。对于这棵树，导游解释为“杠上开花”，不少游客戏称为“小蜜傍大款”，先生则以为此说法不太雅正，“我看还是叫‘吐故纳新’为好，老树发新枝，这正像我们的学术研究，既有浑厚的资料积累，又要有新的学术生长点”，先生说道。三是挑夫。先生说，黄山挑夫是一道独特的风景。这些挑夫们懂得面对生活的重压，抱怨、逃避，都无济于事。想要生存，就得干活。他特别对我的研究生说，你们年轻人将来做学问就要像这些挑夫一样，要吃苦耐劳，坚韧不拔。

相处的时间总是感觉很短，陪先生和师母游览完黄山，我们踏上归程，途中，先生和师母意犹未尽地回味着黄山之行。

如今，先生静静地走了，有风相随，有鸟相鸣，有天使相伴，相信快乐一定会与您同行。

您给学生种下梦想的种子，也许您永远不知，但您是学生心中的一座山，一片海……

二〇二一年十月十六日于怡墨斋

（作者单位：安徽师范大学历史学院）

一位正直、纯粹而富有创新的学者

——我所了解的朱雷老师

刘进宝

2021年8月10日凌晨1：40，著名历史学家、武汉大学历史学院朱雷教授因病在武汉去世，享年85岁。我与朱老师认识将近40年了，跟随朱老师学习也已经20多年了。先生生病住院后，我曾携妻子于去年11月、今年4月专程去武汉看望先生。7月18日，在武汉大学举行的“纪念唐长孺先生诞辰110周年学术座谈会”上，又与先生见面。当日，先生的精神状态还不错，早上八点多就被家人接到了会场。先生参加了全天的座谈会，直到晚上八点多才离开。真的没有想到，先生竟然就这样走了，永远离开了我们。

一、视学术为生命的纯粹学者

一般情况下，可以将学者分为三类：第一类，将学术视为生命，除了学术再不会干其他的，他的一生可以说就是为学术而生的。第二类：将学术作为职业，在此岗位就干这个岗位的事，转换了岗位或退休了，就不干了。第三类，将学术作为谋生的手段或获取功名利禄的阶梯。朱雷老师就是一位视学术为生命的学者。

朱雷老师出生于1937年5月24日。近年来，虽然朱老师身体已大不如前，也曾几次住院治疗，但朱老师非常坚强，又得到师母无微不至的照顾，每次都挺了过来。

2020 年初疫情暴发后，由于武汉是疫情的中心，我一直担心朱老师的安危，也多次与朱老师和师母电话联系，感觉朱老师各方面还可以。

2020 年下半年，朱老师再次因脑中风而住院，由于疫情的原因，治疗、住院各方面都不是很顺利，但在师母的努力下，这些问题都解决了。

朱老师生病住院后，我一直想去武汉看望老师，但因各种事情干扰未能成行。10 月已经做好了赴武汉的准备，给师母打电话时，师母说，最近朱老师比较平稳，她要去新疆办理朱老师国家社科基金重点项目的结项手续，如果她不在武汉的话，我无法进到医院，只好放弃了。

2020 年 11 月，由于一个机缘，我和夫人赴武汉看望朱老师。11 月 26 日上午，我们和学兄刘礼堂、师妹张宇到医院后，看到朱老师虽然说话比较困难，但精神还可以，床头柜上放着荣新江兄刚赠送的《从学与追念——荣新江师友杂记》，我就问，您现在还能看书吗？他说可以看一点。由于疫情期间医院的规定，我们不能在医院待过长的时间，再加上朱老师的身体状况，也无法做更多的交谈。当天晚上，将朱老师接出来，与刘礼堂、刘玉堂、徐少华、魏斌、吴成国、马志立、邢勇等一起陪朱老师吃饭、聊天。

今年春节后，朱老师入住汉口的一家疗养院，相对而言条件好多了。4 月有机会去武汉时，我与师母联系提前向疗养院备案。4 月 23 日下午，携夫人与师母、马志立一起到疗养院看望朱老师。去疗养院前在朱老师家里拿到了中山大学出版社出版的 100 余万字的《广州图书馆藏朱雷教授藏书目录》，朱老师还在上面签名“惠赠刘进宝同志。

2021年4月23日，刘进宝与朱老师在疗养院

朱雷，2021.4.23”。虽然朱老师由于脑中风写字很困难，尤其是第一个“惠”字几乎难以辨认，但后面的字还是比较流畅。我当时的心情很复杂，可以说是既心酸又欣慰。

在聊天中，朱老师念念不忘的还是唐长孺先生和吐鲁番出土文书的整理，回忆参加文书整理的历程，其中说到参加文书整理的各位学者时说，“邵怀民同志负责全书的清抄”。我没有听说过邵怀民先生，就专门向朱老师请教，朱老师说：“邵怀民是银行退休职工，毛笔字好，其兄是北京大学历史系的邵循正教授。”参加短期整理工作的还有陈建放，我也不知道，朱老师告诉我：陈建放是上海的工人。

朱老师还专门给我谈了《吐鲁番出土文书补编》的出版事宜。现在，书还没有出版，朱老师却已经离开了。

7月18日，武汉大学举行“纪念唐长孺先生诞辰110周年学术座谈会”，我和孙继民学兄提前联系，计划去疗养院看望朱老师。17日到达武汉后，就和师母约好晚上到家里面商。晚饭后我们到朱老师家，师母说：朱老师听说许多学者要来，他也想与大家见面，已经约好明天早上去汉口接朱老师，八点半到学院。18日上午，朱老师到了学院会议室，他一直坚持听会。会议结束后，还与大家一起聚餐，直到晚上八点半才离开。我送朱老师下楼时，还下着雨。我当时就想，这样的天气，武昌到汉口大约要一小时，朱老师从早上七点多出门，回去就晚上九点多了，对于一个八十多岁，并一直生病住院的老人来说，需要多么强大的毅力啊！

二、革命阵营中成长起来的正直学者

朱雷老师的籍贯是浙江海盐，1937年5月出生在上海。朱老师的父母都是优秀的中国共产党党员。父亲朱宗彬，生于1913年，他曾就读于苏州东吴大学、北平大学和武汉大学、复旦大学。15岁时就参加进步活动，踏上革命道路，从事宣传工作。他以刘群为笔名，撰写了《告彷徨中的中国青年》《中国在统一中》《战时的宣传工作》等政论、青年问题论著。“九一八”事变后于1932年在北平加入中国共产党，1937年9月，他参加抗日救亡演剧队，从上海到常州、镇江一带演出宣传，在常州感染白喉，不幸于9月24日在常州武进医院病逝，年仅24岁。朱宗彬去世后，章乃器在上海《救亡日报》发表了《听到了刘群的死耗》（1937年10月5日第37号），莫洛（马骅）在《陨落的星辰》中写道：“刘群确是个有天才的、有远大前程的青年文化工作者和青年运动的领导者。”中华人民共和国成立后，朱宗彬被追认为革命烈士。朱雷老师每月会领20元的抚恤金，用于生活和学习。后来条件稍微好些后，朱老师主动提出放弃了抚恤金。

朱老师的母亲朱涵珠，四川江安县人，是辛亥革命烈士朱山的女儿。朱宗彬、朱涵珠是北平大学法学院的同学，也都从事过党的地下工作。朱宗彬去世时，朱老师才出生 4 个月，母亲带着襁褓中的孩子一方面逃难，一方面寻找组织。抗战期间，朱涵珠接受邓颖超的领导，在武汉筹建中国战时儿童保育会，还担任武汉孤儿院的院长，以保育工作为掩护从事地下工作。武汉孤儿院是当时中共地下党的一个联络点，朱涵珠营救过被捕的地下党员。这时的朱雷老师，还是小孩子，不引人注意，就像电影《鸡毛信》中的儿童团小队员一样，经常帮地下党送信。朱涵珠曾与宋美龄、邓颖超、赵君陶一起从事过保育工作，中华人民共和国成立后任武昌区副区长。

师母田苏华也是革命的后代，她的父母都是老红军。

朱雷老师就出生在这样的家庭，是烈士的孩子，是在革命母亲的熏陶下长大的，培养了他坚强、正直、无私、不随波逐流的高尚品格。

1955 年，朱老师考入武汉大学历史系，1959 年大学毕业后又考上唐长孺先生的研究生，跟唐先生学习魏晋南北朝隋唐史，1962 年研究生毕业后留在唐先生创建的魏晋南北朝隋唐史研究室（今武汉大学中国三至九世纪研究所）。从此一直在武汉大学从事魏晋南北朝隋唐史和敦煌吐鲁番文书的研究和整理工作。

朱老师初入大学时，对中国早期的历史比较关注，阅读了朱芳圃的《甲骨学商史编》、杨树达的《积微居小学述林》等学术论著。据朱老师说："但听了唐长孺教授的魏晋隋唐史的课，还看了他的文章，就转向 3—9 世纪史的研究。在看了唐师的《魏晋南北朝史论丛》后，不管当时是否看懂了多少，我却深深喜欢上了这段历史。"

1958 年秋，朱老师大学四年级时，武汉大学开始了"教育革命"。

2010年上海，朱老师与陈沂夫人马岚合影

作为班长，此时的朱雷老师以为可以在课程设置、讲授内容及方法上做些改革。在讨论中，有些同学说要批倒搞臭王国维、陈寅恪、唐长孺，朱雷老师忍不住说：我没有你们那样大的志向，如果这辈子能读懂他们的著作，我就心满意足了。当然还有更多其他的不合时宜的观点，这样他就成了“大白旗”被批判了。在专用的大批判教室内，在宿舍周边的墙上，都贴满了批判的大、小字报，最后班长职务也被罢免了。

1960 年初，“又继续深入开展教育革命，此时研究生教育不能走资产阶级专家路线，要教研室集体培养，在斗争中成长的极左观点，比起 1958 年来讲是更‘左’，更具体深入”。学校组织批判陈寅恪的史学观点，就是要影射唐长孺。朱老师是唐先生的研究生，有人动员他参加批判，朱老师说，我根本没有读懂他们的论著，怎么有能力批判？后来，又有人让朱老师批判石泉先生，朱老师说，石先生的东西我没有读过，更没有资格。主事者就提示，石泉的曾祖刘瑞芬，出自淮军系统，早年还做过淮军的粮台，而淮军又参与了镇压太平天国、捻军。想从家庭出身上找历史原因，朱老师还是拒绝了。

老干部陈沂是与朱老师父母在北平大学的同班同学，也做过党的地下工作，曾任解放军总政治部文化部部长。“文革”中，陈沂受到批判，被造反派拘押。朱老师了解这位长辈的历史和他对革命做出的贡献，就积极奔走，希望能为陈沂翻案。为此，朱老师被打成现行反革命下放到襄阳农场劳动改造。陈沂的子女说：朱雷老师“为陈沂平反追求真理奔波了几乎大半个中国”，“在最黑暗、最艰难的时刻他

2010年，朱老师在上海陈沂墓前

给了我们温暖和希望”。陈沂平反后曾任中共上海市委副书记兼宣传部部长。

经历了历史的风风雨雨，朱老师也遭受到一些不公正的待遇，但他坚持原则、实事求是的优秀品质却一直没有丢失。

长期以来，朱老师在学术界都以坚持原则、为人正派而著称。他在长期担任系、校学位、学术、职称评审工作中，始终能够坚持原则，主持公道。朱老师从 1988 年开始就担任国家社科基金评审专家，1989 年担任国家教委（教育部）学位委员会学科评审组成员，随后又是国务院学位委员会历史学科评议组成员，1993 年又担任唐研究基金会学术委员，也担任过几次国家教委（教育部）哲学社会科学优秀成果评奖的历史组组长或副组长。在所有的评审工作中，朱老师都坚持客观公正、实事求是的原则，特别注重学风及学术道德，不仅在海内外史学界享有很高的威望，而且得到了相关管理机构的敬重。例如，新世纪以来，年龄较大的成员一般不再担任国家社科基金的评审专家，但在中国历史组保留了 4 位德高望重、公正公平的老年评审专家，朱老师就是北京以外唯一的一位。

三、致力于吐鲁番文书的整理与研究

朱雷老师是一位纯粹的学者。他一生最可称道的工作是吐鲁番文书的整理与研究。1973 年秋，为编写中国古代史教材，朱老师与武汉大学历史系党总支书记彭神保一起赴西北地区搜集考古资料，当看到新疆博物馆展厅里的吐鲁番文书后，立即将在新疆的见闻写信向正在北京整理二十四史的唐长孺先生做了汇报。唐先生学术眼光极其敏锐，马上意识到吐鲁番文书蕴含巨大学术价值，就向国家文物局领导王冶秋、刘仰桥做了汇报，同时让朱老师等赶到北京，详细说明相关

1975年5月初新疆天池，朱老师与唐长孺先生、谭两宜先生合影

情况。1974年元月中旬，朱老师等到北京向唐先生做了汇报，并见到了国家文物局的领导。王冶秋决定在国家文物局成立吐鲁番出土文书整理组，唐先生任组长，由新疆博物馆和武汉大学合作，文物出版社负责经费，开展吐鲁番文书的整理工作。唐先生在1990年12月所写《吐鲁番出土文书》编后记中说："《吐鲁番出土文书》录文本全十册至今已全部出齐。它收集了新中国建国以来在新疆吐鲁番阿斯塔那、哈拉和卓等古墓地二〇三座墓葬中出土的由前凉升平十一年（三六七年）到唐大历四年（七六九年）的一千八百余件文书。""在当时的形势下，如果没有冶秋同志的热心组织和大力支持，这项工作是根本不可能开展的。"

由于要全身心地投入到吐鲁番文书的整理，从1974至1986年春，朱老师由武汉大学借调至国家文物局，作为国家文物局“吐鲁番出土文书整理组”（组长为唐长孺教授）主要成员，并作为唐长孺先生的学术助手，在新疆、北京等地参加吐鲁番出土文书的整理和研究工作。其中的艰辛，外人很难想象。如1975年4月底，朱老师随唐先生赴新疆，陪唐先生在吐鲁番哈拉和卓、阿斯塔那墓葬区看发现文书的古墓。在南疆的库车考察时，由于“机耕道”的路况非常差，他们坐在手扶拖拉机挂带的斗车上，强烈的颠簸致使唐先生右眼眼底出血，造成失明。由于新疆医疗条件差，不得已，唐先生只得返回北京诊治，朱老师则留在新疆，在吐鲁番地区文保所进行文书的清理、拼合和抄录。有了这次的意外，认识到在新疆整理文书的确有许多的不便，王冶秋局长专门给国务院写了报告，经李先念和邓小平两位副总理批示和圈阅，吐鲁番文书的整理工作就转至北京继续进行。另如1976年唐山大地震时，北京震感强烈，整理组因避地震暂住故宫武英殿，随后又转至上海继续工作，直到年底才返回北京。再如，在北京整理文书时，唐先生的“晚饭都是由朱老师亲自烧菜并加以安排的”。因为文书整理研究工作的劳累、生活的艰苦，导致朱老师8次胃出血。

朱老师将自己最宝贵的年华献给了吐鲁番文书的整理工作。他协助唐先生对8000多份古文书断片逐一进行登录、拼合、释文、定名、断代。朱老师还负责撰写了整理录文细则、出土文书之墓葬说明等，为文书的整理完成做出了突出贡献。尤其是朱老师在整理工作中所体现出的文献功底和学术水平及敬业精神等，曾受到唐长孺先生及学界同行的高度评价。

1974—1986年，朱老师是37岁到49岁，可以说是人生最美好的阶段。在这十多年中，朱老师抛家舍子，跟随唐先生赴新疆、北京整理吐鲁番文书。偶尔回家，两个孩子都不认识他了，还偷偷地问妈

2013年，朱老师在新疆考察

妈：这个人怎么还不走？还要住在我们家？

吐鲁番出土文书主要是 1959—1975 年间新疆博物馆考古队在吐鲁番发现的，由新疆博物馆保存。根据整理工作的要求，新疆博物馆将文书初步整理后，于 1976 年“全部携至国家文物局进行全面整理”。这就是《吐鲁番出土文书》所收 1800 多件文书。

2006 年，新疆博物馆考古部和吐鲁番地区文物局阿斯塔那文管所联合对阿斯塔那古墓葬进行了考古发掘。这次共发掘了五座墓葬，同时，因收集资料的需要，对以前发掘过的一些墓葬、遗迹进行了清理。这次发掘所获出土文书，原计划由新疆博物馆的吴震先生整理。不幸的是吴先生于 2018 年 1 月 25 日去世，由于朱老师有从事吐鲁番文书整理的丰富经验，又与新疆同仁暨吴震先生关系密切，所以新疆

2013年，朱老师在新疆考察

博物馆邀请朱老师负责整理这批文书。本来朱老师身体不好，退休后应安度晚年，但他却将学术视为生命，毅然答应下来，于 2010 年赴新疆帮助整理新发现的出土文书。这次的整理任务，除了新发掘五座墓葬的文书外，还有 20 世纪 70 年代未带到北京整理的残片。当时未带到北京整理的文书，基本上都是非常零碎的断纸残片，这些文书的整理拼接难度很大，是一件吃力不讨好的事。凭借长期的学术积累和认真负责的精神，朱老师完成了这项艰巨的任务。

毕竟年龄大了，身体又不好，所以朱老师每年去新疆，都需要师母陪同和照顾。朱老师考虑到这批文书残缺较多，整理费时，而新疆博物馆经费有限，不可能完全承担所有的费用，朱老师又退休了，也没有其他的经费来源。没办法，在 2017 年 80 岁时，他又以新疆博物

1994年8月，吴震先生、朱老师、刘进宝在敦煌（从右至左）

馆的名义申请承担了《吐鲁番出土文书补编》的国家社科基金重点项目，不顾年老体弱和有病，每年都去新疆工作四五个月。去年住院后，还让师母去新疆做最后的结项工作。今年还一直关心、安排《吐鲁番出土文书补编》的出版工作。7 月初，四川巴蜀书社的领导到医院签订了出版合同，朱老师才放心了。遗憾的是，朱老师最后没有看到书出版。

四、一丝不苟并富于创新的优秀学者

朱老师长期从事吐鲁番文书的整理和研究，又有亲炙唐先生教泽的优势，使他在吐鲁番文书整理和研究方面站在了国际学术前沿，发表了一系列高水平、有影响的学术论文。我在帮朱老师编辑相关论文

2004年8月，朱先生、刘进宝莫高窟合影

集时，感受到朱老师的论文，真正是传世文献与出土文书有机结合的典范。他的论文都是以小见大，既具有深厚的文献功底，又体现出极强的思辨能力，提出了一系列富有创意的独到见解，推动了相关问题研究的深入，为同行所折服和认同。

在文书整理的同时，朱老师还围绕敦煌吐鲁番文书和魏晋南北朝隋唐历史，撰写了一系列高水平论文，从中可以看到朱老师敏锐的学术眼光和深厚的学术功力，如北京大学考古专业的宿白先生在内部发行的考古学教材中，曾提到北大图书馆所藏的北凉赀簿，这一信息即引起朱老师的注意。他在宿白先生的帮助下，到北大图书馆查看了原件，并结合中国科学院图书馆所藏同组文书，考证其为《北凉高昌郡高昌县都乡孝敬里赀簿》，于 1980 年撰写发表了《吐鲁番出土北凉

1983年日本东京，朱老师、唐长孺先生合影

赀簿考释》。学术界给予了高度评价，认为这是一篇优秀的研究成果，它“正在改变着国内外籍帐研究的面貌”。论文“大大推进了十六国时期的田亩赋役制度研究，也为后来吐鲁番文书的整理，提供一份标本性的文书”。

敦煌文献中有一件奴婢马匹价目的残件，其中将奴婢与马匹放在一起，而奴婢又有“家生”和“蕃奴”的区别，并被写入“时价簿”中。朱老师的《敦煌所出〈唐沙州某市时价簿口马行时沽〉考》，利用出土文书和传世文献，对其进行深入探讨后提出，奴婢不仅被当作会说话的工具，与牛马等畜产为伍，而且其价格还没有一匹马高，可见奴婢地位之低下。姜伯勤先生指出：“从作者为本件残纸所作正确定名中，可以看见作者对唐代公文制度和典制的纯熟修养。本文是近年敦煌‘市’‘行’组织研究方面的一篇力作。”

1983年8月底，朱老师与唐长孺教授一起应邀出席了在日本京都、东京召开的第31届亚洲、北非研究国际学术会议，并在会上宣读了《试论麹氏高昌时期的“作人”》。本文第一次系统地研究了初次发现的六世纪麹氏高昌的私属“作人”，“提出了一个有启发性的创见，即指出高昌私属作人与南朝宋齐的‘十夫客’相似”。“由于作者找出了上述两种身份的相似性，将会促进今后对此一类型中古依附身份奥秘的进一步揭示”。其结论为中日学者在有关论著中多处引用。

朱老师的《唐代“点籍样”制度初探——吐鲁番、敦煌两地出土“点籍样”文书的考察》一文，在充分利用吐鲁番出土文书的基础上对唐代乡帐与籍帐制度进行了探索，提出了一些颇具启发性的意见，得到了学界的好评，本文“以大量篇幅进行了古文书学的本体研究”，“使我们认识到对文书本体进行文书学研究的科学意义”，“使我们对唐代户口户籍制度的认识，在原有基础上又增添了新的内容”。

《敦煌两种写本“燕子赋”中所见唐代浮逃户处置的变化及其他》一文，则别开生面，将文学中的“赋”作为史学研究的材料，其研究方法和所得结论都得到了学界的赞扬和肯定。论文将“赋文与史籍互证，探讨了文学作品‘燕子赋’前后迥异、改写的变化，源于实际括逃政策的变化”。“朱雷同志对《燕子赋》的精心分析，生动形象地揭示了武则天与玄宗括户政策的变化，很有说服力”。

除了这篇文章外，朱老师还在多篇文章中运用“文史互证”的方法，将变文、话本等文学作品与历史研究有机结合，开创了敦煌变文与晋唐历史研究的新局面，如《〈伍子胥变文〉、〈汉将王陵变〉辨疑》、《〈捉季布传文〉、〈庐山远公话〉、〈董永变文〉诸篇辨疑》、

2000年，朱先生、刘进宝榆林窟合影

《〈李陵变文〉、〈张义潮变文〉、〈破魔变〉诸篇辨疑》等。学界认为，这些“系列论文，对敦煌变文做历史学考察，发掘出其中有关历史的资料，别开生面”。“‘文史互证’裨益甚大”，“突破了旧有变文研究的方法，有开创意义”。其中所取得的结论或考释，也被相关论著多所引用。

朱老师的论文，可以说每篇都是精品，既具有深厚的文献功底，又有极强的思辨能力，经过大浪淘沙，三四十年以后，仍能经得起时间的检验，是研究相关问题而无法绕开的学术成果。我在给朱老师编辑论文集时曾有感慨：有的学者的论著，我没有相关资料，或没有从事相关的研究，如果我有资料或从事相关的研究，也能取得大体同样的成绩；有的学者的论著，就是给我相关的资料，我也从事相关的研究，还是无法企及，达不到那样的水平和高度，朱老师就是这样的一位学者。

20 世纪 80 年代中期，曾有学者言及唐门弟子对唐先生治学的承传问题，称唐先生治学主要涉及魏晋南北朝史、隋唐史和敦煌吐鲁番文书三大领域，“继承魏晋南北朝的是高敏，继承唐史的是张泽咸，继承敦煌吐鲁番文书的是朱雷”。王素先生在为朱老师《敦煌吐鲁番文书论丛》写的书评中说：“朱教授的很多论文，尽管经过了十多年甚至二十多年，学术价值还是难以超越……学界师友常言：唐长孺先

2004年8月16日，朱先生、刘进宝在敦煌研究院院史陈列室合影

生门下，论文风格与唐先生最为接近者，莫过于朱雷教授。读罢本书，深信此言非虚。”

五、高尚的人品值得后人铭记

朱老师是一位非常单纯的学者。经历过历史的风风雨雨后，各单位肯定会有各种各样的人事纠纷或矛盾，有的老师也曾在我面前埋怨过朱老师，但朱老师在我面前却从来没有说过别人的不是。当我们聊天说到某单位或某位学者的研究有不足时，朱老师马上会说，不能这样看，人家也是做出了成绩的。

朱老师严以律己，宽以待人，延伸开来，对自己亲近的人和学生要求很严。曾经有人问朱老师：不少人文学科的学者谈到做研究都会感叹没有钱，您长期从事研究工作，缺钱吗？朱老师回答说：“我还没有觉得缺钱，我这一屋子全是常用书，还有好多放在地下室，基本够用了。”“以前没有钱，家人开玩笑，说我们做研究，一张纸，一支笔，一支烟，一杯茶就可以了。改革开放后，国家富了，关心知识分子，工资给的多些，还给一些科研经费。我们现在是投入多产出少，如今出的书谁看啊，一般都堆在图书馆，刚出版就可在旧书店买到减价新书。像我的老师唐长孺先生，像陈寅恪先生，抗日战争时候，多困难啊，经费是很少的，人家还不是作出了成果。我觉得有钱好，生活安定一些。但过分强调缺钱，发牢骚啊，不好。”

朱老师是这样说的，也是这样做的。朱老师曾长期担任国家社科基金评审专家，又曾任中国唐史学会会长、唐研究基金会学术委员，还是武汉大学国家重点学科中国古代史的学科带头人，当过武汉大学三至九世纪研究所所长，手上掌握着“211”“985”科研经费，但他

2018年11月18日唐史会议期间，朱老师与学生合影
后排左起：郑昊、赵梦涵、赵大旺、刘进宝、孙宁、宋翔、许超雄、闫丽

从未为自己谋过任何利益，也没有申请学校和唐研究基金会的经费出版本人的学术论著。他在甘肃人民出版社出版的《敦煌吐鲁番文书论丛》、上海古籍出版社出版的《朱雷敦煌吐鲁番文书论丛》、浙江大学出版社出版的《敦煌吐鲁番文书研究》，基本上都是我经手的。如果他要动用手中的权力出版个人的学术论著，既是符合规定的，也是非常容易的，但他不仅没有申请任何出版经费，而且连给学界师友赠书，都是自己掏钱购买。

2000年，朱老师到敦煌参加学术研讨会后，又赴天津参加学术会议。天津会议后，又到北京请启功先生给《唐长孺文集》题签。回到武汉后，才发现从兰州到天津的车票找不到了，我就问朱老师如何处理，朱老师说那这次外出的开支就不报销了。

2016年5月20日，朱雷八十寿诞时，朱雷夫妇和博士生刘进宝、张宇合影

朱老师虽然离开了我们，但他为人正派、坚持真理、正直无私的精神还在，他严谨踏实、一丝不苟并富于创新的学问还在。这些，都是永远值得我们铭记和学习的。

（作者单位：浙江大学历史学院）

我与朱雷老师交往的点滴回忆

吴成国

今天是2021年9月10日，第三十七个教师节的日子。而我却不能与往年的今天一样，去武汉大学看望朱雷老师，一个月前的8月10日，朱雷老师遽归道山，永远离开了热爱他的学生与亲人。

作为学生，我最后见到朱雷老师是在7月18日武汉大学举行“纪念唐长孺先生诞辰110周年学术座谈会”上。这天上午会议开始前，病中的朱雷老师，被从汉口疗养院接到历史学院会议室，全天会议他一直坚持听会，会议结束后，还与大家一起聚餐，直到晚上八点半后才返回疗养院。会议上，朱雷老师虽未讲话，但看起来精神状态尚可。下午会议茶歇期间，刘进宝师兄提议，我们几位学生和朱雷老师及师母合影留念，不曾想到，下面这张照片成了孙继民老师、刘进宝师兄、马志立师弟和我一起与老师最后的留影。更不曾想到，这也是我们与朱老师的最后一次见面。

教师节是学生感恩老师的节日。有人写道，“今日教师节，感谢我们生命中遇到的每一位老师，带领我们不断前行，指引走向更好的未来。没有您，就没有今天的我们。谢谢您，教师节快乐！”而在朱老师离开我们后的第一个教师节，我才慢慢从一个月来的悲伤心情中走出，动笔写我与朱雷老师的相识、交往的点点滴滴。

本科阶段　初识朱师

我与朱雷老师的相识始于 1982 年。这一年高考，我自家乡大悟一中考入武汉大学历史系中国历史专业就读本科，且以第一志愿填报历史专业而被录取，在当时，经济、法律等经世之学尚未成为大热门专业。

9 月入学后，担任我们 8291 班班主任的是肖爱琼老师[①]。由于肖老师属于历史系毕业留系做辅导员工作，对历史系系史十分熟悉，班级教育的会上抑或平常，她给我们介绍最多的是时任历史系系主任的唐长孺先生、武汉大学副校长的吴于廑先生，也会提到唐、吴两先生之外的武汉大学从事中国史、世界史研究的其他老师，例如时为讲师的朱雷老师。从肖老师的介绍得知，朱老师生长在革命世家，他的父亲朱宗彬，浙江海盐人；母亲朱涵珠，四川江安县人，是辛亥革命烈士朱山的女儿。朱宗彬、朱涵珠是北平大学法学院同学，也都从事过党的地下工作。朱宗彬去世时，朱雷老师出生才 4 个月。中华人民共和国成立后，朱老师母亲朱涵珠曾任武昌区副区长。这样的成长背景，形成了朱老师正直、正派的性格特征。这可以说是我知道朱雷老师的开始。

本科学习阶段，关于朱雷老师更多的了解，则是从卢开万[②]老师口中得知的。1983 年起，卢老师担任了历史系副主任，主管本科教学工作，那时我是历史系学生会学习部长、《古今》主编，与卢老

① 肖爱琼老师后在武汉大学教务处任副处长，负责教学实验工作。据悉，武汉大学于2019年设立了“肖爱琼励志奖学金”，这是母校首次以辅导员的名字命名的奖学金。

② 卢开万教授（1936.1.25—2015.7.28），广东兴宁人，武汉大学历史学院教授。师从著名历史学家唐长孺教授，曾任历史系副主任、国家教委（教育部）考试中心高考命题历史组组长等职，发表魏晋南北朝隋唐史暨敦煌吐鲁番文书研究论文数十篇。

师的联系自然就很频繁。卢老师说，他和朱雷老师是同学、师兄弟，1955 年 9 月考入武汉大学历史系，1959 年 9 月他俩一起读唐长孺先生的研究生，1962 年研究生毕业一起留校工作。他俩是唐先生所带的第二届研究生，非常热爱和敬重唐先生，每逢唐先生外出时，不是卢老师陪同在身边，就是朱老师随侍在侧。时历史系在桂园操场边的一个名叫“工农楼”里办公，而我们的寝室在桂园 6 舍，离工农楼很近，每次到系办公室或系资料室，偶尔见到唐先生来魏晋南北朝隋唐史研究室时，唐先生身边那个虎虎有生气的人是卢开万老师，而那个谦谦君子是朱雷老师。

我们读本科的四年中，朱雷老师并未给我们授课。本科四年中，我选修的专业选修课多为中国古代史方向，仅魏晋南北朝隋唐史研究室老师所开设的课程就有：卢开万老师的“魏晋南北朝史”“隋唐史”，黄惠贤老师的“魏晋南北朝的阶级与阶级斗争”，陈国灿老师的“吐鲁番出土文书研究”。据后来了解，从 1974 年至 1986 年春，朱老师由武汉大学借调至国家文物局，作为国家文物局以唐长孺先生为组长的“吐鲁番出土文书整理组”的主要成员，同时作为唐先生的学术助手，在新疆、北京等地参加吐鲁番文书的整理和研究工作。所以，朱老师是由于全身心地投入吐鲁番文书整理而在1986年春回到武汉大学前，没有承担本科教学任务。

也就在我们本科毕业前的 1986 年 2 月，朱雷老师被破格晋升为教授，并于当年被国务院学位委员会评定为博士生导师。

珞珈读研　交往朱师

真正与朱雷老师有交往，则是开始于我的研究生阶段。

本科时期，受卢开万老师的影响，我对历史学家唐长孺先生十分崇敬，报考研究生时，毫不犹豫地报考了中国古代史的魏晋南北朝隋唐史研究方向。1986 年 9 月，研究生新生入学后，由于朱雷老师主要从事敦煌吐鲁番文书研究，而我的历史学习兴趣似乎在魏晋南北朝时段，因此，我与杨洪权、张幸平、王冰四位同学被分配给陈仲安教授和首次指导研究生的卢开万老师，作为两位老师这一届一起合带的研究生。

硕士研究生阶段，我因敬畏敦煌吐鲁番文书研究学问的艰深，连朱雷老师开设的敦煌吐鲁番文书研究的专题课都不敢选修，但与朱老师相关的两件事却不得不提。

一是受卢老师指派，1987 年一年中，我曾帮朱老师誊抄他的敦煌吐鲁番文书研究的论著文稿。当时，朱老师家住武汉大学北三区 29 栋 4 楼 7 号，印象中，可能是要等朱老师文稿写出来之故，去朱老师家誊抄的时间是不定期的。此次誊抄朱老师文稿，我深感誊抄敦煌吐鲁番文书研究类的文稿比一般稿件要难很多，可想而知，唐先生、朱老师他们对文书进行辨认、拼合、断代、定名、注释的难度更大，需要有多大的学问水平，才能堪当此任。誊抄过程中，朱老师得知我是湖北大悟人，还曾跟我谈到“四清”运动时，到过大悟县城关二郎店、河口等地，他也曾关心地问到徐海东大将故里的情况，我告诉他，我的老家正是徐海东大将故里那个村时，出生于革命世家的朱雷老师，对大悟革命老区的情感倍增，话匣子打开就不想停的感觉。这次誊抄文稿结束后，朱老师送了一本中华书局 1984 年版的唐杜佑《通典》一书给我，该书共计 1103 页，书的定价为 23.70 元。

二是朱老师是我硕士论文答辩委员会主席。1988 年的 10 月，鉴于武汉大学实施了优秀研究生可以申请提前毕业的举措，我申请提前半年毕业，卢开万老师也很支持，并很快获得研究生院的批准。当然，我心里清楚，我申请提前半年毕业结束学业，不是因为我比别人“优秀”什么，完全是因我来自农村，家境贫困，父亲肺气肿病情转重，父母希望我结束学业早点工作。因此，在卢老师的安排下，十一月份为我举行硕士论文答辩会，朱雷老师是答辩委员会主席，答辩委员会校外专家则请了省社科院李文澜研究员一人。答辩结束后，朱老师得知我将赴湖北大学工作，教导我说：你的论文题目是《东晋南朝婚姻文化研究》，属于文化史研究范围，到湖北大学工作后，应当多读读冯天瑜先生文化史研究相关著述，多向冯先生请教。

因缘际会　师门读博

岁月不居，华章日新。在 2000 年新世纪之初，高校对教师学历要求越来越高，面对我的许多同事和朋友纷纷读博的压力下，我在 2000 年 10 月前往母校朱老师家中拜访，希望报考朱老师博士，但朱老师对我说，武汉大学每年每位博导只有一个公费读博指标，2001 年他的名下已有自己的应届硕士生魏斌师弟要报考他的博士，他建议我报考牟发松老师的博士。我听从了朱老师的建议，报考牟发松教授的博士，于 2001 年 9 月回到三至九世纪研究所攻读博士，次年 12 月由于牟发松教授调往华东师范大学历史系工作，牟老师遂将我转到朱老师门下。

读博期间，听过朱老师给我们开设并主讲的两门学位课，分别是“中国古代史的基本文献与研究动态”和“敦煌吐鲁番文书研究专题”。朱老师具有历史学、文献学、古文书学等方面的深厚功力，尤其对魏晋南北朝隋唐时期的典章公文制度有着纯熟的素养。在研究方法上，善于从具体问题入手，微中见大，旁征博引，融会贯通，透过具体的史料，考察社会结构、典章制度的演变，形成了自己独特的史学研究风格。听朱老师讲课，同读他的论文一样，需要细细地品，才能听出门道，品出味道。

我的博士论文选题确定为“六朝巫术若干问题研究”，也是朱老师精心指导的结果。关于我的博士论文选题，我曾向三至九世纪研究所博士生导师指导小组的老师们提出过三个选题意向，分别是“魏晋南朝士风研究”“六朝荆州地域社会研究”“六朝巫术与社会研究”。最终选定为对“六朝巫术”问题进行研究，朱老师还觉得巫术涉及的问题多，要求我的题目作一下限定，仅是“六朝巫术若干问题研究”。在2007年武汉出版社出版的《六朝巫术与社会研究》一书的《后记》中，我这样写道：

> 因我的硕士论文作的是《东晋南朝婚姻文化研究》，到湖北大学工作后，一直学习和研究古代礼仪文化，1999年以一本小书对此做了阶段性总结。也就在此一阶段，发现礼仪与巫术的纠缠关系，巫术对研究礼仪、方术的起源很有用。围绕此题的读书与思考，产生了两篇论文，这便是《中国古代的催生药俗》（《史学月刊》，1999年第4期）和《中国古代催生巫术的历史考察》（《江汉论坛》，1999年第9期）。在确定博士论文选题时，被否定了两个选题后，当我向导师和指导小组的老师们提出想对“六朝巫术”这一问题进行研究时，竟获得老师们的一致同意。虽然一篇博士论文是在攻读博士期间的心血结晶，但导师和指导小组老师们的“一致同意”，或许是觉得我对巫术问题早有关注，已有“前期成果”吧。

我的博士论文答辩安排在2005年11月26日上午进行，答辩委员会主席是华中师范大学历史文化学院熊铁基教授，答辩委员会成员有：卢开万教授、李文澜研究员、杨果教授、何德章教授。为什么我对答辩的日子记忆犹新？是因为这天江西九江发生了地震，武汉有震感，由于我们举行答辩的会议室在逸夫人文楼负一层的历史学院会议室，对上午九江发生了地震竟然浑然不知。

博士论文答辩结束后，但作为导师的朱老师对学生的谆谆教诲与严格要求仍然在继续。朱老师要求我不能马上出版博士学位论文著作，放两年听听意见，再修改提升后正式出版。正是遵照朱老师“放两年”的要求，我的博士论文著作于2007年10月才得以出版。《六朝巫术与社会研究》出版之前，我请朱老师作序，他坚持不为学生作序，我

吴成国博士答辩后合影

前排右起：朱师、熊铁基、卢开万、李文澜

后排右起：杨果、吴成国、何德章

才请卢开万老师作序，卢老师在《序言》中写道：

按常理，成国本书的序言应由他的博士指导老师、我的师兄朱雷教授来作，才是圆满的事情。但朱雷教授却认为，老师为学生的书写序，在外人看来不免有回护之嫌，坚持这序言不能由他来写。

哲人已逝　师恩长存

朱老师的学问和学术精神，学界前贤已有公允评价。早在20世纪80年代中期，曾有学者言及唐门弟子对唐先生治学的承传问题，称唐先生治学所主要涉及的魏晋南北朝、隋唐史和敦煌吐鲁番文书三大领域中，“继承魏晋南北朝的是高敏，继承唐史的是张泽咸，继承敦煌吐鲁番文书的是朱雷”。王素先生在《敦煌吐鲁番文书论丛》的书评中有言：“朱教授的很多论文，尽管经过了十多年甚至二十多年，学术价值还是难以超越……学界师友常言：唐长孺先生门下，论文风格与唐先生最为接近者，莫过于朱雷教授。读罢本书，深信此言非虚。”唐刚卯老师也说：“我父亲对朱老师一直是很欣赏的，他也是承续了我父亲的学风，这从他的论文中可以看出。”这些已成为学界同仁之共识。

作为朱老师的学生，师兄刘进宝教授和程存洁研究馆员相继发表的文章，对朱老师的学问和学术精神的评价，亦令我十分服膺。见于刘进宝《朱雷先生的学术与人生》（《中国社会科学报》2016年7月12日）和《正直的先生走了，精湛的学问长存——怀念我的老师朱雷》（《光明日报》2021年8月23日）、程存洁《朱雷先生的学术精神》（本书编委会主编：《敦煌吐鲁番文书与中古史研究——朱雷先生八秩荣诞祝寿集》，上海古籍出版社 2016 年版）和《老师的学问，一辈子学不完——怀念朱雷老师》（《中国文物报》2021 年 8 月 27 日）等文。

这里，以我自己成长路上的两个例子，谈谈我个人对朱老师学问与学术精神的认识。

受陕西省佛教协会邀请，我参加了 2009 年 10 月“首届长安佛教国际学术研讨会”。为了参加这次首届长安佛教国际学术研讨会，需要参会者提交一篇论文，我提交会议的论文是《释道安与长安》。该文主要是学习朱老师的《东晋十六国时期姑臧、长安、襄阳的“互市”》（载中国唐史学会、湖北省社会科学院历史研究所编：《古代长江中游的经济开发》，武汉出版社 1988 年版）、《释道安与襄阳》（载谷川道雄主编：《地域社会在六朝政治文化上所起的作用》，日本玄文社 1989 年版）、《释道安南投襄阳疑年考》（载武汉大学历史系魏晋南北朝隋唐史研究室编：《魏晋南北朝隋唐史资料——唐长孺教授八十大寿纪念专辑》第 11 期，武汉大学出版社 1991 年版）等文的结果。所以，我在该文开头第二段写了如下一段话：

业师朱雷教授在《释道安与襄阳》一文中，把释道安一生的宗教活动分为三个时期：“一是自他出家，到前燕南侵，投奔襄阳。这时期主要活动在河北、河南地区；二是自至襄阳，到苻坚南侵，身入长安。这时期活动于襄阳，旁及江陵、南郡；三是自入关中，到前秦建元二十一年，终于该处。在此三个时期中，就居住安定、经历时日，以及传授徒众、沟通南北佛典流播、注释经籍、编纂目录诸方面而言，皆以在襄阳时期为最。”承先生余绪，作《释道安与长安》，就释道安与长安的关系略作探讨，以就教于方家。

十分有意思的是，在此次研讨会上，我碰见了两名师兄，即刘进宝教授和石云涛教授。我们三师兄弟的论文均收入在《首届长安佛教国际学术研讨会论文集》第二卷《长安佛教的历史演进与传播》中（增勤主编，陕西师范大学出版总社有限公司 2010 年版）。

2018 年 11 月，作为首席专家，我顺利获得了教育部哲学社会科学研究重大课题攻关项目《海内外江汉关档案资料搜集整理与研究》（立项号：18JZD026）的立项资助，课题经费为 80 万元。我是中国古代史的一名研究者，忝列教职的高校又是地方院校的湖北大学，何以要去申报并承担此类重大课题攻关项目？申报之初，我很自然地想到唐长孺先生、朱雷老师他们为整理与研究敦煌吐鲁番文书默默奉献 13 年嘉惠学林的往事。所以，我首先是将此项课题作为一项档案史料的开发利用基础性工作来看待，是服务后来研究者的工作；其次，我早在 2008 年就成立了湖北大学荆楚文化研究中心，想组织力量通过申报重大课题，将江汉关纳入湖北地方历史文化研究，以引起学界特别是湖北学术界加强对江汉关的研究。2018 年初，在学校和湖北省档案馆的支持下，我填报的《海内外江汉关档案资料搜集整理与研究》入选了教育部哲学社会科学研究重大课题攻关项目的征集选题；6 月，组织科研团队，做好课题论证，完成投标评审书；11 月，课题顺利获得立项资助。2019 年的教师节那天，当我前往武汉大学朱老师家中看望朱老师并向他汇报此项重大课题攻关项目的进展情况后，朱老师以颤抖的手写下一句话送给我：不为积习所蔽，不为时尚所惑。朱老师这句寄语既是对我做好教育部哲学社会科学重大课题攻关项目

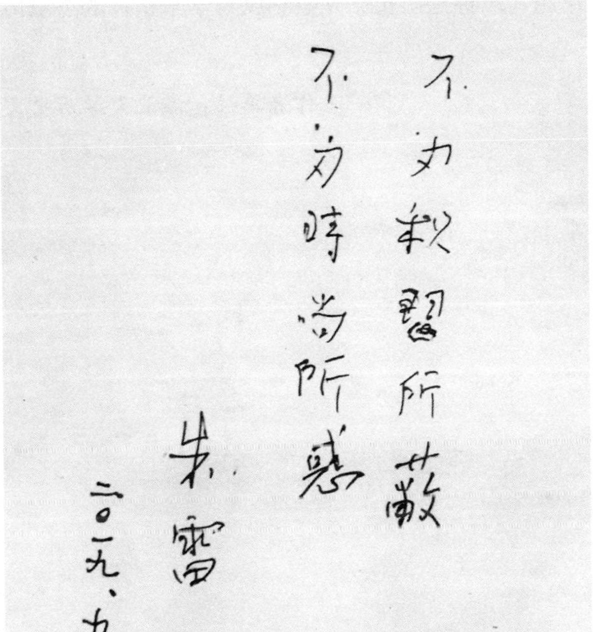

朱老师给我的寄语

的殷切期望，也是我今后全部科学研究不懈追求的目标。

如今，朱老师的话语言犹在耳，朱老师的教诲永记心田，可老师却永远地离开了我们。在我眼里，毕生致力于魏晋南北朝隋唐史、敦煌吐鲁番文书整理与研究的朱雷老师，正直谦和，关爱学生，学识渊博，成就卓越，堪称是唐长孺先生学风与学术精神的杰出传承者。

（作者单位：湖北大学历史文化学院）

从读书笔记谈朱雷老师的科学精神

程存洁

朱雷老师的治学，出奇的严谨。这是学界公认的事情。他博览群书，记忆力超强，善于从常见史料中发现问题、解决问题，可又不轻易地公开发表论著。他的许多真知灼见，常见于读书笔记和书本的批注校注中，并置于案头，反复打磨。笔者在阅读朱老师的部分读书笔记和书本批注批语时，对上述看法有更深刻的体会和认识。现仅从朱老师的读书笔记，选取三个例子，整理内容如下，既是为缅怀尊敬的老师，更是想让老师的真知灼见早日面世，供学界使用。

一

朱老师从 1974 年起，到 1986 年，在唐长孺先生的带领下，在新疆、北京和上海等地整理吐鲁番出土文书。因此，敦煌吐鲁番学一直是朱老师的治学重点。笔者在朱老师的读书笔记里读到朱老师的一条读书心得：

> P3：行 27：西北又分一渠北名都乡渠又从马圈口分
>
> 图版亦作“北”。1. 疑为“此”；2. 疑“北”下有脱字，当作“北流”，参见 25 行“东流者名东流河”。
>
> 又 P7：行 115、116、123 内有括号注。

按，“西北又分一渠北名都乡渠又从马圈口分”出自敦煌文献P.2005《沙州都督府图经》卷第三“甘泉水”条。《沙州都督府图经》是学术界非常熟悉的一件敦煌文书,学术界有许多学者对此作过研究。朱老师认为这段话疑有脱字，可修订为：“西北又分一渠，北流者名都乡渠。又从马圈口分”。这样一改，句子不仅通顺，而且与上下文在结构上还相吻合。

二

2018年，笔者在编辑《广州文博（拾贰）》时，曾向朱老师求稿。朱老师为支持地方文博事业，提供了《五代后周〈刘光赞墓志铭〉所见之“涡口都商税使”考》《张雄妻麴氏墓志铭跋》两篇文稿。后来在修改整理过程中，朱老师觉得《张雄妻麴氏墓志铭跋》一文仍需修改，提出暂不宜公开发表。

其实，朱老师的这篇文稿不仅有发前人未发之覆，对史实作了深入辨析，而且将张雄妻麴氏墓志铭中隐晦的历史秘密予以揭开，其学术价值甚高。

张雄妻麴氏墓志铭是指1973年吐鲁番阿斯塔那第206号墓中出土《唐故伪高昌左卫大将军张君夫人永安太郡君麴氏墓志铭并序》，早为学界熟知。笔者在阅读朱老师的读书笔记时，读到他早年关于该墓志的一些独到见解，从中亦可了解朱老师的治学路径。

笔记显示，朱老师曾想以《高昌砖志弁伪（一）——张雄妻麴氏墓志中所见雄苦谏事》为题，从四个方面展开讨论。笔记记录如下：

1. 张雄妻麴氏墓志中有关张雄苦谏文泰顺唐事件真伪弁

A. 年代。事志，死后七年才有平高昌之举。

B. 唐平高昌后，对张氏态度。同样迁徙。

C. 入唐后墓志之变化。由简入繁，仅书姓氏、籍贯、官职，到通求先人家世。

2. 墓志中所见张氏源出

麹氏高昌时，皆云敦煌张，入唐则为“南阳白水”，应是入唐后深受唐风感染、虚夸之风气。参见《元白诗笺证稿》所云芒洛墓冢文。从洛阳石刻题记，尤能见高昌张。故云郡望则可，但云必源出，则不行。如同归义军时代，则更不可，初但云沙州龙台张，已是后话。又见《前汉刘家太子变》中所云，如“南阳白水张氏，见王不下床”。

3. 唐西州都督府之设置

旧书、新书所载，旧书、会要、册府有全文，而新书所载似通，但“岁置都督府”之“设置”应即再次所置。从墓志看，至迟永徽初，三年前已置。

《册府元龟》卷970《外臣部·朝贡三》：

贞观元年闰三月，高昌来朝贡。三年二月高昌来朝贡，十一月高昌朝贡。四年龟兹王苏伐叠遣使献马，自此朝贡不绝。六年七月焉耆朝贡。是年于阗国王尉迟屋密遣使献玉带。七年七月高昌遣使朝贡。八年十二月石国高昌并遣使朝贡。

4. 伊吾内属；焉耆王上诉，李道裕往问状。

《旧书·高祖记》：武德二年（619）七月高昌贡使，三年（620）三月癸酉，麹伯雅遣使贡。《旧书·太宗记》：贞观三年（629）十一月丙午高昌使贡；四年（630）十二月麹文泰来朝；八年（634）高昌遣使朝贡；十三年（637）十二月丁丑伐高昌……是岁……高昌……相次遣使朝贡。

伊吾内属，文泰又与叶护连结，将击伊吾。焉耆王上诉，太宗遣李道裕往问其状。

（麴）智麟德中（664—665）为左骁卫大将军西州刺史。

贞观六年高昌大怒，遣兵袭焉耆，大掠而去。十二年（638）高昌攻陷焉耆五城。

《元龟》卷八四《帝王部·赦宥三》：九月癸卯以交河道行军总管伊吾军击高昌麴文泰，破之，曲赦其部内大辟罪已下，其佞邪之徒劝文泰为恶并凶逆不变抗拒官军者不在赦例。

上述记录，虽未整理成篇，但朱老师思考问题的思路是清晰的，他认为“张雄苦谏麴文泰顺唐”一事纯属子虚乌有，“麴氏高昌时，皆云敦煌张氏，入唐则为南阳白水，应是入唐后深受唐风感染、虚夸之风气”的影响。

这份记录出自朱老师的《勉思录一》。这册笔记本虽未写明具体的写作时间，但在倒数第2页却记录了几份杂志：《西南师院学报》1981年第2期，《史学月刊》1981年第2期，《历史学》1979年第3期，可推知该册笔记大体写于20世纪70年代末至80年代初。这就说明朱老师早在20世纪70年代末至80年代初对张雄妻麴氏墓志铭进行了思考和研究，学术观点已基本形成。

此后，在1988年中国敦煌吐鲁番学会第三次年会论文及1988年《魏晋南北朝隋唐史资料》第9、10辑合刊上刊登的《敦煌藏经洞所出两种麴氏高昌人写经题记跋》中，我们读到朱老师写下的一段记录：“这一时期，麴文泰在西突厥支持下，将东击伊吾，又西伐焉耆，不断发动战争（有关此时期麴文泰与西突厥、唐王朝之关系，以及对外战争，笔者另有《读唐故伪高昌左卫大将军张君夫人永安太郡君麴氏墓志铭并序质疑》一文已作详考）。”可见，朱老师对张雄妻麹氏墓志铭中涉及的一些历史问题，至迟到20世纪80年代末已整理成学术论文，但该文依然未见公开发表。其相关学术观点散见于朱老师发表的其他论文中，如发表在1993年香港大学亚洲研究中心黄约瑟、刘健明合编《隋唐史论集》中的《龙门石窟高昌张安题记与唐太宗对麹朝大族之政策》一文写道：

> 吐鲁番阿斯塔那206号墓出土《唐垂拱四年（688）故伪高昌左卫大将军张君夫人永安郡君麹氏墓志铭》一方，名为麹氏墓志，实则相当篇幅用以追述其卒于贞观七年（633）之亡夫张雄家世及在麹朝的显赫地位。其间云及贞观初年，麹文泰有“偷安之望”，妄图“阻漠凭沙”，与唐抗衡。张雄因“规谏莫用”，遂以“殷忧其疾”，卒于麹文泰延寿七年（时唐贞观七年，公元633年）。故有人因此而认为张雄反对分裂，主张统一。其实墓志之文多为谀词，何况此墓志系其妻卒于唐世所作。而高宗永徽之初，为对付西突厥，曾起用内徙之麹氏及麹朝旧时大臣之后，张雄之子张怀寂亦被任用。张氏一族亦因此而得返回旧地，从而在麹氏墓志中追述张雄生前即力主归朝，取消割据，实是夸耀张氏一族对唐王朝的忠心。若从墓志所记，张雄卒于贞观七年。而史称麹文泰在贞观四年（630）冬入朝唐廷，估计次年春始能返高昌。又据唐太宗《伐高昌诏》中所言麹文泰诸种罪状，可考者皆在贞观十年后。至于朝贡一事，据两《唐书》及《册府元龟》《通典》等所记，直至贞观九年，麹文泰贡使基本一年一次。由是推知，张雄卒前，麹文泰与唐的关系应属正常。故志所记张雄拥护统一，反对分裂之事，未足为信。

朱老师对此问题的思考，前后长达40余年的时间。

三

朱老师未刊文稿里，还有许多闪光的学术成就。如，朱老师以《今本唐诗所收李白〈黄鹤楼送孟浩然之广陵〉献疑》为题，结合敦煌藏经洞发现唐写本，考订今本唐诗所收李白《黄鹤楼送孟浩然之广陵》有误字，即是一例。该文内容如下：

世人罕有不知黄鹤楼者，亦罕有不知李白这首脍炙人口的七绝。诗云：

故人西辞黄鹤楼，烟花三月下扬州。

孤帆远影碧空尽，惟见长江天际流。

这首文情并茂，华实相扶的七绝之于黄鹤楼，犹如范仲淹《岳阳楼记》之于岳阳楼，文、楼互映而互得彰显于世，流传千古。

今之所据皆云本于清钦定《全唐诗》，但就诗中所见，作于春三月的诗，却用了秋景的典故。以诗仙李白写送友人的作品中，于遣词造句必工于心计，何得犯如此低级错误？

台湾成功大学黄永武教授在他的《敦煌的唐诗》一书中首次引用了法国伯希和于敦煌千佛洞所获李白《黄鹤楼送孟浩然下惟扬》，方知唐写本作：

故人西辞黄鹤楼，烟花三月下扬州。

孤帆远暎绿山尽，唯见长江天际流。

此应是唐人所咏颂的写本，封在藏经洞中千百年，直到上世纪初王道士发现藏经洞后，始见天日。而世间流传的李白诗文，历经宋元明清，或有改动。今见至迟明嘉靖本已改作“孤帆远影碧空尽”。

黄教授又引南宋陆游《入蜀记》卷五，记文“放翁时年所见李太白登黄鹤楼送孟浩然诗云：‘征帆远映碧山尽，惟见长江天际流。’盖帆樯映远山尤可观，非江行远，不能知也”。可知南宋时已作“征帆远映碧山尽”，至明嘉靖本始改作“孤帆远影碧空尽”。

而李白之绝句寻根溯源，即应本于敦煌写本，尤其以三月江景用“孤帆远映绿山尽”更为贴近当时的江景和李白的心情，特别是唐宋文人在写春景和秋景时，都是用“绿”和“碧”，自有区别。

由上可见，宋明时传袭的印本已作改动。但今所见敦煌藏经洞所藏为伯希和所持走的唐或五代写本，更为接近李白之原著。

1995年，朱雷老师、程存洁（右）、石云涛（左）合影

因此，在今天若要尊重李白这位大诗人，尊重当时的江景和季节，还是依照敦煌藏经洞所发现的写本。

至此，传诵千年的名诗误字得以纠正。

通过阅读朱老师的读书笔记，结合朱老师的学术论著，我们可初步了解朱老师的治学路径和追求真理、严谨治学的求实精神，他淡泊名利、心无旁骛、潜心研究，在科研中下“真”功夫、“细”功夫，做到精益求精；他能从常见史料中发现问题、解决问题；他惜字如金、力求完美，不轻易发表论文；他甘为人梯、奖掖后学。这些都是朱老师留给我们的宝贵精神财富。

（作者单位：孙中山大元帅府纪念馆）

不尽的思念

——追忆恩师朱雷先生

谷更有

不觉间朱雷先生离开我们已经快一个月了。8月10日早上接到师弟权家玉的电话，告知先生于当日夜里一点多因病不治，突然地离世了。记得当时我正在卫生间刷牙，接完电话后，好长时间牙刷还含在嘴里，一下子僵住了。站在水盆前，任由水龙头的水哗哗地流着，先生的音容笑貌一下子映入眼帘，与先生交往20多年的经历一股脑儿地涌上心头。

初次听到先生的名字是在1999年。那时我正在河北师范大学历史系读研究生，这年面临毕业。毕业的学期伊始，就听系里领导说，让我们好好准备学位论文，论文答辩会非常严格。当时以为这也就是领导的常规告诫吧，并未为此特别着意。转眼到了五月份，系里通知导师邢铁老师，前来主持唐宋经济史专业答辩的老师是武汉大学的朱雷教授。说实话，邢老师当时也有些紧张，一是朱先生名气在那儿，其对学问之严格为学界所共知；二是担心我们这些学生，不仅史学功底差，而且对科研基本也还属一知半解的阶段。朱先生如果是按其习惯地对重点高校研究生的要求的话，我们是否过关尚未可知。

记得是6月初，答辩前一天的下午，朱先生来到石家庄。当时河北师大西校区周边还十分荒凉，并没有像样的宾馆。学院安排先生下榻的宾馆十分寒酸，但朱先生却毫不在意。当天晚上邢老师在孙继民老师的陪同下，带我们参加答辩的 5 个同学去宾馆拜会了朱先生。先生话不多，只是谦虚地说因为对宋史了解不多，对 3 篇研究宋史的论文没有详细评阅，重点评阅的是 2 篇写唐史的论文。我一下子就紧张起来,因为我写的论文就是关于唐代的。那天晚上真是一个煎熬的长夜！

毫无意外，答辩会的气氛很是紧张，两篇唐史的论文，我的勉强过关，另一篇被迫延期。这场答辩会对我们历史系的研究生来讲绝对是一次震撼，也是一次洗礼，终于知道对学术的敬畏了。答辩结束后，孙继民老师跟我说，晚上想领我再去拜会一下朱先生。去宾馆的路上，我还是很忐忑，心里紧张得很。孙老师安慰我说：朱先生对你印象很深，觉得你的论文还是不错的。我至今还记得先生对我的论文鉴定结论为“基本达到硕士学位论文水平”。在宾馆里，先生见了我，虽不像答辩时那样严肃了，但我还是有些拘束。先生安慰了我几句，问了我一下将来的打算，并把其评阅的论文给了我。回到宿舍，拿出先生的评阅论文，看到那密密麻麻的，逐字逐句地修改、批注的红色、黑色的圆珠笔、钢笔字体，我又一次震惊了，这哪只是评阅，简直就是修改了！这本评阅论文我一直保存着，不只是为了激励，还有感恩和永远的纪念！

研究生毕业后，我到了云南大学跟林文勋老师读博士。没想到，在昆明又一次见到了朱先生。2001 年，先生在昆明开会，主办方为云南大学。忘了在哪儿听到的说朱先生在云大开会，下榻在翠湖宾馆。在一个晚上，就拉上健谈的肖建乐师弟壮胆，敲开了朱先生所住的房间门。先生热情地接待了我们的来访。当我还以为他早已不认得我，还试图做自我介绍时，他说我记得你，你就是胡先生所工作学校的那位研究生。他所说的胡先生就是著名历史学家胡如雷先生。在史学界胡先生名气远远高于他所工作单位的名气。因此，在外边求学，或向他人介绍时，说河北师院或后来合并成新的河北师大时，大家或一头雾水，或故作客气地装作熟悉时，但一提到胡如雷，大家真的会肃然起敬，真心地跟你握手。胡先生和朱先生是先后的唐史学会会长，朱先生对胡先生很尊敬，当时来给我们主持答辩时，就说，想来胡先生工作的地方看看。因此，朱先生对在胡先生工作地方的老师和学生是高看一眼的，后来的事实更证明了这一点。在昆明，我陪朱先生看望了李埏先生和云南师大的潘镛先生。没想到跟朱先生的缘分就这样续上了，最后竟成了先生的学生，真是三生有幸！

2002 年是我读博士的最后一年，元旦过后，我心焦的不仅是学位论文，还有下一步的安排。毕业后我是立即工作，还是去做博士后研究？二者矛盾在我头脑中只闪过一次，就把决心下在读博士后上了。现在我已知道博士后是一种研究经历，但那时我是把它当作学历和学位考虑的。我把目标放在了朱雷先生身上，想到武汉大学跟他读博士后。当时申请时也没跟先生打招呼，就填了各种表，向武汉大学人事处报了名。那年春节刚过，要返回云南大学，就想顺便去拜望一下朱先生。现在回想起那时的场景，真是呆得出奇。当时石家庄的三鹿牛奶正火（那时的名气跟质量相符，还是真不错的），把广告做得风生水起，全国知名。我当时扛着一箱三鹿牛奶和一袋小米，上了赴武汉的火车。初次到武汉大学，真是有点儿刘姥姥进大观园的感觉，惊奇、陌生得很。兜兜转转，临近中午，才找到了武汉大学历史系，在三至九世纪研究所一位儒雅老师（后来才知道这位老师的名字叫石墨林）的带领下去了朱先生家里。现在已忘记朱先生和我交谈的话了，只记得先生很是热情，特别喜欢我带的小米，再有印象就是充满各种书籍的客厅兼书房。

四月份接到武汉大学人事处让我参加博士后面试的通知。到武大后，面试进行得很顺利，我当时很有信心。当时和我一起竞争先生博士后的是一位洛阳某高校的副校级领导，面试完后，他一直在纠缠着朱先生。据当时参加面试的其他专业的人士讲，此人神通广大，我是否能被录取，实未可知。也没有跟朱先生打招呼，面试完当天我就踏上了回昆明的火车，30 多个小时的硬座车，我迷茫了一路。

临近论文答辩前半个月，我收到了武汉大学博士后的录取通知书，同意我自 2002 年 9 月 1 日起到武汉大学历史系做博士后研究。进站后，才听其他老师讲，朱先生面试完就力主录取我，对洛阳那位校级副职领导的行为非常反感，但对他的评价却非常客观而平和：这人不是来做学问的。更令我感动的是，朱先生不仅同意录取了我，还嘱咐学校要将我录成有科研经费支持的。正因为这 3 万元的经费支持，我在武汉不仅能购置大量所需的书籍，还破天荒地买了人生中的第一台笔记本电脑。

我的博士后出站报告的题目为《唐代乡村控制若干问题研究》。当时在和朱先生商量选题时，先生建议可以在博士学位论文（我的博士论文题目为《宋代乡村户若干问题研究》）的基础上向前推进一下，他还说敦煌吐鲁番文书中有不少与此相关的材料。我反复思考朱先生的建议，由于愚钝，当时并未完全理解先生的意思，直到近几年在做唐宋时期的村民研究时才又顿悟出先生话中的含义，写出论文《唐代村民经济身份的变迁——以敦煌吐鲁番出土文献为中心》发表在《中国经济史研究》上，得到学界的肯定。当时听先生的话，只是把研究从宋代转到唐代，但没有继续关注农民，而是将切入点着重放在了国家对乡村的控制上。我在翻看已有成果时发现，与此有关的乡里制度的研究成果，无论在国内还是国外，早已是汗牛充栋，如果还从制度史的层面着手，已无任何创新而言。当时将此情况向先生汇报时，先生并无多言，只是说一定要做出像样的研究成果，在什么时候都可以拿得出手。最后，经过反复揣摩，不断研读国内外各类名家成果，从中找出灵感，最终完成出站报告，经过严格的论文答辩，鉴定等级为良好。尽管没有拿到优等，有些遗憾，但由此更加领略了武大史学的严谨和严格的学术风气。这份出站报告经过进一步修改，和我修改后的博士学位论文合在一起，于 2006 年出版为专著《唐宋国家与乡村社会》。

2004 年 9 月，我从武大博士后出站后，回到了我最初读书的河北师大工作，当时的历史系已改名为历史文化学院。从 1994 年大学毕业到2004年博士后出站，我从一名学生转换为一名教师。初为人师，既觉得新鲜，又感到陌生。河北师大历史学院强调科研立院，以科研促教学。加入到这样一个有着浓厚科研氛围的科研团队，如果宣称我只会教学，不会科研，既是难以立足的，也是难以想象的。2006年10月，在华中师大承办的第四届全国青年史学工作者会议上再次见到了朱先生。朱先生对我那段时间在科研上取得的成绩，给予了肯定，但反复告诫我：做学问一定要踏实，有耐心，数量上不必贪多，写出的每篇文章要经得起时间的检验。如今十几年过去了，每每想起先生的教诲，在脑海里总能浮现出先生那坚毅的眼神和充满关爱的表情。

对朱先生的恩德，我始终铭记在心。但在行动上，我去看望朱先生的次数并不多。2009 年 12 月，在孙继民老师的邀请下，朱先生和师母在石家庄住了几天。那些天除了在河北师大讲学外，我陪着先生和师母去参观了革命圣地西柏坡。一如既往，先生对食宿条件要求不高，更喜欢吃当地的农家饭，尤喜此地的小米菜粥。记得先生谈起革命掌故来，真是如数家珍，被请来给先生当解说的讲解员也只有当听众的份了。此时的先生很健谈，很高兴，看得出内心是很轻松的。今天翻出那时的照片来，看到先生那慈祥的笑容，感触良多。

2018 年 5 月，趁到华中师大参会的机会，抽空去拜会了朱先生。和往常一样的是先生打开门迎我进来，但这次不一样的是，往日装满客厅的书籍不见了，两壁的书架空空如也。说实话我是有些震惊，但也不便多问。那时的先生身体很好，依然很健谈，只是略有吐字不清的情况，我知道这是前段时间轻微中风落下的一点儿后遗症。寒暄过后，先生主动给我讲了捐书的缘由与经过。先生把一生珍爱的书籍当作了姑娘，想给她找个好婆家。先生讲得虽然平静，但却令人动情。我抓住这个难得的机会，和先生照了合影。本意是弥补以往没有与先生合照的遗憾，不意竟成为永远的遗照！

2019 年底，武汉突发疫情。2020 年春节，给先生打电话，尽管武汉此时困难重重，但听先生话语中，仍然保持着乐观的心态。2021 年初，石家庄所属区县也暴发了疫情，由此打乱了几次赴武汉去看望先生的行程。其间，曾向魏斌师弟了解先生的病情，也和刘进宝老师商量一同去看望先生的计划。当 7 月 18 日，看到先生出席纪念唐长孺先生诞辰 110 周年座谈会的照片时，还觉得先生身体尚好，心中感到安慰时，不料，竟在 20 多天后，传来先生离世的噩耗，心中的震惊与悲恸之情，无以言表！由于各种原因看望先生的计划一直未成行的自责，和由于疫情不能亲赴武汉送先生最后一程的遗憾，将成为我一生永远的痛！

“含言言哽咽，挥涕涕流离”，悲不能禁，就此止笔，朱雷先生永远活在我们心中！

写于 9 月 10 日教师节前夕

（作者单位：河北师范大学历史文化学院）

绛帐秋浓人已远

——回忆从学朱雷先生的经历

魏　斌

不知不觉间，朱雷先生已经去世快三个多月了。由于先生走的过于突然，完全没有心理准备，我总觉得他并没有离开我们，也许只是像近些年所习惯的那样，每年都会去新疆住一段时间整理文书，过阵子就会回来。正因为如此，先生去世后好几家报刊约写回忆性的文章，我都婉言推辞了。在预想中，写这样的回忆性文字，起码应该是十年以后的事吧。之后答应了刘进宝老师的组稿，也一直在逃避，迟迟没有动笔。

直到最近有一天在梦中见到了先生。他坐在沙发上，跟我谈着什么事情，不知怎的我突然蹲在沙发边大哭起来。醒来恍惚好久，与先生相处的点滴过往，一下子涌上心头。

第一次见到先生，是在 1997 年春夏间。当时我是武大图书馆学系大二的学生，经过一两年的彷徨选择后，决定跨专业报考本校历史系魏晋南北朝隋唐史方向的研究生。由于从未在历史系旁听过课，也不认识历史系的老师，不太清楚该如何准备专业课入学考试，想来想去，有一天就冒冒失失地跑去了位于人文馆的历史系系办，想找人请教一下考研需要的参考书。结果很巧，见到了时任历史系党总支书记的王秀华老师。她之前曾在图书情报学院工作，听说我是图书馆学系的学生，很热情，说朱雷先生正好在系里，就带我去见他。先生很有耐心地给我开了一个参考书单，记得除了唐长孺先生的书和王仲荦、韩国磐等先生的断代史著作外，还特别提到了陈高华、陈智超先生的《中国古代史史料学》和胡如雷先生的《中国封建社会形态研究》。这些书有的我此前看过，两位陈先生和胡先生的书则是第一次听说，后来在学校附近的旧书店买到，很认真地研读了。

这次见面完全是意外。先生当时刚好六十岁，我猜想像他这样资历和地位的教授，可能已经不会再招收硕士研究生，因此虽然很意外地得到了他的指导，却并未想过要跟他读研究生。年底正式报名之前，大概是 11 月下旬，一位辗转认识的历史系研究生，建议我报考牟发松老师或冻国栋老师，还进一步建议说，冻老师似乎比较忙，牟发松老师可能更合适一些。我按照这个建议，就很冒昧地给牟老师打电话，他很客气地说当年不招生，并提到朱雷先生当年招生，建议我联系咨询。这个信息超出我原来的预想。我就再打电话给先生，结果他很爽快地约我去家里见一次面。

当时先生家刚刚搬进北三区五栋的新居不久，将面积最大的客厅用作书房，北面的窗户对着珞珈山，林木葱茏，窗下是一张有些年岁的杂乱书桌，两壁都是很高的书柜。我去的时候，看到地上还堆着不少捆扎起来的书，应该是搬家之后还没有来得及全部上架。我是第一次见到这么多的学者个人藏书，很震撼，也由此对书斋中的学术生活有了直观印象，心生向往之情。至于谈了什么，反而已经记不清楚了。

可能跟先生的指导有关，第二年春天考研成绩公布之后，顺利过线。特别是先生出题的历史文献学一门，考了 96 分，完全超出我自己的预计。后来想，可能是先生觉得我作为图书馆学系的本科生，理应受过比较好的文献学教育，在这样先入为主的印象之下给了高分。

但实际上我只是把他推荐的《中国古代史史料学》背得比较熟而已，有些投机取巧。

面试录取之后，六月份左右我又去先生家里拜访过一次。当时刚刚答辩完本科论文，就带着去了，但他翻了一下就放在一旁，没有再理会。这个场景在之后读研究生的几年里也反复出现过。后来我慢慢体会到，哪怕学生论文写的再不好，他也一般不会当面直接批评，采取的就是这种不理会的态度，以免学生难堪。如果隔一段时间他还会主动提起某篇论文，就说明尚有可取之处。这么多年，印象中他只批评过我两次。一次是考博成绩不太好，他觉得原因是我自以为是，备考态度不认真。一次是留校工作之后到外地参加学术会议，他认为我开会态度不认真，还有就是会场发言气势太盛，回来后很严厉地批评了我。至于当面的表扬，二十多年间则仅仅只有一次。大概是刚上研三的时候，一次单独去家里，先生说最近的几篇札记写的还不错，让我要有继续做学术的信心。读博和工作以后，哪怕是我呈上自己感觉有些“得意”的“代表性论文”，他也从未再当面说过表扬的话。

1998 年秋季入学的硕士生，先生招收了两人，除了我之外，还有本校人文班保送的钟鸣兄。博士生也有两人，刘进宝老师和张宇师姐，都是在职的。四个人有时会一起见面，但大部分时候是我和钟鸣兄两个人去先生家。先生给我们俩开魏晋南北朝史籍介绍课，还有每周的读书答疑，都是在家中。上课时介绍到某一本书，就直接从书架上取出，观摩翻看，非常直观。天气慢慢冷了之后，有段时间还干脆搬几个小板凳和一摞书到阳台上，一边晒太阳，一边讲课或答疑，一边翻书。像《隶释》《金石萃编》《八琼室金石补正》等金石书，记得就是在冬日午后温暖的阳光里和昏昏欲睡中接触到的。先生很喜欢聊天，每次讲一阵子课之后中间休息，经常谈到专业以外的内容，而且一旦开始就很难再收回来，因此每次上课的下半场，往往成为海阔天空的闲谈时间。

先生喜欢抽烟。有一次上课的时候，他本来坐在书桌前侃侃而谈，突然毫无征兆地站起来冲向书架，手伸进去急切地上下翻找。正当我们一头雾水的时候，却见他终于从一排书的后面翻出了一盒香烟，抽出一支悠然地吸了起来。原来是师母担心抽烟太多影响健康，对他颇加限制，他只好将香烟藏在书的后面，但左藏一点右藏一点，时间长了其实自己也不太清楚具体位置在哪儿，只好每次都要急切地翻找一阵子。

研究生期间，平常的学习就是自己读书，具体来说就是每天课读正史和相关史籍。先生让我和钟鸣兄从《晋书》开始往下读，读的过程中觉得有价值的史料，就摘抄做卡片。我们通过各种途径弄了很多卡片屯着用，日积月累，摘抄的史料居然也颇为可观。可惜随着电脑检索的普及，后来基本上没用过。先生还借给我们一套影印版的《四库全书总目》，让我们买几个笔记本，根据《总目》自己动手编魏晋南北朝文献目录，同时补充现代版本情况。这些卡片和目录作业我一直保存着，先生去世后曾找出来翻看，恍如昨日。

除了课读史籍、编文献目录，先生还“要求”我们读《南方周末》。从此每周（印象中好像是周四出刊）去报亭买一份《南方周末》细读，成了我此后很多年一直保持的习惯。最开始感觉，先生可能是想让我们多了解时事。但慢慢读多了，才发现深度的新闻报道跟历史学研究之间有着很大的相似性和互鉴性，像围绕某一事件的歧异信息比勘和“真相”探索，事件的细节和社会机制、结构秩序之间的关系，都是如此。更重要的是，新闻报道关涉的是我们亲身正在经历的生活世界，更具有鲜活性，其中所呈现的人和秩序“活着”的状态，较之一千多年前的晋唐史事，更具有共情之感和可理解性。正因为这一点，我自己感觉读《南方周末》给我的启发和史学“感觉”训练，较之冷冰冰的专业著作似乎更为有效。后来《南方周末》慢慢不太好看了，就看《三联生活周刊》比较多。

我从小喜欢地理，也很喜欢读田余庆先生的政治史论著，受这些影响，读史料时关注的问题，就主要集中于政治、士族、地域等方面。二年级的时候，我写了读《晋书·王敦传》的几条札记给先生看，他认为可以进一步修改合并为一篇论文，并建议题为《王敦三考》。这篇论文后来刊登在《魏晋南北朝隋唐史资料》上，成为我发表的第一篇学术文字。先生对这篇论文指导比较多，包括如何具体分析其中的几条关键史料，启发尤其大。之后选择东晋南朝时期赣水、鄱阳湖流域的地方大族作为硕士论文题目，顺利通过了答辩。

当初选择跨考到历史系读研究生，主要是想提升一下自己的文化素养，是不是继续做学术研究，并无长远想法。由于先生和几位老师的鼓励，研三时选择了继续考博。但不知道什么原因，我们那一年的博士生入学考试，很多人的英语成绩都比预期要低，划定的及格线好像是四十多分，我大概差了两三分没有达到。成绩出来后，想着既然如此，就不如赶紧去找工作。跑去跟先生商量，他显然很不满意，沉着脸让我再等等看。一直等到七月中旬公布录取结果，先生多方奔走，为我争取到了一个破格名额。

读博之后，先生有些想让我往下走，选择唐史方面的题目作为博士论文方向。我开始不太情愿，觉得要重新熟悉体量庞大的唐代史料，时间精力上有些吃紧，不如留在已经有一定基础的魏晋南北朝。正在犹豫之际，秋季阎步克老师应邀来校讲学，何德章老师让我侍陪杂务，期间就向阎老师谈到自己的困惑。阎老师建议，不如趁着年轻先去熟悉唐史。这让我最终下定决心。但唐代史料确实体量大，读博前两年基本上就是在读两《唐书》、两《五代史》、《通鉴》、《通典》、《会要》、《疏议》等基本文献，几乎耗费了全部精力。二年级开始，慢慢考虑了几个博士论文选题跟先生商量，我自己比较倾向于继续做政治史，尤其是安史之乱后唐王朝如何走向“中兴”的政治过程，还有就是藩镇问题。但几次商量和反复之后，先生觉得我写博士论文的时间已经很紧张，而我提出的选题不大容易在短期内有效完成，而他又不想让我延期毕业，就建议我选择唐代大赦文作为选题。唐代中后期的大赦诏令内容极其庞杂，很多实际上跟大赦无关。为什么会出现这种现象？这个问题主要涉及文书行政和法律制度等问题，较之我之前考虑的选题，确实容易把控一些。但即便如此，由于写作时间很短，当然主要还是由于我在唐史领域积累很不足，博士论文写的不太成功。因此，几乎是通过答辩之后不久，我就在考虑放弃唐史领域的进一步学习和研究，转回魏晋南北朝。

工作多年以后，有次跟先生聊天，才知道他让我选择这个题目，是有考虑的。武大自唐长孺先生以来，魏晋南北朝隋唐一直被作为一个连贯的学术时段。先生希望我硕士阶段先学习魏晋南北朝史，博士阶段学习唐史，打下两个断代的文献基础，为之后进入敦煌吐鲁番文书研究这一“终极目标”做好准备。他自己就是如此，硕士论文写的是五胡十六国，留校后做《全唐文》资料卡片，学习和研究重心逐渐转到唐史，后来长期跟随唐长孺先生整理吐鲁番文书，并最终以此名家。他希望我通过研究唐代大赦文这个题目，在文书行政和典章制度方面打下一些基础，而这些正是从事敦煌吐鲁番文书研究所需要的基本学术素养。可惜的是，我因为对博士论文写作不满意，连带着对继续从事唐史研究也暂时失去兴趣，自作主张地选择新的学术方向，打乱了他的期望。

先生对此应当是有一些遗憾的。大概四五年前，有一次去家里看他，他还郑重地跟我说：“敦煌吐鲁番文书值得研究的问题还很多。你还是应该研究文书。”说完特意去书架上翻出一本书，找到他早年做的密密麻麻的批注给我看，说像这个问题，现在就还没有很好的研究，如果我有兴趣，可以考虑写一下。我一面哼哼哈哈地答应着，一面却也感觉有些难过。如果当初按照先生的计划，继续做唐代文书和制度方面的研究，先生晚年在新疆整理文书时就可以帮上一些忙，不至于让他最后的学术工作如此孤独。

这种学术上的“逃离”和“不肖”，成为我自己的一块心病，也颇感内疚。说起来惭愧，虽然先生是敦煌吐鲁番文书领域的名家，视敦煌特别是吐鲁番为学术上的“精神故乡”，一生无数次踏足，我却至今从未去过新疆，敦煌也只是今年春天才因为公务而第一次去。“不跟老师做相近的学术方向”，在这种叛逆心理下，多年来我一直在刻意回避先生最为熟悉的这个学术领域。这种叛逆也许很难说是对或者错，只能理解为一种基于个人性格的选择。可是由此带来的师生之间学术领域的距离感和隔阂感，却是实实在在的。由于从未进入过先生最为熟悉的敦煌吐鲁番文书学术圈子，有很多这一领域的师长我虽然经常听先生提起名字，可谓“耳熟”，却从未谋面，人和事都很陌生。

先生在敦煌吐鲁番文书领域的论著，我都认真读过。他治学以《北齐书》记载的斛律光兄弟射猎故事自况，重质量不重数量。大概是在我们读研究生之后不久，在刘进宝老师推动下，先生同意编辑出版自己的论文集《敦煌吐鲁番文书论丛》，收入论文二十三篇。付印前的引文校对工作，是刘进宝老师召集张宇师姐、钟鸣兄和我一起，在先生书房里做的。这次校对也成为钟鸣兄和我熟悉敦煌吐鲁番文献的一次“实战”机会，犹如一次特殊的史源学课程。印象中连续校对了好几天。先生在敦煌吐鲁番文书领域的精华论文，大部分均收入了这本论文集中。特别是《吐鲁番出土北凉赀簿考释》《论麹氏高昌时期的“作人”》《敦煌所出〈唐沙州某市时价簿口马行时沽〉考》《敦煌两种写本〈燕子赋〉中所见唐代浮逃户处置的变化及其他》《东晋十六国时期姑臧、长安、襄阳的“互市”》等篇，尤为学界所称赞，允为精品。王素先生在给这本论文集写的书评中提到，“学界师友常言：唐长孺先生门下，论文风格与唐先生最为接近者，莫过于朱雷先生。读罢本书，深信此言非虚”。这个评语应当是深得先生之心的。我想，这种“像”，其中之一或许就是基于史料敏锐感和想象力的“巧思”。先生读书多，据说连唐先生都称赞过这一点。这种广泛阅读、博闻强记，再加上秉性聪慧，使得先生的史学考证有一种灵气，巧妙处往往令人赞叹。

一直到先生晚年，敦煌吐鲁番文书始终是他的学术挚爱。退休前后的几年间，他因为一些事情心情很不好，后来去新疆整理文书几个月，回来后我明显感觉到他的精神状态变好了很多。当我把这种感觉跟他说的时候，他笑着说：“一到新疆，一看到文书，就好像忘记了所有烦恼。”师母后来也跟我说，先生在新疆看到文书，“两眼冒光”。2020年疫情之后住院时，他还在盘算着休养一阵子后，就再去新疆。从这一点来说，先生能够在文书整理中安度晚年，也算是对他最大的慰藉。我看过他这些年在新疆整理文书的最终稿本，手写的录文字体娟秀，书写工整，非常漂亮。而我自从跟随先生读书以来，见过无数次他写字填表，无不字迹潦草，甚至有些歪歪扭扭。看了稿本之后，才知道先生的字原来如此秀气。大概人只有对自己最钟爱的东西，才会表现出最认真专注的一面吧。

先生早先写过六朝佛教等方面的论文，但后来长期关注敦煌吐鲁番文书，晚年对于我从事的六朝社会文化史研究，应该是有些陌生的。不过，每次我送去发表论文的复印本，都会隐约感觉到他的欣慰之情，也都会认真阅读，之后有时还会谈到其中的内容。2016年左右，我准备将关于六朝山岳研究的论文修改结集，书的题目如何取，一度颇为犹豫。初步决定用的《“山中”的六朝史》，有些同行私下表示不太接受，认为学术著作很少见到这种类型的题目，有些花哨，不够严谨。这些意见让我一度有些摇摆，就想咨询一些长辈的意见，再做定夺。首先自然是先生。我原以为以他的年龄，会有些保守，反对这个有些花哨的题目。结果大出意外，他听我介绍后，几乎是毫不迟疑地就支持使用《“山中”的六朝史》作为书名。由此也让我对先生的学术“感觉”有了新的认识。

2019年秋季小书出版之后，先生又赴新疆整理文书，没有来得及送给他。原本打算春节假期去看他，送书，也从容地陪他好好聊聊天。结果放假之后风声日紧，最终春节前夕突然封城，大家虽在咫尺，形同天涯，无法见面。即便是四月份解封之后，也还是不太敢走动。紧接着就听到先生中风住到医院的消息。我一个人去医院看望，感觉他精神还不错，只是由于中风，说话不大容易听得懂。先生靠在床上，大概翻看了一下我带来的书后，问了两个问题，反复说了好几遍，我才听明白，一个是：“有没有书评？”一个是：“北大（的老师们）觉得（书）怎么样？”大概在他心目中，周一良、田余庆等先生延续下来的北大中古史学者群体，代表着中国魏晋南北朝史研究的评判标准吧。房间里只有我们两个人，也是为了哄他开心，我就大概介绍了书出版之后的学术反响和评价情况。看得出来，他非常高兴。书里收的都是专题考证文章，对他这时的身体状况来说，阅读已经有点吃力。后来马志立师弟告诉我，先生把书放在病房床边，一篇篇的翻看了很久。

听黄楼兄说，他在此前后也给住在医院的先生送去了新书《吐鲁番出土官府帐簿文书研究》。先生读过之后，特别让师母打电话，要黄楼兄去医院见他，在病床前讨论了其中关于“城扃”等问题的看法，成为让黄楼兄感动的记忆。前面提到，先生晚年最关心、最钟爱的仍然是敦煌吐鲁番文书研究，而黄楼兄著作讨论的问题，很多可能正是他曾经思考过的。这是一个令我无比羡慕甚至有些嫉妒的师生学术切磋交流的场景。而由于我自己在学术方向上的叛逆，没有机会这么幸运地得到先生病床前的指导。

稍微可以自我安慰的是，在另一件事情上我一直遵从了先生的教诲。留校工作之后不久，先生特意跟我谈过一次话，内容主要是作为新教师教学科研如何开展，以及如何处理单位人际关系，其中特别强调了一点：“以后专心教学和读书研究，不要做任何行政工作。”这也正是我自己的本意，自然很爽快地做了承诺。后来果然几次面临过相关问题，虽然我内心里已有主张，但都会打电话问先生的意见，而得到的回答每次都是一样的：“不要做。”不知不觉间，留校工作已经十八年，我一直遵照先生要求，心无旁骛地专心教学和读书、写作，与单位同事相处融洽，先生对此应该会感到欣慰吧。

跟很多师友一样，我最后一次见到先生，也是在 2021 年 7 月 18 日学院召开的纪念唐长孺先生诞辰 110 周年的纪念会上。当时先生已经住到汉口的一家养老院，行走也不太方便，但听说后执意要赶来参加，并且从早到晚，坐在轮椅上完完整整的旁听了一天的会。自从 1959 年跟随唐长孺先生读研究生开始，先生的学术生涯就跟唐先生密切地融合在一起，特别是当年长期在外地整理吐鲁番文书，先生不仅是唐先生的学术助手，也要负责照顾日常的生活起居，朝夕相处，无微不至，情犹父子。

先生祖籍浙江海盐，父亲朱宗彬（笔名刘群），1935—1937 年间曾在上海从事进步文化活动，出版《告彷徨中的中国青年》等书，颇有影响。母亲朱涵珠，祖籍四川江安，是辛亥四川保路运动中牺牲的朱山先生的女儿。1937 年 5 月先生在上海出生，仅仅几个月后，父亲就在苏南一带的抗战宣传途中不幸得病去世，由母亲和外婆带到武汉生活，并得到在汉口的姑母、姑父照顾。母亲在抗战期间曾参与创办中国战时儿童保育会，是主要筹备委员之一，并担任过武汉孤儿院院长，武汉解放后曾任武汉市妇联福利部部长、武昌区副区长。先生五十年代初就读于武昌昙华林的湖北省立第一中学（今武汉市第十四中学），1955 年考入武大历史系，原本打算学习甲骨金文和先秦史，后来因为阅读唐长孺先生论著而喜欢上魏晋南北朝史，1959 年本科毕业后就跟随唐先生读研究生，后留校任教，在唐先生身边学习、工作三十多年。唐先生的年龄长于先生父亲两岁，对于自幼没有机会感受父爱的先生而言，唐先生大概兼有老师和父亲两种角色吧。可能正是这种情感，使得先生不顾身体疲劳，执意要完整参加唐先生诞辰 110 周年纪念会。不知道他是否已经有某种预感，晚宴时坐在轮椅上跟大家依依告别，二十天后，就平静逝去了。

7 月 18 日会议中午，按照之前我们商量的安排，让先生来我的研究室午休。先生躺下后，马志立师弟在旁守护，我洗了一个玻璃杯，倒了杯白开水，放在桌子上，就掩上门出来。原本希望他能在沙发上多躺一会儿，可他还是想听大家的纪念发言，一到下午会议开始的时间，就坚持要起来去会场。自从 2018 年学院搬进振华楼后，有了独立的教师研究室，先生这是第一次来，当然也已经成为唯一的一次。

不管如何，在他生命的最后一个月里，来过了这个我现在几乎每天都要来的房间，留下了他的气息。如今珞珈山秋意正浓，北三区五栋先生书房的窗外，正呈现着一年中最好的风景，而绛帐犹在，师者已远，空余生徒，徘徊山侧，慢慢回忆着这些往昔与先生相处的情景，温暖而又感伤。

2021 年 11 月 5 日

（作者单位：武汉大学历史学院暨三至九世纪研究所）

朱先生点滴

马志立

2021 年 8 月 14 日，是我们的老师朱雷教授大行第三天，俗称复山的日子。我咨询了湖北同事，言及当地风俗复山一般是亲属前往，时值周六，我便躲在家中，翻看《广州图书馆藏朱雷教授藏书目录》。此书乃 7 月 18 日纪念唐长孺先生诞辰 110 周年座谈会当天师母所赐，因不好携带，我便请姜望来兄妥为保管。当日先生开心地与参会师生挥手致意，毅然决然整天参会，直到晚餐后返回疗养院。孰料疗养院内的依依惜别，居然成为诀别。8 月 12 日送别先生之后，取回此书，睹物思人，不胜腹痛。

翻阅先生藏书目录，时见“朱雷藏书”印，先生曾告诉我，原材质为巴林石，出自治印名手曹立庵。先生题 1981 出版的《西游录》云，“清俸买来手自校，留与后人放心用”（该书 387 页），而我于古籍中常见类似藏书印为“清俸买来手自校，子孙读之知圣道，鬻及借人为不孝”，由此可知，先生晚年捐赠图书不是即兴之作，早有将个人藏书公诸后人之理念。

先生之藏书目录，时见批校题识，那是我极为熟悉的先生特有的行文风格，我便不由得想象先生蝇头行草的模样。昔日先生置身书房（先生将客厅改为书房），顶天立地的书架和充盈其中的书籍印象，依然历历在目。先生口授指画的形象，自然浮现于眼前。师从先生近二十年之往事，纷纷乱乱，涌上心头。

我生来愚钝，有幸忝列先生门墙，然一无所成，故自工作以来，凡他人问及师尊时，皆婉言谢绝，且曰“老先生已经退休了”。其实在我内心，何尝不是以师从先生而深感荣幸倍觉自豪呢。毕业之后，佣书武汉，我得以继续侍从先生，不可不谓之幸运之至。先生之待人接物，令人如沐春风。先生之教导爱护，令我没齿难忘。如今，先生往矣，已然橐笔天宫，若我仍以辱没师门为忧而缄默不语，则是以一己之私心，而深藏先生之大德。虽然，我之所记，于先生一生行事，无非沧海一粟，于先生一生令名，自然了无加损。然而，对我而言，这是先生满满的关爱，更是我个人永久的缅怀。

先生对于自己，唯有严格要求。对于学生，学业上严格要求，生活上关爱备至。

2002 年秋天，我再次来到武汉大学，师从先生求学。此前我仅听说先生大名，蒙先生不弃，收入门墙，私心为幸，然不免惴惴不安。第一次拜谒先生是在湖北省人民医院的病榻，当时先生因坐骨神经痛而入院治疗。我和马翼师妹展转联系好探望之事，同时得到先生严令，不准携带任何礼物。我们不敢违拗，只身前往，于病榻见到了心心念念的先生。当时一起入学的伙伴，已遵师命开始系统阅读断代史和《资治通鉴》，我们心里不免着急。我小心翼翼地请教先生我们该读何书，先生没有正面回答，只说已委托牟发松老师暂时指导我们。当日先生语气缓慢，但非常明确地表达了三层意思：谢谢我们问疾，抱歉本学期不能为大家授课，不准再上医院探视。

我觉得学生探望老师乃天经地义之举，本以为先生所言谢谢是客套之语，日后渐渐体会到这不仅是先生的良好修养，更是先生一贯的真诚。近二十年来，先生虽然大体康健，但仍多次住院。我的记忆里，陆军总院、中南医院、地质医院，先生均曾住过，然而我每次看望，先生总是表达两层意思，一是谢谢，二是让我安心上班，不必前来探望。上学时每周的答疑，先生总是送至门口，道声好走。上班后不定期的探望，先生更是每每致谢。

当日怕先生久坐痛苦，不敢在病房多待，便匆匆返校。先生话语不多，但对我而言，这是先生给我上的第一课。威严而不失亲和，浸淫礼数乃至忍痛端坐接待学生，充分信任委托人而不赞一词，给我留下了深刻的影响。整整一个学期，我们遵照牟发松老师的指示阅读《后汉书》，学期作业是选取《资治通鉴·后汉纪》一卷，逐条注释史料之来源。先生康复之后，开始正常上课和日常指导，直到我们阅读《后汉书》《三国志》一过才另行安排读书任务。先生当日要求有二：从师姐处取回先生提供之缩印本《四库全书总目提要》，最好一年读完，下午转交师弟师妹，这项任务自觉进行；每周三（后来改为周二）下午两点半到家中汇报读书情况，先生予以答疑。先生博闻强识，多年来日渐磨灭的记忆中，尚清楚记得有两次先生从书架中抽出书来，迅速翻到相关页面，而后进行讲授。第二次所示之书，对我而言相对生僻，今日书名内容我已忘得一干二净，当时我便好奇地问先生何时读过，先生说读研究生时，我追问是否几十年没有读了，先生笑而不答。此书并非常用，先生记忆力极好自然无需再读。先生不予回答，亦有预防我偷懒之意。

先生对我，大概以为朽木不可雕，凡事告诫一次。读书方面，告诫乘年轻记忆力好时要心无旁骛读书。习作方面，先生言直抒己见即可，不得因时代进步所见资料丰富而苛求前人，不得点名商榷，仅可补充前人研究或自立新说。生活方面，先生亦及时规劝。记得某次送先生回家，楼下漆黑一片，先生屡次用钥匙开门而无果，我十分熟练地掏出打火机照亮，先生待我下楼时，方严肃而语气平缓地说了一句“年轻人抽烟不好”，我当即惊出一身冷汗。

先生从不让学生为自己做私事。2007 年，李文澜老师及其同学集资将其英年早逝的同学王国华遗骸迁葬英山，先生闻讯后慷慨解囊并执意参与护送。李文澜老师要求我陪伴先生前往，先生见到我之后，愣了愣神，继而正色地对我说：我不会要求我的学生陪护我，但李文澜老师请了你，我不能拒绝他的好意。我只有苦笑。事实上，时值深秋，大别山麓露重路滑，先生自是小心翼翼，坚决不让我搀扶一把。反倒是这次出行，我才得知昔日王国华逝世，报丧和送回遗物，都是先生亲力亲为。此事始末，李文澜老师的同学洪宓阿姨曾有深情回忆，我所强调者，乃朱先生拒绝所谓的麻烦学生。

事实上，这是先生的一贯作风。先生经常服用药物，但很少让学生帮忙取药。记得有年先生确实行动不便，难以自行到百米之外的校医院取药，这才客气地说麻烦你帮我取点药。就是在这种状态下，先生依然命我照常到家中答疑，不得有误。当时中华书局拟重版姚薇元《北朝胡姓考》，先生命我们核对引文和重编索引，其实是督促我们学习。可巧的是，为先生日常开药的医生，正是姚薇元先生的公子。按照医院规定，先生所需之药一次只准开两周的剂量。一次似乎是先生要出差，我便央求姚医生多开了点，兴冲冲返回家里，先生很委婉地告诫我不该为难医生，不该坏了医院的规定。

先生身兼多职，却从不分外偏袒自己的学生。面对荣誉或职位之类，同等条件下，先生不会推荐自己的学生。对待学生，先生有自己的原则，如不给自己学生的作品写序。先生以自我解嘲的口气说，自己学生写的书，说写得好有自夸之嫌，有瑕疵则应于出书前指出。据我所知，先生似乎仅为鲁西奇、王启涛以及黄楼三位老师写过四篇书序。

即使抱恙，先生依然坚持阅读和批改学生的作业或习作。有段日子，先生白内障严重，依然及时批改我呈交的作业。面对小四号字体，仍有一行批语骑缝书写于数纸之边缘。由于目力原因，先生未能觉察出异样。

先生退休之后，便受聘为湖北省文史馆副馆长，随即日日伏案，逐字审阅《湖北文徵》（全本）整理本的稿件。稿件用五号字打印，我去家中时，常见先生一手举着放大镜、一手握笔，一丝不苟地审阅稿件。《湖北文徵》（全本）全书字数高达千万，对于先生而言，实在是个苦力活。最初我不解地问，好不容易闲散，大可借机养养身体，为何招此苦差，为难自己。先生苦笑解释道，没有退休前已婉拒文史馆两次敦请，现在退休了，对方又请，且明言六七十岁的人，在文史馆算"青年人"，是干活的骨干。话说到这个份上，先生只有答应。每次我到家中，只能提醒先生注意休息，先生表面答应，实则我行我素。在先生看来，既然承诺做事，自然要认真负责。再后来，先生投身《吐鲁番出土文书补编》的编纂，屡次前往吐鲁番，已然为人熟知，此不赘言。

先生自退休之后，或外出讲学，或至新疆博物馆整理文书，无论出发返程之早晚，行李之多寡，总是坚拒我接送的请求。

先生严格要求学生之学业，日常对学生不仅宽容，而且关怀备至。先生和师母，饮食极为简单，然而每年都命我召集同门到酒店美餐，自然是先生自掏腰包。先生喃喃地说，这是唐先生的做法。至今想来汗颜的是，我每次总是安排在武昌最好的几家酒店。就餐之后，先生多次要给我们打的费用，总是为我们所拒绝。

我同门师弟陈翔，不幸英年早逝。先生得知之后，异常悲伤，忍痛力疾撰写了悼词。先生和师母一道，更是主动追踪关心陈翔兄身后之事。《陈翔唐史研究文存》出版时，先生应约写就《忆陈翔》。白发人送黑发人，先生撰写此类文字，内心定然十分痛苦。然而，出于对学生的缅怀和热爱，先生依然选择了默默地承受。

就我个人而言，先生或直接买书送我，或以各种说辞常加资助。先生在广八路天卷书店看到中华书局整理本《四库全书总目提要》，兴冲冲取钱让我买回，然后说送给我。中华书局标点本《太平寰宇記》，先生购买多套，一一分赠学生。我寒假回家辞行之时，先生多以问候家父家母名义予以资助，有时甚至预备礼物，让我带回老家。然而，先生却极其认真地告诫我不准回赠任何礼物。

我是读书期间结婚的。为了完婚，我的爱人报考武汉的硕士研究生，因英语差一分而无缘武汉大学，先生得知调剂到湖北省社科院后，主动请李文澜老师收入门下。同年暑假，我向先生请假，拟去岳丈家提亲。先生说，这是好事，详细问询了往返时间。出发前第三天晚上，先生电话命我第二天一早赶往家中。次日我依命前往，先生一嘱我提亲注意事项，再言已替我备好礼物，三嘱我另备其他何种礼物，四嘱我路上注意安全。坦率地说，直到今天，对于先生为我提亲准备厚礼并非感到十分意外，但深为震动，因为先生准确地判定我会在出发前两天着手准备礼物，故而在前一天晚上电话我。

我结婚之时，小范围邀请同事、师长和同门师兄弟小聚。先生当日因故未能参加，但和师母送了红包，事后我坚请先生吃饭，同时邀约师兄弟陪同，先生欣然前往，不料中途悄然结账。至今想来，此事让我极为窘迫。先生却一如既往说，你还是学生，怎能请我吃饭。当然，先生仍不忘告诫我，莫沉溺儿女私情而放松学业。我上班之后，曾想请先生吃饭，先生又以家中蔬菜清淡可口为由加以拒绝。

先生对我之关爱，更是惠及小儿。我一般回老家过年，春节期间不打电话不发消息，甚为无礼，先生不以为意。春节过后，才去先生家中拜年。工作之后，方举一男。小儿能跑之时，多是一家三口同往拜年。先生总是笑呵呵为孩子准备糖果和压岁钱，如此数年，习以为常。小儿三岁之时，先生和师母惦记入园情况，得知我因小区幼儿园学费昂贵而甚感为难之后，悄悄叮嘱我同门师兄帮助联系收费便宜之公立幼儿园。

起初我以为，这是先生对自己学生的偏爱。天长日久，我便明白事实不仅如此。先生逝世之后，众多师兄弟言坦言多年来蒙先生关爱太多。然而，先生关爱的对象，绝非仅限于自己的学生。

每年毕业季，总有推免生上门央求先生书写推荐书。先生罕见拒绝。一般而言，推免生学习优秀，先生翻阅申报表之外，依然会以聊天的形式了解其功课情况，因人而异起草推荐书。有一次，当为先生病愈不久，实在无力写字，依然没有拒绝。于是，先生口授，我笔录，先生审阅一过后，方才黾力签名。

先生口不言人过，对于同辈学人多归美之词，对后生后进更是不吝赞赏。我们依稀听说先生年轻时曾经蒙受冤屈，从事近乎难以承受之苦役，事隔多年以后，先生在《释道安与襄阳》写道“困踬襄阳三年”。我想，先生行文之际，心中定然微有波澜，然而已经释怀。当师母告诉我大致情况时，先生依然三缄其口。先生曾经身遭苦痛，却更以宽容之心、仁爱之心，关心同事，关爱更多的年轻学子。不过，对于他人的关爱和帮助，即使曾经费心费力，先生从不自伐其功，我们从未从先生处听闻此类往事。

语云，仁者爱人。我们的先生，就是这样的人。

（作者单位：湖北省图书馆古籍与地方文献部）

怀念我的恩师朱雷先生

张小刚

2021年8月10日是一个令人悲痛的日子。因为就在这一天，我敬爱的恩师朱雷先生永远地离开了我们。

这天，我加班到凌晨1点40分左右，才上床睡觉。为了能好好休息，将手机关机了，但是一晚上仍然辗转反侧，无法深度入眠。迷

2021年4月9日下午，汉口合影

左起：卢勇、张小刚、朱雷师、师母田苏华、马志立

2011年5月28日，张小刚博士论文答辩会
左起：魏斌、刘安志、杨果、施萍婷、赵和平、朱雷师、张小刚

迷糊糊睡到八九点，打开手机一看，师母在早晨7点28分给我发了一条语音留言。她说朱老师在凌晨1点40分走了，脑部的动脉瘤破裂，很安详地走了。我一下子就愣住了，不敢相信，手足无措，一遍又一遍地听着留言，心里不停念叨：不是听说前一阵参加“纪念唐长孺先生诞辰110周年学术座谈会”时还好好的啊！前几个月（4月9日）我回武汉去看望朱师时，还和他约定，等他康复了，再请他来敦煌住一段时间的！怎么会，怎么会呢？再查看其他人给我发的微信留言，发现8点27分马志立师兄也给我留言了，9点10分刘进宝师兄也给我发来了信息。朱师去世的消息，确认了！我再也忍不住悲伤，眼泪一下子就夺眶而出。当时只有一种想法，立刻赶回武汉，于是马上开始查航班，查甘肃和湖北两省的疫情防控情况，马上请人送我从莫高窟进城去做核酸检测，为能回去送别朱师做准备。中午武汉那边传来

消息，遵照朱师生前遗愿并考虑到当前疫情防控形势，朱师丧事从简，不接收花圈，不举行遗体告别仪式。武大和本单位都不建议我们从外地赶回武汉。我只能遥祭恩师，并打电话安慰师母。

昨天一天我都处在恍惚当中，看到大家纷纷怀念朱师。今天下午我突然想到，我也要将这两天在脑海里不停回放的记忆记录下来吧。

我是土生土长的武汉人，上大学也在武汉。1996 年考入武汉大学考古学专业学习。我们这一级考古本科生只有 9 个人，上专业课的时候就变成了小班教学。朱师对武大考古学科很重视和支持。武大考古系的老师们也非常尊敬朱师，不称朱老师而是言必称朱先生，还专门邀请朱先生为考古系的本科生开设了考古文献学等课程。就是在这样的机缘下，那些年我们考古系的本科生都得到了朱先生的亲自指导，相互之间就比较熟悉。朱先生向来谦虚谨慎，但也曾自豪地说起，他到北京大学见到宿白先生，宿先生亲自给他说，在高校考古教学和考古人才培养上，武汉大学发挥了自身的优势，延续了唐长孺先生以来的学术传统，武大考古专业的学生在历史文献学和中国古代史等方面的学术训练上独具特色，功底扎实。我想这也是朱先生在高龄以后仍一直坚持给考古专业本科生上课的动力。临近大学毕业时，有一次在校图书馆大楼后面的路上碰到朱先生，问起我的工作情况。我说基本已经确定下来了，就留在武汉市内的一个文博单位。朱先生说：“你是一个能坐得住的人，适合做学问，如果有志于学术，就要去国内重要的学术单位，敦煌现在缺人，希望你去敦煌刻苦面壁十年，一定能取得一番成绩。”我不好直接拒绝，只说好好考虑一下。朱先生又说：“你是一棵好苗子，不做学问可惜了，我给你写推荐信。”这次见面后，过了不久，先生就联系我，将他写给段文杰院长的推荐信亲手交给我，说如果我愿意的话，可以将推荐信连同我的简历一起寄给敦煌

2006年8月28日，张小刚与朱师在柏孜克里克石窟考察

研究院。我抱着不拂长者好意的想法和追求学术理想的激情，在彷徨中将这些材料寄给了敦煌研究院，结果很快收到了回复，樊锦诗院长非常欢迎我到敦煌工作。就这样，我的人生在关键的十字路口，突然转了一个弯。最终我去了一个对我来说完全陌生的西北地区，一切都未知，但那时我很年轻，真的想闯一闯，试一试自己是否能不负韶华。出发前，朱先生给了我两个名字，一个是施萍婷先生，一个是李正宇先生，说是他的老朋友，让我到敦煌时多向老先生们请教。到敦煌以后，一切从头开始。我需要适应新的地域、气候、环境、饮食和人际关系。敦煌学博大精深，我以前在学校里积累的知识完全不够用，只能在樊锦诗和彭金章等先生的指导下如饥似渴地学习再学习。朱先生

把我推荐到敦煌工作以后，并没有放任不管，而是时刻在关心我的成长。2004 年 8 月我被遴选为正式代表在敦煌“石窟研究国际学术会议”的大会上做学术报告。据说是当时与会并报告发言的最年轻的学者。朱先生到莫高窟参加了这次会议，虽然对我在会议上的表现没有过多表扬，但是在会议期间他提到了我在前一年发表在《敦煌学辑刊》2003 年第 2 期上的一篇小文章《莫高窟第 256 窟至正年间“大宋国”题记考释》，他指出文章中有一些地方还需要仔细斟酌。我深知自己学识浅薄，但小文能够得到先生的关注和指点，心中已是窃喜，于是借机提出想考研回武大深造的事情。朱先生征求了樊锦诗院长的意见后，同意了我的请求。就这样，通过参加全国硕士统考和学校专业考试，2005 年我回到武大历史系正式进入朱先生门下学习，一直到 2011 年毕业和完成论文答辩获得博士学位。除了 2008 至 2010 年的两年时间

2011年，论文答辩后与朱师合影

在日本访问留学以外，其他时间基本都随侍在朱师左右。在为人和为学方面，耳濡目染，不知不觉中深受朱师熏陶。在武大学习期间，朱师专门为我定制开设了佛教文献学导读等课程，每周专门抽时间检查我的功课，还带着我参加了在湖北武当山召开的唐史学会年会，在新疆吐鲁番召开的学术研讨会等学术活动。除了学业以外，在生活上对我也非常的关心。他知道我女儿年龄还小，每次我从武汉回甘肃，他都要专门去超市的进口商品柜台买一些巧克力之类的零食让我带给小孩。博士论文答辩完成后，樊锦诗院长给朱师打电话，希望我能尽快返回敦煌工作。朱师虽然有些不舍，但是他明确给樊院长承诺不会把我留在武大。朱师告诉我说，敦煌地处偏远，人才匮乏，能够为西部地区培养一个人才，他是真心地高兴。我明白他的意思，于是断绝了返回武汉工作的念头，回到敦煌继续坚守。每次回武汉去见先生，先生总是叮嘱我要好好注意身体，不要以为自己年轻，就大意忽视。每年的大年初一上午,他知道我总是在这个时候打电话给他和师母拜年。我拨通电话不到三声，他就会接起来。我总会先自报家门。他总是说他知道，他听得出来。

我的学问做得不够好，朱师让我看的书，很多我都没有看，朱师谦虚好学，待人客气，朱师的学问博学精深，这些我连皮毛也没有学到，唯有谨慎一项深受朱师影响。我想作为弟子，在学术圈子里，如果我不能为朱师添光加彩，至少也不能给朱师脸上抹黑。我以为我还有机会聆听朱师的教诲，积少成多，将来自己能有所长进。但是现在朱师突然走了，再也不能给我传道授业解惑了，再也不能听到他叮嘱我注意身体了，想到这里，我怎么能够不悲从心出。这个时候，我才真切感受到敦煌壁画涅槃经变中，释迦牟尼涅槃后，众弟子举哀的悲痛心情。师母悲伤地说，朱老师走了，这个世界上再没有朱老师了。

2000年，张小刚、朱雷老师、王建军（从左至右）敦煌合影

我听到这句话，哽咽得无法言语。但是这两天我看到听到很多认识和不认识的人都在深切怀念朱师。我想朱师还在，他的学问还在，他的精神还在。大家也会一直记得他，怀念他的恩情！

愿朱师一路走好，往生净土！

2021 年 8 月 11 日夜于莫高窟

（作者单位：敦煌研究院）

于细微处感春雨

——忆恩师朱雷先生

权家玉

2021 年 8 月 10 日凌晨，突然接到师兄马志立的电话，告知恩师朱雷先生于凌晨 1 时许仙逝。虽说先生已登耄耋之年，这一天终归不远，但真的到来毕竟难以接受。此前陆续在各微信群看到 7 月 18 日唐长孺先生诞辰 110 周年纪念会上的照片，已知先生身体状况不佳，颇为担忧，然每次电话询问，师母总是回答康复情况良好。那段时间每次反常时间接到师兄电话，心中总是莫名恐惧，然而这一天毕竟还是来了。

疫情的反复致使无法返回武汉送别，2016 年回武汉参加先生 80 寿诞成为与先生的最后一次见面。很长时间内精神无法平复，思及从此再也无法聆听先生的耳提面命，难抑唏嘘。此后收拾心情觉得应该写点什么，但先生一生虽学贯魏晋南北朝隋唐史，终立足于文书，而这一领域我虽五年求学门下却终未涉足，不敢冒然动笔，深恐求荣反辱。随后在微信圈陆续见到追忆先生的文章，兼及自身至今学术建树颇寡，乃更自嫌，直至刘进宝老师联系，称欲出一部追忆先生的文集，才坚定了动笔之心。

追思先生期间，每每忆及求学期间先生的桩桩趣事，不禁莞尔，事毕不免更增悲痛。如此周而复始，八月剩余的时间尽在这一状态下度过。先生一生研究、育人，成就斐然，此前不断有学界友人与我谈及某时某地接触先生，长者风度，令人折服。而日常生活中的先生，恰恰是有幸求学门下的弟子独有的财富，或许从此入笔，更有助于对先生的全面了解。

2004年6月，我有幸从安徽大学社会学系考入武汉大学历史学院硕士研究生，记得面试时我们一群考生如待审的犯人一样，坐在三至九世纪研究所的小教室。几位白发苍苍的老者在走廊里互相打招呼，进入会议室，十余位老师对他们的热情迎接，让我们也隐隐感受到他们身份的不一般。一向具有脸盲症的我，此后才知道当日朱先生也在，更兼紧张，回忆当时先生的提问与言谈，竟完全空白，与先生的第一次接触没有留下任何印象。

9月入学，研究生见面会先生并没有到场，记得当时何德章老师、刘安志老师过来详细询问了我们每个人的情况，未来方向选择的意向等，但当时并未确定导师选择。此后开课两三周时间，在其他各方向同学都已确定导师并按照学习计划按部就班时，仅有我们这一届所里的六个研究生一直茫然地上着课，却连导师是谁都不知道。在此后五年的求学时间慢慢了解到，研究所里各项事宜一贯拖延，这从此后我硕士论文答辩前一个月才开题、博士论文答辩前一周开题及中期考核可见一斑。终于在入学后将近一个月的时间，研究所新一届研究生导师分配才完成，接到了先生的电话，告知他是我和同届王娟娟同学的导师，并约定他在家里见我们的时间，这才是我有印象的第一次与先生的接触。

那天下午我与同门怀着忐忑的心情来到先生家中，进门迎面是一面梅兰竹菊的屏风，左手边一面墙的书柜整齐地摆放各种图书。绕过屏风就是客厅，也是先生的书房，两侧直抵天花板的书柜图书摆放满满，这时才发现屏风背后居然也是书柜，客厅开着灯，透过窗户是珞珈山茂密的树林，视线大概只有十米，这也导致客厅采光极差。迎窗一张老式书桌，一个长颈台灯，桌子上凌乱地堆着一摞书，距先生三米远左右两侧各放着一个可旋转的椅子，明显是先生为我们准备的。贴着右侧书柜是一张可折叠的方桌，上面凌乱地放着一堆约一米见方超过半米高的书。记得博士期间我曾问过先生，书堆成这样还能找得到吗？他哈哈大笑，说书柜里摆放整齐的书都是平时不用的，这些都是平时翻阅和查找的，随手一放越积越多，不过找起来确实比较头疼，有种“只在此山中，云深不知处”的感觉。第一次的见面印象已经非常模糊，记得的大概也就两方面的内容，首先是对学校将硕士教育从三年制改为两年制颇为不平，提醒我们抓紧读书，尽快选题，确定了从读《晋书》入门，通读《资治通鉴》魏晋南北朝部分；另一方面就是确定了每周二下午2：30—5：30为他给我们课下指导和答疑的时间。我正式确定学习魏晋南北朝历史的历程就这样开始了。

此后的半年时间我们就是这样保持着每周与导师见面的频率。我本就是跨专业考研，基础薄弱，《晋书》也读得囫囵吞枣，同门王娟娟则立志要考经济学博士，志不在此，这就导致最初每周的答疑，近乎无疑可问，先生也就无疑可答了。每次见面我们总是互相谦让，似乎都是把机会让给对方，但心里都明白其实是把皮球踢给对方。先生总是一再鼓励我们勇于提问，说他也是这个阶段过来的，不要担心问题是否有价值。逐渐答疑就演变为先生向我们讲述他各个阶段的趣闻，从求学阶段到上山下乡，到工作阶段，说到得意处哈哈大笑。这样每周的答疑就演变为我们聆听先生追忆逝水年华，我们也显得毫无压力了，这样大约持续了六周时间，我们的灾难终于来了。

记得那个周二的下午，我们仍抱着当听众的心情过去，先生寒暄几句以后，突然沉默了，等待我们提出学习过程中的问题。我和同门互相看了看，颇为尴尬，但很明显我们并没有意识到接下来问题的严重性，以为一会儿的冷场后先生仍然会打破局面，而我们也会一如既往地听到先生追忆趣闻，不时地捧哏一下就行。大概持续了一刻钟，我们并没有等到期待的环节，先生似乎打定主意要给我们点颜色看看了，并没有打破僵局的意思。我们像两个罪犯一样坐在先生对面，接受着精神的鞭策，追悔莫及，手上捧着《晋书》，思维完全停顿，不时地看看对方，最初还能露出尴尬的笑容，此后连笑容都挤不出来，我想同门当时可能想哭的意思都有了。这时门响了，我们知道师母回来了，如释重负，终于不用延续这个局面了，怀着期待的心情，我们半站着等待师母，屏风那里师母终于露面，看到我们后会心一笑，准备充分的我们刚要打招呼，就听见先生在背后说了一句："我们在上课，你到屋里去！"我们期待的打破僵局的机会就这样被先生化解了，三个人之间的沉默仍然在延续。先生随手拿起一本书看起来，仍然在等我们提问。大约十分钟以后，先生坐在椅子上睡着了，我和同门相视一笑，很期待千万别醒，这样虽然尴尬，总比被他看着我们要强得多。"砰"的一声，手里的书掉地上了，先生被惊醒，"什么问题？我刚才没听清"。我们赶紧回答没有问题，他看到脚下的书，恍然大悟，一再地跟我们道歉，说中午有事情，没有午休，精神不太好，请我们谅解，然后又开始用期待的眼光看着我们，一会以后又失望地拿起书继续看起来。此后的两个多小时，我们一直在数秒中度过，空气冷得像结冰，那天鞋上的泥点都被我反反复复数了多遍。这样一直熬到五点半，我们终于落荒而逃。回公寓的路上和同门几乎没有说话，至今思之，仍心有余悸，那个下午似乎什么事都没做，但却度过得最为艰难。这以后我才真正端正了学习态度，认真读书，把不理解的地方记下来,可以说此后读书的动力很大程度上出于对那个下午的恐惧。这样的日子持续了一年，也正是这一年的时间才知道该如何读书。

读书期间偶尔写一点习作，拿给老师指点时，经常会得到“单薄了些”的评价，当时理解一定是材料不够充分，或者思考不够全面，于是努力修改，再次拿去时仍然是“单薄了些”，同一篇论文往往改上三至四稿，得到的评价始终不变，不免心中疑惑。终于有一次向师兄魏斌问及此事，结果把他乐坏了，说：“我以前也是经常遇到这样的事情，后来就琢磨了一下，他说‘单薄了些’应该就是这篇文章不行，就不要改了，换一个吧，或者重新写，我当年也误解了，浪费了很多时间，他不批评学生，顾及我们面子，说的比较委婉。”从那以后才恍然大悟，求学期间确也从来不曾挨过批评，似乎最严厉的否定也就是“单薄了些”。

跟随先生读书时他已年届七十，记忆力大不如前。记得硕士毕业那年，不时会有表格需要导师签字、写评语，先生总是说“放这里吧，过两天写好给你”。基本上我再次询问时，都是“不好意思，找不到了”。然后是不断的道歉，乃不得不找学院重新领取表格，再去找他并提出请他当场写好。记得有一次他约我下午研究所见面，好像也是填表格的事情，我早早的到所里资料室边看书边等他，透过窗户看到他提着帆布袋按时来了，不免长出一口气（此前经常出现约见而最终忘记的先例）。在资料室门口一个其他方向的研究生向他请教问题，先生耐心为其解答。我一边看书一边等待他们对话的结束，不承想先生与他聊了近两个小时，结束以后，令我惊奇的事情发生了——他提着帆布袋又回去了。我背上书包一路追去，终于在学院门口拦住了他，这时他恍然大悟：“啊！我就说呢，下楼时还在想下午为什么来学院，跟一个同学聊天就忘记了！”先生每每因此不断向我道歉，说年纪大了，长记忆还行，短记忆退化严重。这一点我自然也感受颇深，经常提及文献中的某些问题，他往往都能随口把前面以及后面的材料补充完整。常常在学院见到先生脖子上挂着一个带子，拴着家门的钥匙。记得我提醒他为什么不放在口袋里，他煞有介事地说："不能放在口袋里，随手摸到就当垃圾扔掉了，这样丢掉了好多钥匙了，挂在脖子上更稳妥。"三年后我到中山大学做博士后，因为姜伯勤先生与先生一向交好，前去拜望，姜先生提及先生每每赞叹"朱先生记忆力惊人"，每于此时我都不免错愕。读书期间因先生健忘留下太多有趣的事情，每每思及不禁莞尔。

硕士毕业后有幸在先生门下继续读博，至今仍记得他一再说的"研究问题，伤其十指不如断其一指"。也每每跟学生做如此提醒，读书期间先生一直保持每年至少在豪华餐厅请我们聚餐两次，每每总说太朴素了，得再找个高档点的地方。记得一次聚餐时，师兄魏斌突然问我们有没有在朱先生家里吃过饭，我们顿时油然升起羡慕之色，不承想师兄话锋一转，突然说："千万别去吃，吃不饱！"引得大家哄然大笑，先生断断续续地辩解"那天我加了饭了，还问你了"。但在弟子们的热烈讨论中完全被淹没，最后只能无奈地跟着笑。读书期间先生从来没有要求我们替他办过私事，相反还时常送给我们一些大部头文献。看着周围其他很多同学不时地给导师各种帮忙，终于忍不住提出可以给他做些跑腿的事情，他正色地说："你们的时间都是花钱买来了，你们要最大限度地用在学习上，我怎么能无端占用？"这是他一直在恪守的作为教师的准则。

读博士时记得有一次上课，他掏出一个很高档的手机，问我电话是多少，他存一下，然后转身问师兄马志立，号码怎么存，引得师兄一阵大笑。他随后说："手机不能买便宜了，虽然便宜的好用，但是

2009年，权家玉与朱老师、朱师母在南京灵谷寺

拿出来被人笑话，贵的又太复杂，不会用，真是烦恼。”在师兄拿着他的手机帮他存号码的时候，他跟我们说在北京开会，几个老朋友出去玩，突然有人提出照张合影，问谁的手机拍照效果好，他很自豪地拿出自己的手机，神色不乏得意，然后很尴尬地说他不会用，居然在场的人都不会用。这时师兄在旁边嘀咕着“年纪大了，不会用就别买那么好的嘛”。先生呵呵一笑，眼中不乏委屈。

博士毕业那年，南京师范大学举办六朝史年会，在先生跟主办方的建议下我有幸参加了第一次学术会议。会议的前一天，在师兄刘进宝老师的安排下，我有幸跟着老师和师母一起去游览江南贡院。在龙门那地方，先生突发奇想，从我手中接过相机，要给我拍一张跃龙门的照片，当时觉得拍这样的照片实在太傻，但是拧不过老师坚持，最终还是照办了，于是留下一张步入龙门的照片，先生心满意足地把相机给我，说：“这下好了，跃龙门了，以后就能一帆风顺。”眼中不乏得意。广州读博士后期间，不时回武汉看望先生，心态与在门下就读时已有不同，偶尔可以跟先生开玩笑了。最大的变化是一直以上课为由被禁止介入的师母，也可以坐在一起畅聊了。师母性格直爽，也很健谈，往往聊天就演变为我开先生玩笑，师母在一旁附和的情景。记得 次临行前去道别，先生很正色地跟我说：“这次回来你变化很大，成熟了很多，我很高兴。”并未认为我的“放肆”有冒犯到他。近来每忆及此，不免喟叹，生性懒散，至今未能做出什么让先生“很高兴”的事情。

2013 年 7 月，我在师大主办了第一届“中国中古史前沿论坛”，先生和师母一起过来了，说：“你在这边就业了，我肯定要过来看看你的。”作为先生晚年的学生，能深切体会到他在背后默默的关心和切切的“不放心”。会后我和爱人陪先生和师母去华山游览，宾馆门口等车时，师母一直在交代我爱人，让她以后家里要多承担，扶持我的事业。我爱人就跟她说我在生活中如何懒惰，我和先生在旁边原本聊着我们的事情，事不相关，但当两位妻子在一起抱怨各自的丈夫生活中如何无能时，她们找到了共同话题，而我和先生也自然无奈沉默。在学生面前被暴露生活中的不足之处，明显让先生有点尴尬，当师母说到老师用电饭锅连米饭都煮不熟时，先生终于不能沉默了，断断续续的抗议在师母流利的表达下显得毫无招架之力，很快先生就放弃了，我在旁边只能低着头装作无事，很能理解先生当时的无奈，抬头偷眼看他的时候，他朝我讪讪地一笑，我们似乎心中在进行着一段对话：“对不起老师，我听到了。”“我知道你听到了，别到处说去。”于是赶紧想办法把话题转移，结束先生的尴尬。那天在华山玩了一天，奇怪

2011年7月6日，唐长孺先生百岁诞辰学术纪念会结束后，朱老师与青年学子在一起
左起：权家玉、李军、冯培红、朱老师、黄楼、耿元骊、吴树国、马志立

的是印象最深的竟是早上等车的那个片段。

行笔至此，虽所述多为求学时期趣事，不知不觉却也不免哽咽，从今以后再也不能在先生面前放肆地开玩笑，不能听到“单薄了些”的鞭策。脑海一直回荡着那位慈祥的老人淡淡的微笑和殷切的目光，回首发现也没有做出什么让他“很高兴”的事情，研究仍在继续，但现在看来越来越倾向于是谋事在人成事在天，唯独教书育人，当好老师对得起七尺讲台还是自己能做到的事情，先生已逝，将先生最在意的事情传承下去，聊以为飨！

2021 年 9 月 26 日

（作者单位：陕西师范大学历史文化学院）

真诚待人，严谨为学
——怀念我的老师朱雷先生

崔世平

2021 年 8 月 10 日早上，程存洁老师打来电话，告诉我朱先生去世了。听闻噩耗，我感到非常震惊，因为不久前还看到他参加唐长孺先生诞辰 110 周年学术座谈会的消息。由于正碰上疫情，我们都无法去武汉送别朱先生。后来刘进宝老师联系我，命我将跟随朱先生在新疆整理吐鲁番文书的经历写下来，作为对先生的纪念。

我 2008 年在南京大学历史系博士毕业，导师张学锋老师推荐我到武大跟随朱雷先生继续做博士后研究。由于湖北省人事厅负责审批的处长因病休假，直到年底我的申请才获批通过，快放寒假了我才到武大报到。

我到武大的时候，朱先生是退休返聘状态，他坚持给博士生开了一门史料学的课。考虑到我是考古学出身，文献功底不够扎实，朱先生让我也一起旁听。选课的有朱先生的博士生汪仕辉以及杨果老师的两位博士生陆溪和柳雨春，加上我一共四个人。上课地点就在朱先生家的客厅兼书房，朱先生坐在窗边的书桌旁，我们围坐在周围。书房里满满当当的，但朱先生总能记得哪本书在什么地方，讲到某书时，就随手从一旁的书柜里找出书来给我们看。因为是在家里上课，气氛相当轻松。朱先生有时候还会跟我们聊一些逸闻趣事。有一次偶然谈到王度庐的武侠小说，他就讲了很久武侠小说的话题，还说自己年轻时练过武术，玩耍时曾经把个头更高的同学制服。还有一次说到他还是青年教师时，去某地农村出公差，看见路边有一块碑，匆匆看了一遍，天色就暗下来了，只好继续赶路。他还给我们背诵了一段碑文。匆匆一瞥的碑文，他几十年后依然能够背诵，我们都非常佩服他的记忆力。最后一次课，朱先生特意带我们去广埠屯菜市场二楼的书店买书。

2010 年，朱先生受新疆博物馆的邀请，去帮助他们整理一批新发现的吐鲁番文书。他说我是学考古出身，不忌讳直接接触出自墓葬的文书，所以想要我也一起去。朱师母也说除了她照顾朱先生的起居，还需要有一个人协助朱先生的日常工作。对我来说，能协助朱先生整理吐鲁番文书，无疑是一次难得的学习机会，我也感到很兴奋。9 月初，朱先生、朱师母和我从武汉出发，中途在咸阳机场停了一个半小时，晚上到了乌鲁木齐。新疆博物馆的鲁礼鹏老师开车来接我们，安排我们住在博物馆对面的一个酒店里，之后我们就长住在这个酒店。

乌鲁木齐跟内地有两个小时的时差，一切活动都比内地推迟两小时，商城上午 11 点开门，吃中午饭要到一点半以后，吃过晚饭都将近 9 点了。另外，买东西称重都是默认公斤的。我开始有点不习惯，过了好几天才慢慢适应了。我们的生活非常有规律，每天早上起床后，我和朱先生、朱师母一起到酒店的餐厅吃早餐。早餐后，师母回去收拾房间，我和朱先生步行到马路对面的博物馆工作。中午下班前，我先打电话给师母，约好吃饭时间，然后和朱先生一起从博物馆的侧门出去，和师母汇合。鲁礼鹏老师联系了一个四川人开的饭馆，就位于博物馆侧门的那条路上，我们的中午饭和晚饭都去那个饭馆解决。饭后回酒店午休。下午我们依旧步行去博物馆工作。晚饭后，朱先生喜欢散散步，有时候是我，有时候是我和师母一起陪他在附近走走。朱

2010年，朱老师与崔世平在新疆博物馆前合影

先生觉得我们在这里每天都要花博物馆的钱，如果不抓紧时间，对不起人家，所以有一种时不我待的迫切感。记忆中我们在乌鲁木齐的两个多月，大部分时间都在工作，即使星期天也很少休息，国庆节只休息了半天。

我们的工作室在博物馆后院考古部二楼的一个房间，和考古部的办公室在一起，方便随时联系。工作室中间用两张桌子拼成一个大的工作台，我和朱先生相对而坐。博物馆安排鲁礼鹏、贺婧婧两位老师和我们对接，负责后勤工作。有时候武敏老师、王博老师也会过来看看工作进展情况，跟朱先生聊聊天。武敏老师是唐长孺先生领导的吐鲁番文书整理组成员吴震先生的夫人，据说这次文书整理工作主要是由她推动的。待整理的文书中，有一部分就是20世纪70年代没有带到北京而被遗漏的文书。工作开始之前，朱先生先开列了一些必要的文具请鲁老师购买，有铅笔、橡皮、小刀、文件夹、稿纸、涂改液、放大镜等，又向博物馆借了一套图文本《吐鲁番出图文书》，以备参考。朱先生还准备了一些速溶咖啡，还有他喜欢喝的咸味奶茶，预备在疲惫的时候给自己提神。我感觉此刻他就像一个准备上战场的战士，在仔细检查自己的弓刀弩盾。

准备工作就绪后，鲁老师从库房拿来了几件文书，我们的工作就开始了。保存比较完整的文书大多是鞋样或鞋底形状，用两片有机玻璃板夹着，玻璃板四角用螺丝固定。工作流程大致是：我先取来一件文书，进行初步的释读、录文、定名工作，再请朱先生复核，看我的录文有无错误，定名是否合适，如有错误，他就在初稿上做出修改。复核后，我再根据修改稿重新抄录一份，然后对文书拍照记录。一件文书完成后，再换另一件文书，按这个流程做一遍。一开始朱先生还要给我讲文书录文格式、定名的基本原则等，工作进展比较慢，等我逐渐熟悉之后就加快了速度。我准备了一个笔记本，遇见有不认识的异体字、俗字，就随时问朱先生，把异体字、俗字和对应的正字记在本子上。有时候也翻翻手边的图文本，把一些不常见的异体字、俗字抄下来。偶尔闲聊中朱先生讲的一些掌故，或者提示的研究问题，我也会记下来。可惜春节回家的时候，我把装有这个笔记本的背包遗失在了汉口火车站候车厅。我没有记日记的习惯，当时的很多细节都随着时间流逝在记忆中变得模糊了，所以每当想起这个失去的笔记本我都感到非常懊恼。

随着整理工作的进行，后面陆续拿上来的文书已经不太完整，有的甚至已经碎成几十片，碎纸也很皱，这就需要经过拼合复原，才能录文。我要先拆开玻璃板，将散碎的文书尽量拼接完整，录文后，再将拼好的文书重新用玻璃板夹住，用螺丝固定起来。拼接复原这个过程说来简单，但实际上很费时间，需要有耐心。我根据碎片的边缘轮廓，寻找能与之拼合的其他碎片，尽量把每一个碎片都复原回原来的位置。除了碎片的边缘形状，字迹笔画的连续，语句内容的连贯性也是拼合的参考，如果两片碎片上的字迹能拼合在一起，说明它们原来是一个整体。我还发现有几件文书，描述的事件，涉及的人物都有很多相同之处，于是尝试着进行拼合，发现有的文书边缘轮廓可以拼接起来，经过拼合后，文书内容基本完整，说明这些文书原来就是一件，因为被剪成鞋底而分开了。经过朱先生的审核后，我把这几件文书分别进行了合并。这种复原方法来自我在考古实习中拼接陶瓷器碎片的经验。每当把破碎的文字拼合在一起，把文书最大程度地复原后，我就会产生一种成就感。

朱先生除了核对我拼合的文书和录文外，还要确定文书的性质、时间，为文书定名。他有一个硬纸板封面、纸张已经发黄的中国历史年表，其中涉及吐鲁番文书时段的纪年旁边，密密麻麻写满了笔记，这是他以前整理文书时的考证成果。因为有之前的研究基础，他对文书中涉及时间的考证驾轻就熟。有的文书中出现的人名、事件，在图文本收录的文书中已经出现过，他也是了然于心，能够马上将两者联系起来考虑，从而找到文书所属的位置。文书的定名，一般是由我先拟一个名字，再请他修改确定。他为了一个文书的定名往往会沉吟很久，还会写出依据。

在整理文书过程中，朱先生遇见有价值的问题，从来不自己去写文章，反而经常给我们介绍某件文书的价值，鼓励我们去写文章。我还记得整理到一件“罽人”请求入老免役的文书，他就给我和贺婧婧讲述过这件文书的价值。但是我当时主要研究墓葬形制方面的课题，没有把精力用在吐鲁番文书研究上，辜负了朱先生的好意，也错过了

2010年，朱老师在新疆博物馆指导博士后崔世平整理文书

一个进入吐鲁番文书研究领域的机会。朱先生还告诫我，这次整理文书他是纯帮忙，不写文章，不保留资料，也要求我不要把文书照片带走。我谨遵他的教导，除了拍了几张照片留念外，没有带走任何文书资料。我拍的几张照片，也从来没有用于研究和发表。

获取文书和文物保护有时候是一对矛盾。墓葬中的吐鲁番文书主要被做成纸鞋、纸棺等随葬品，这些载体本身是文物，为了取得完整的文书，必须拆掉文物，这就破坏了文物的本来形态。我们在整理过程中就遇见这个问题。当时鲁老师拿来一对基本完好的纸鞋，我闻了闻，鞋子还散发着墓葬里的浓烈臭味。字都在鞋子里面，要想知道文书的全部内容，只能拆掉鞋子。这下朱先生犯了难，他自言自语道：

这么好的鞋子，这是文物啊，拆掉太可惜了。他当时的意思是，文书的内容都很相似，就算拆了这个鞋子，得到的文书未必有多高的价值，但是文物毁了就没有了。他想让王博老师和鲁礼鹏老师拿主意，他们又把皮球踢回来，说需要拆就可以拆。朱先生考虑了很久，最后还是没有拆，我只能把卡片照相机的伸缩镜头伸进鞋尖里，尽量把里面的字都拍下来。如果让文书研究专家去选择文书和文物，可能很多人会毫不犹豫地选择文书。从朱先生两难的态度看，他不但重视文书，对文物也同样重视。

朱先生曾经对我说：我比较念旧，总是怀念老朋友。20 世纪 70 年代他在新疆整理文书的时候，与一位行政干部很谈得来（可惜我已经忘记了这位先生的姓名），这次再来新疆，朱先生想找到这位老朋友，向很多人打听过他的情况，但是因为他已经退休多年，没有人知道他的情况和住址。有一次我们下了班，从博物馆侧门出来，同时一位老人从外面进来，走进门内侧的一间传达室。当时我们已经出了门，朱先生似乎想起了什么，突然又转身回去，到传达室门口问那位老先生：请问您是不是某某同志？那位老先生回答说是的。朱先生说：我是武汉大学的朱雷，您还记不记得？那位先生很惊喜地说，记得记得，您是大教授啊，没想到这么多年了您还记得我。朱先生说，这些天我一直在打听您。两人叙了一会儿旧，约定找时间再聊，暂时别过。后来那位老先生又专门到工作室来看过朱先生，朱先生似乎也曾应邀去过他家里。

与朱先生相识的乌鲁木齐当地学者，或者来乌鲁木齐出差的学者，听说朱先生在新疆博物馆整理文书，都会抽时间来看看他，我也因此见过不少闻名已久的学者，如贾应逸老师、施新荣老师、刘文锁老师等。记忆最深刻的是唐刚卯先生来新疆出差，专程到工作室来看朱先

2010年，朱老师夫妇与崔世平在新疆天池

生。他当时围着一条灰色围巾，丰神俊朗，跟照片上的唐长孺先生简直一模一样。唐刚卯先生跟朱先生说了一会儿话就匆匆告辞了，据说要赶到另一个城市。朱先生听说荣新江先生在乌鲁木齐开会，由于白天忙着整理，错过了在博物馆见面的机会，于是晚上带着我专门到酒店跟荣先生见面。荣先生没想到朱先生亲自过来，赶紧邀请朱先生到房间里，开玩笑说，看看我们住宿条件多好。房间里已经有孟宪实、朱玉麒等几位老师，大家相谈甚欢。临行前几位老师送我们到酒店门口，朱玉麒老师打车送我们到酒店。

我的硕士同学李海群在新疆大学历史系工作，她听说朱先生在新疆，也来酒店看望朱先生和师母，一定要请朱先生和师母吃饭。朱先生本不想让她破费，又不忍拂了她的好意，就答应了。朱先生就是这样，与人交往，不管对方地位高低，年纪长幼，都能以诚相待，以礼相待。

国庆节的晚上，侯世新馆长请我们吃饭，同桌的还有博物馆的很多人，大多是近年引进的研究生。侯馆长开玩笑说希望我留在博物馆工作，朱先生听了也很有兴致，劝我留下来。我那时候已经跟王银田老师联系好了来暨南大学历史系工作，由于我出站时间定在年后，王老师还专门给我延期了半年。我说了这件事后，朱先生仍然有点惋惜，说如果不是与暨大有约在先，留在新疆也挺好的。看得出来他是真心希望我能留在新疆工作，这跟他自己的新疆情怀有很大的关系。

在外人眼里，朱先生是著名的历史学家，庄重威严，但接触久了，就会发现他是一个非常单纯甚至有点童心的老人。他很欣赏维吾尔族的小花帽，经常说小花帽戴起来真漂亮。新疆出土过一具女性干尸，保存状况很好，被称为“楼兰美女”。他觉得如果我没有见过“楼兰美女”是一件非常遗憾的事情，所以带着我去新疆考古所，看望几位老朋友，顺便到库房参观，寻找传说中的楼兰美女。我在库房里看到不少干尸，但好像没有发现那具楼兰美女。他还经常称赞烤包子非常好吃，让我一定尝尝，但是我们平时固定在川菜馆吃饭，也没有机会出去寻找美食。终于有一次，鲁礼鹏老师趁着博物馆培训班去吐鲁番参观的机会，安排我们也蹭了一次吐鲁番。吐鲁番文物局招待吃饭，在饭桌上我终于吃到了朱先生念念不忘的烤包子，的确非常好吃。

十一月中旬，文书整理的基础工作已经基本完成。我为了写出站报告，提前回了武汉，朱先生和师母又在新疆停留了一个多月。这段时间新疆已经非常冷了，是师母每天陪朱先生上下班。据师母说，朱先生又把文书亲自核对了一遍，亲手誊录了一遍。后来为了文书的继续整理和出版，他又牵头申报了国家重点课题，把我也列为课题组成

2010年，朱老师在新疆博物馆整理文书

员。实际上后来的工作都是他做的，我没有再参加。朱先生担任国家社科基金评委很多年，从来不为自己报课题，这应该是他第一次为自己申报课题。但是我们知道，他没有一点私心，都是为了这批文书。有一年我去看望朱先生，发现他身体似乎很虚弱，原来他受人委托为一部吐鲁番学辞典写序言，坚持将一尺来厚的书稿读完才下笔，因此劳累过度，导致病了一场。他对文书的细心认真负责，真可以用“痴”来形容了。

这几年看过一些前辈学者写的文章，都提到学界公认朱先生的文章风格最接近唐先生，朱先生的文章虽然不多，但都是精品。我多次听朱先生说过，唐先生的学问是继承了乾嘉学派的风格，重视考证，实事求是。朱先生还曾经提到，有人评价他的文章如“老吏断狱”。我能感觉他对这个评价的认可。“老吏断狱”这个词，还真是形容出了他明察秋毫，不急不躁，精益求精的研究风格。因为曾亲见朱先生为一个文书定名问题反复斟酌、反复修改的过程，我隐约能理解他和唐先生追求的这种学术境界。

朱先生虽然离开了我们，但他真诚待人，严谨为学的精神，永远值得我们继承，也一直在激励我们，永不磨灭！

（作者单位：暨南大学文学院历史学系）

附　录

斯人已逝，幽思长存

——送别朱雷先生

武汉大学历史学院

2021年8月12日上午9点，著名历史学家、武汉大学历史学院暨中国三至九世纪研究所教授、博士生导师朱雷先生骨灰安葬仪式，在武汉石门峰举行。武汉大学历史学院党委书记刘礼堂教授、历史学院院长刘安志教授、中国三至九世纪研究所魏斌教授及数十名师生前往此地最后告别。

朱雷先生去世后，武汉大学党委常委、副校长吴平与武汉大学党委副书记赵雪梅代表学校领导对朱雷先生的不幸辞世表示深切哀悼，并慰问了先生家属。武汉大学党政办公室主任徐东兴转达了武汉大学党委书记韩进、武汉大学校长窦贤康对朱先生逝世的痛惜与哀悼。武汉大学党委组织部部长朱德友、离退休教师工作处处长彭若兰等机关职能部门及相关院系负责人也前来表示哀悼，武汉大学历史学院党委书记刘礼堂、院长刘安志及班子成员和部分教职工到朱先生家中吊唁慰问。日本魏晋南北朝史学会、日本唐代史研究会，中国魏晋南北朝史学会、中国唐史学会、中国敦煌吐鲁番学会、中国经济史学会、（台湾）中国唐代学会，全国古籍整理出版规划领导小组、中华书局、上海古籍出版社、敦煌研究院、新疆维吾尔自治区博物馆、吐鲁番文物局暨吐鲁番学研究院、巴蜀书社、广州图书馆，北京大学历史学系、中国社会科学院古代史研究所隋唐五代十国史研究室暨敦煌学研究中心、中国人民大学历史学院唐宋史研究中心、首都师范大学历史学院、南开大学历史学院、山东大学历史文化学院、河北师范大学学报编辑部、郑州大学、郑州大学历史学院、河南大学历史文化学院、陕西师范大学历史文化学院、西北大学历史学院、兰州大学历史文化学院、兰州大学敦煌学研究所、西北师范大学历史文化学院暨敦煌学研究所、复旦大学历史学系暨中古中国研究中心、苏州大学历史系、浙江大学历史学系、安徽大学历史学院、华中师范大学历史文化学院、湘潭大学碧泉书院历史学系、厦门大学历史系、福建师范大学社会历史学院、中山大学历史学系、中山大学历史学系敦煌学研究室、暨南大学历史学系、广西师范大学历史系，以及日本东京大学滓添庆文教授、东京大学佐川英治教授、明治大学气贺泽保规教授、德岛大学葭森健介教授、大东文化大学小尾孝夫准教授，台湾大学历史学系名誉教授高明士、台湾中正大学历史系名誉教授雷家骥，华中师范大学原党委书记、原校长、中国近代史研究所所长马敏教授，郑州大学副校长韩国河教授，河北省社科院原副院长孙继民研究员，湖北省社科院原副院长刘玉堂研究员，中国人民银行原参事、中国钱币博物馆原馆长黄锡全先生，中国经济史学会会长魏明孔研究员，清华大学历史学系张国刚教授、侯旭东教授，首都师范大学历史学院李华瑞教授，南开大学历史学院王利华教授，南开大学历史文化研究中心韩铁教授，河南大学历史文化学院苗书梅教授，兰州大学历史文化学院齐陈骏教授，南昌大学历史系刘勉玉先生，敦煌研究院马德研究员，陕西师范大学西北历史环境与经济社会发展研究院朱士光教授，陕西师范大学历史文化学院黄寿成教授，新疆博物馆贾应逸研究员、上海师范大学严耀中教授，浙江大学历史学系刘进宝教授、冯培红教授，华中师范大学历史文化学院熊铁基教授、周国林教授，湖北省社科院李文澜研究员，湖北大学历史文化学院吴成国教授，武汉大学人文社科资深教授胡德坤，武汉大学人文社科资深教授冯天瑜，武汉大学国学院前院长郭齐勇教授，武汉大学中国传统文化研究中心主任杨华教授，武汉大学电子信息学院黄天锡教授，武汉大学历史系考古教研室原主任王光镐先生，武汉大学历史系1965届毕业生，武汉大学1995级人文班，武汉大学1996级考古班等校内外单位和个人，纷纷通过唁电、挽联、花篮、电话、微信等方式，表达了对朱雷先生的哀悼和怀念。

一、挽联及悼念诗

1. **湖北省社科院李文澜研究员（8月12日）：**

今日朱雷师兄大行，早晨武汉大雨，天人感应之兆。现在雨稍停，朱师兄入土为安。昨日撰挽联一副，以悼念朱雷师兄：

尊师重道，德劭流芳传绛帐

茹古涵今，才雄垂范耀儒林

2. **武汉大学电子信息学院黄天锡教授：**

沉痛哀悼朱雷教授

朱笔丰功精研汉晋隋唐宋千载光辉信史

雷鸣伟业力著敦煌吐鲁番万钧文论丛书

武汉大学电子信息学院黄天锡敬挽

（1959年武大研究生同学）

3.1995 **级人文试验班学子：**

人海彰德行，襟怀若云水，无愧蔼然真君子；

唐门悟心法，风骨如莲荷，允称卓越大先生。

——1995级人文试验班学子悲悼敬爱的朱雷先生

4. 河北省社科院原副院长孙继民研究员：

悼朱雷师

唐门立雪五十番，疑义应询指顾间。

汲冢残文谜千载，帐籍发覆信不刊。

二、唁电、唁函

1. 日本魏晋南北朝史研究会

惊悉朱雷先生仙逝，不胜悲悼。我谨代表日本魏晋南北朝史研究会致唁，敬祈节哀。

朱先生是魏晋南北朝隋唐史研究的大家，是敦煌吐鲁番文书及魏晋南北朝隋唐史研究的重要开拓人。自 20 世纪起，朱先生即与日本的中国魏晋南北朝史及隋唐史学界交流颇深，是日本学者十分熟悉的中国研究者。

朱先生的离去，令学界又失去了一位前辈、一位导引者。日本魏晋南北朝史研究会同仁沉痛悼念朱雷先生。

菁华隐没，道范长存。

朱先生千古！

日本魏晋南北朝史研究会会长伊藤敏雄

2. 日本唐代史研究会

武汉大学历史学院：

惊悉武汉大学历史学家朱雷教授逝世。噩耗传来，日本唐代史研究会为失去这样一位杰出的朋友、著名的历史学家而感到万分悲痛。

朱雷教授的逝世，是日本唐代史研究会和史学界的重大损失，朱雷教授在敦煌吐鲁番文书的整理和研究方面做出了巨大贡献。他撰写的论文《吐鲁番出土北凉赀簿考释》《论麹氏高昌时期的“作人”》

《唐代“手实”制度杂识》《唐代“点籍样”制度初探》《唐“籍坊”考》《唐代“乡帐”与“计帐”制度初探》《敦煌所出〈唐沙州某市时价簿口马行时沽〉考》《敦煌两种写本〈燕子赋〉中所见唐代浮逃户处置的变化及其他》等，是吐鲁番文书研究的宝贵财富。

斯人已逝，幽思长存，我们将永远怀念朱雷教授！

沉痛哀悼朱雷教授并向朱雷教授家属表示诚挚的慰问。请节哀珍重！

日本唐代史研究会

2021 年 8 月 11 日

3. **中国魏晋南北朝史学会**

朱雷先生治丧委员会：

惊悉朱雷先生仙逝，噩耗传来，痛彻心扉。

先生长期潜心于魏晋南北朝史、敦煌吐鲁番文书研究和教学，为吐鲁番文书整理、二十四史点校做出突出贡献，成果丰硕，研究精深，深受学界敬重而影响深远。先生不仅品学高尚，泽被学界，而且提携和培养后学新锐，桃李满天下，为魏晋南北朝史研究的繁荣和中国魏晋南北朝史学会发展做出了重大贡献。

先生的逝世，是中国魏晋南北朝史学会的重大损失。在此谨代表学会全体同仁，对朱雷先生的去世表示沉痛哀悼，对先生的家属表示诚挚慰问！

朱雷先生永远活在我们心中！

中国魏晋南北朝史学会

二〇二一年八月十日

4. 中国唐史学会

武汉大学历史学院：

惊闻中国唐史学会第三至八届理事，第四至六届副会长，第七、第八届会长，武汉大学历史学院教授、博士生导师，著名历史学家朱雷先生于8月10日凌晨1:40分在武汉病逝，享年85岁。中国唐史学会同仁们深表悲恸，学会理事、学会会员们在学会微信群、微信朋友圈纷纷留言表达深切的哀悼之情。朱先生长期担任学会理事、学会主要领导，对中国唐史学会的发展壮大居功至伟。我们谨代表中国唐史学会，向贵学院，以及三至九世纪研究所，朱先生的家属至亲、同道、门生，表达我们沉痛悼念之意。

朱先生倾心中国唐史学会的发展，领导学会成功举办了第六、第七、第八届学会年会，推动学会与海内外学术团体的交流与合作，积极参与学会举办的各种学术会议；终生投身学术研究，出版产出大量高质量的学术论文和著作，即使到了晚年，先生仍笔耕不辍，为心爱的唐史学术研究殚精竭虑；先生真正做到了传帮带，为海内外魏晋隋唐史研究、敦煌吐鲁番研究培养出大批学术骨干人才，堪称教书育人的典范。

朱雷先生的逝世，我们失去了一位循循善诱、乐于助人的忠厚长者，一位投身学术研究事业、著作等身的榜样，一位热情好客、尊师重道，有家国情怀的良师益友，一位为中国唐史学会发展做出巨大贡献的践行者和领导者。让我们继承朱先生的遗志，努力做好本职工作，为中国唐史学会的繁荣发展做出自己的贡献。

敬爱的朱雷先生永垂不朽！

中国唐史学会

2021年8月10日

5. 中国经济史学会

刘安志院长并朱雷先生治丧委员会：

惊悉著名历史学家、教育家朱雷教授仙逝，敝会同仁不胜悲恸！先生系学界泰斗，在中古史、敦煌吐鲁番学及经济史等领域成就卓著，成果享誉海内外。先生系出色的学术组织与领导者，曾长期担任中国唐史学会会长、国务院学科评议组成员、武汉大学中国三至九世纪研究所所长等，为推动国内外学术研究殚精竭虑，惠泽学林。先生著作等身，大作《吐鲁番出土北凉赀簿考释》《论麹氏高昌时期的“作人”》等系传世学术精品。先生桃李遍天下，高足多为学界中坚力量。

先生的逝世，是史学界不可弥补之损失！

祈祷朱雷先生一路走好！

请朱先生家人暨高足节哀顺变

中国经济史学会敬挽

二〇二一年八月十日

6. 中国敦煌吐鲁番学会

武汉大学历史学院朱雷先生治丧委员会：

惊悉朱雷先生于 2021 年 8 月 10 日不幸因病逝世，不胜悲痛！

朱雷先生是已故史学大师唐长孺先生的得意门生，作为主要助手，他协助唐先生整理完成《吐鲁番出土文书》释文本 10 册和图录本 4 大册，出版《敦煌吐鲁番文书论丛》等专著，为敦煌吐鲁番学的发展做出了杰出贡献，在国内外学术界享有盛誉。朱先生是中国敦煌吐鲁番学会第三、四届理事，长期担任我会顾问，晚年仍身体力行、不辞辛苦，赴新疆维吾尔自治区博物馆整理新出土文书，关注旅顺博物馆藏新疆出土文献的整理工作，为年轻学者做出了表率。朱雷先生为人和蔼，潜心学术，淡泊名利，深得敦煌吐鲁番学界的景仰与敬重！

朱雷先生的离世，是中国敦煌吐鲁番学界的重大损失！在这悲痛的时刻，我们对朱雷先生的去世表示深切的哀悼，并请向家属表达我们的诚挚慰问，敬请节哀保重！

朱雷先生千古！

中国敦煌吐鲁番学会

2021 年 8 月 10 日

7.（台湾）中国唐代学会

惊闻先生仙逝，甚感悲悼！先生承继唐长孺先生之学，长年专心研治魏晋南北朝隋唐史，兼及敦煌吐鲁番文书，研究成果斐然，著作丰硕，且获得多项学术荣誉。先生戮力贡献研究所得，积极培养历史学人才，并膺负多项学术要职，以及多次至海外访问，进行学术交流，先生推动中国中古历史学术研究发展，可谓居功厥伟。先生驾返道山实为中国历史学界之重大损失，然深信后学必将踵继发扬，先生之学术则可薪传矣！特此隔海遥致哀忱，请家属节哀顺变！

（台湾）中国唐代学会理事长　康韵梅

2021 年 8 月 12 日

8. 全国古籍整理出版规划领导小组办公室

武汉大学历史学院：

闻悉我国著名历史学家、武汉大学历史学院教授朱雷先生逝世，殊为哀悼。

朱雷先生是全国古籍整理出版规划领导小组成员，参与制订国家古籍整理出版中长期规划，积极培养古籍整理研究人才，为我国古籍整理事业做出了重要贡献。朱雷先生致力于我国古籍文献的整理研究工作，参与《吐鲁番出土文书》整理，承担点校本“二十四史”修订工程北朝四史的修订主持人工作，在魏晋南北朝隋唐史、敦煌吐鲁番文书研究等领域造诣精深，取得卓越的学术成就，深受国内外学术界爱戴和尊敬。

谨以至诚电唁，向朱雷先生家属表达沉痛哀悼和诚挚慰问。

全国古籍整理出版规划领导小组办公室

2021 年 8 月 11 日

9. **中华书局**

武汉大学历史学院暨中国三至九世纪研究所：

惊悉著名历史学家、中国史学会理事、中国唐史学会原会长、中国敦煌吐鲁番学会理事朱雷先生逝世，中华书局全体同仁不胜哀悼，并向朱雷先生的家属致以深切的慰问！

朱雷先生毕生致力于魏晋南北朝隋唐史研究及敦煌吐鲁番文书整理与研究，在文献学、古文书学等方面学养深厚，尤其熟悉魏晋南北朝隋唐时期的典章公文制度。朱雷先生大力支持书局工作，协调《唐长孺文集》编辑出版。二〇〇六年点校本“二十四史”及《清史稿》修订工程启动后，承担“北朝四史”的修订主持人工作，担任修订工程编纂委员，多次参加修纂工作会议和多史修订方案专家评审，为修订工作提出宝贵建议。

朱雷先生的逝世，是我国历史学界的重大损失，也令书局同仁悲痛不已。区区不尽，专此布达。

朱雷先生千古！

中华书局

2021 年 8 月 11 日

10. **北京大学历史学系**

武汉大学历史学院并转朱雷教授亲属：

痛闻朱雷教授溘然长逝，北大历史学系师生无任悲痛！

朱雷教授是我国著名的历史学家，在魏晋南北朝隋唐史、敦煌吐鲁番文书整理与研究等领域造诣精深、成就斐然。朱雷教授是唐长孺教授主编的《吐鲁番出土文书》整理小组的主要参加者之一。此书是吐鲁番出土文书研究领域的重大成果，海内外学界推崇备至。

朱雷教授曾任武汉大学中国三至九世纪研究所所长、教授、博士生导师，国务院学位委员会第三、四届学科评议组成员（历史学），国家社科基金学科评审专家，国家古籍整理出版领导小组成员，中国唐史学会会长，中国敦煌吐鲁番学会理事等重要职务，为推动历史学发展作出了突出贡献。

朱雷教授一生潜心乙部，学高为师、身正为范，朱雷教授的逝世是我国学术界的巨大损失！值此悲痛之际，特致函吊唁，谨表深切哀悼，并请向其亲属转达深切慰问！

朱雷教授千古！

北京大学历史学系

2021年8月10日

11. 中国社会科学院古代史研究所隋唐五代十国史研究室、中国社会科学院敦煌学研究中心

武汉大学历史学院并转朱雷先生家属：

惊悉朱雷先生辞世，不胜悲恸，沉痛缅怀！朱雷先生曾任武汉大学中国三至九世纪研究所所长、中国唐史学会会长、中国敦煌吐鲁番学会顾问，在唐史及敦煌吐鲁番学领域成绩卓著，久负盛名。先生参与及主持的多项吐鲁番文书整理研究成果嘉惠学林、影响深远。中国社会科学院古代史研究所唐史及敦煌学学科同行，或与先生友谊深厚，或蒙先生奖掖扶持，感念于心！朱雷先生的逝世，是我国史学界的重要损失。谨对朱雷先生的逝世表示哀悼！谨向朱雷先生家属致以慰问！哲人已逝，风范长存！朱雷先生千古！

中国社会科学院古代史研究所隋唐五代十国史研究室

中国社会科学院敦煌学研究中心

2021 年 8 月 10 日

12. **中国人民大学历史学院唐宋史研究中心**

武汉大学三至九世纪研究所：

惊悉朱雷教授仙逝，本中心同仁深感痛惜。朱雷教授长期从事魏晋隋唐史和敦煌吐鲁番文书等领域的研究，辛勤耕耘，治学谨严，以其特有学风和丰硕成果惠及几代学人。朱雷教授多次担任学术领导职务，胸襟宽广，待人温淳，为国内外学术交往做出了突出贡献。中国人民大学唐宋史中心的师生在许多方面获得过朱雷教授的关心和支持，对于朱雷教授的逝世深表哀悼。

请向朱雷教授的家人转达我们诚挚的慰问。

中国人民大学历史学院唐宋史研究中心

2021 年 8 月 10 日

13. **首都师范大学历史学院**

武汉大学历史学院：

惊悉著名历史学家、武汉大学历史学院暨中国三至九世纪研究所教授、博士生导师朱雷先生仙逝，深感悲痛，扼腕痛惜！

朱雷先生一生治学，成就卓越，他的去世是中国史学界的重大损失。我院谨致深切之悼念，并请朱雷先生家属节哀。

朱雷先生千古！

首都师范大学历史学院

2021 年 8 月 11 日

14. **南开大学历史学院**

武汉大学历史学院并转朱雷先生家属：

惊悉著名历史学家、武汉大学历史学院暨中国三至九世纪研究所教授、博士生导师朱雷先生于 2021 年 8 月 10 日仙逝，我院师生万分悲恸，特驰唁函，敬致哀悼。

朱雷先生早年即在武汉大学学习，研究生期间，师从唐长孺先生学习魏晋南北朝隋唐史，打下了坚实的史学功底。留校任教后，朱雷先生长期致力于魏晋南北朝隋唐史、敦煌吐鲁番文书整理与研究，曾兼任武汉大学历史系主任、武汉大学中国三至九世纪研究所所长、中国唐史学会会长等重要职务，协助唐长孺先生整理吐鲁番文书，部分论文结集为《敦煌吐鲁番文书论丛》，亦承担国家社科基金重点项目《海内外所藏吐鲁番文书的整理与研究》《吐鲁番出土文书补编》等重要课题，在海内外学术界享有盛誉。朱雷先生不仅为中国中古史的学术发展奉献了毕生精力，还为学界培养了众多史学人才。事业功名，彪炳史册。

朱雷先生的去世，是海内外史学界的重大损失。请贵院及先生家属节哀顺变，珍摄为重。

望隔黄鹤之间，思令德而方远。

朱雷先生千古！

南开大学历史学院

2021 年 8 月 10 日

15. **河北师范大学学报编辑部**

武汉大学历史学院并朱雷教授家人：

惊悉著名历史学家、中国唐史学会原会长朱雷先生不幸辞世，我们甚感悲痛，对朱先生逝世表示沉痛哀悼，向朱先生家人表示诚挚问候！

朱雷先生在国内外史学界享有盛誉，在吐鲁番文书整理、晋唐史、中国古代经济史等方面的研究成就卓著，令人敬仰；先生严于学术，宽于待人，奖掖后学，乐助同仁，为人所称道。朱雷先生一生教书育人，培养出了大批优秀人才，多已成为所在行业和单位的翘楚。

朱先生从20世纪90年代时，就非常关心河北师大历史学科的建设；21世纪初又在博士学位点申获上给予了重要支持；河北师大将永远铭记，朱先生对我们历史学科的发展所给予的支持与帮助，我们也将不负先生重托努力将学科发展得更好！

朱雷先生千古！

河北师范大学学报编辑部

2021年8月11日

16. 山东大学历史文化学院

武汉大学历史学院：

惊悉我国著名历史学家朱雷先生不幸逝世，不胜悲痛！

朱雷先生是我国社会经济史领域的权威学者，也是唐长孺先生学术传统的杰出代表，在魏晋南北朝隋唐史和敦煌吐鲁番文书等诸多领域取得了辉煌成就。

先生治学根柢淳正，笃实谨严，慨惠学林，既深且远；先生品格谦逊仁厚，淡泊名利，传道授业，下自成蹊。

先生的逝世是中国史学界的重大损失！山东大学历史文化学院全体同仁深表哀悼，谨向先生家属致以诚挚的慰问。

朱雷先生千古！

山东大学历史文化学院

2021年8月11日

17. 郑州大学

武汉大学：

惊悉朱雷先生逝世，郑州大学全校师生深感悲痛！

先生耕耘不辍，毕生致力于魏晋南北朝隋唐史、敦煌吐鲁番文书整理与研究，成果丰硕，贡献卓著，深受国内外学术界所景仰；曾任国务院学位委员会第三、四届学科评议组成员（历史学），中国唐史学会会长，湖北省中国史学会副会长，为我国历史学发展做出了卓越的贡献。

先生宅心仁厚、谦逊待人、嘉惠后学，为历史学界培养了大批优秀人才。先生生前十分关心我校建设与发展，我们感恩先生对我校历史学科发展和人才培养鼎力相助，更为先生潜心治学、严谨求实、清肃高洁的品格所深深折服！

天不悯人，先生驾鹤西去，这是贵校的重大损失，也是历史学界的重大损失，我们为失去这样一位学术巨擘深感痛惜。谨此向先生表示崇高的敬意和深切的哀悼，向先生家人表示深切慰问。

先生千古！

郑州大学

2021 年 8 月 10 日

18. 郑州大学历史学院

武汉大学历史学院：

惊悉朱雷先生逝世，不胜哀恸。朱先生是著名历史学家，在魏晋南北朝隋唐史、敦煌吐鲁番学等领域造诣深厚，撰著丰富，名誉学林。先生为人谦逊，执教有方，为国家培养了一大批有影响力的史学人才。先生的离世，是我国史学界的一大损失。

朱先生对郑州大学历史学科的建设和发展，一直谆谆关怀、鼎力支持。先生的殷殷期待，我们会一直铭记，砥砺前行。

朱雷先生千古！

郑州大学历史学院

2021 年 8 月 10 日

19. **河南大学历史文化学院**

武汉大学历史学院并朱雷教授家人：

惊悉著名历史学家、教育家、原国务院学科评议组成员、中国唐史学会会长、武汉大学中国三至九世纪研究所所长朱雷教授逝世，不胜哀悼！朱先生一生致力于唐史特别是敦煌吐鲁番文书研究，撰写了一系列有重大学术影响的论著，为敦煌吐鲁番文书与中古史研究水平的提高做出了重大贡献。朱先生教书育人，培养了一批优秀学者，为中国古代史学科发展奠定了坚实基础。先生溘然远行，是中国学术界的重大损失！河南大学历史文化学院同仁谨向朱先生的逝世表示深切的哀悼，向朱先生家人致以诚挚慰问，并请节哀！

朱雷先生千古！

河南大学历史文化学院

二〇二一年八月十日

20. **陕西师范大学历史文化学院**

武汉大学历史学院并朱雷先生家人：

惊悉朱雷先生不幸辞世，我院同仁万分悲痛！

朱雷先生是当代著名历史学家，长期致力于魏晋南北朝隋唐史暨敦煌吐鲁番文书研究，学术成就卓著。曾任中国唐史学会会长、中国史学会理事、中国敦煌吐鲁番学会理事、（美）罗杰伟唐研究基金会学术委员、湖北省中国史学会副会长、湖北省文史馆副馆长等职，为推动魏晋南北朝隋唐史暨敦煌吐鲁番文书研究做出了杰出贡献，深受海内外学界景仰。先生兼任我校客座教授，曾多次来我校讲学，并协助我校唐史学会秘书处开展一系列学术活动，为我校历史学科的发展做出卓越贡献，今不幸辞世，是中国史学界的重大损失！

陕西师范大学历史文化学院全体同仁对先生逝世表示沉痛哀悼！请朱雷先生家人节哀顺变！

朱雷先生千古！

陕西师范大学历史文化学院

2021年8月10日

21. 西北大学历史学院

武汉大学历史学院暨中国三至九世纪研究所朱雷先生治丧委员会：

惊悉朱雷先生遽归道山，西北大学历史学院全体师生不胜震悼，沉痛缅怀！

先生为中国学术界德高望重的史学家，一生淡泊名利，辛勤耕耘，在魏晋南北朝隋唐史和敦煌吐鲁番文书等研究领域作出了突出贡献。先生治学严谨，学问精深，桃李芬芳，在海内外具有极为重要的影响力。朱雷先生的逝世，是我国史学界的重大损失！谨对朱先生的逝世表示哀悼，向朱先生亲属表达慰问！

先生之风，山高水长！朱雷先生千古！

西北大学历史学院

2021年8月10日

22. 敦煌研究院

武汉大学历史学院、中国三至九世纪研究所并转朱雷先生夫人：

惊悉朱雷先生不幸逝世，敦煌研究院的同仁们深感悲痛。

朱雷先生曾任武汉大学中国三至九世纪研究所所长、《中国大百科全书·中国历史·隋唐五代史》副主编、中国唐史学会会长等学术职务，并任中国敦煌吐鲁番学会顾问。他长期致力于唐史研究，特别在敦煌吐鲁番文献的整理与研究上造诣很深，是著名史学家唐长孺教授主编的《吐鲁番出土文书》整理小组的主要成员之一。他先后出版和发表了《敦煌吐鲁番文书研究》等大量学术论著，为唐史研究和敦煌吐鲁番文献研究做出了重大贡献，赢得海内外学界的高度评价。他还培养了众多优秀的历史学和敦煌吐鲁番文书研究人才，桃李满天下。

朱雷先生是敦煌研究院的兼职研究员，长期以来，对敦煌研究院的学术发展给予了大力的支持。他曾数次前来敦煌考察、参加学术会议和举办讲座，为我院培养了青年研究人才，与敦煌研究院的许多学者建立了深厚的友谊。朱雷先生的学术贡献、道德文章必将被我院同仁所铭记！

朱雷先生的逝世是中国敦煌学界的重大损失，敦煌研究院从此失去了一位老朋友。我们永远怀念朱雷先生。

朱雷先生安息！

并请夫人及家人节哀顺变，保重身体！

敦煌研究院

2021年8月10日

23. 兰州大学历史文化学院

武汉大学历史学院并朱雷先生亲属：

惊悉著名历史学家、武汉大学历史文化学院教授朱雷先生不幸逝世，兰州大学历史文化学院全体师生万分悲痛！

朱雷先生的逝世是中国史学界的重大损失。我院对朱雷先生的逝世表示沉痛哀悼，向其亲属表示亲切慰问。朱雷先生的道德、学问、做事，享誉各界，均称楷模，为各界景仰！先生的精神、先生的伟业，将永垂于世，嘉惠后人！先生一路走好！

朱雷先生千古！

兰州大学历史文化学院

2021 年 8 月 12 日

24. 兰州大学敦煌学研究所

武汉大学历史学院及朱雷先生亲属：

惊悉朱雷先生不幸仙逝，不胜悲痛！在此，我谨代表教育部人文社会科学重点研究基地兰州大学敦煌学研究所及我个人，对先生的去世表示深切的哀悼，并向贵院及先生家属致以最诚挚的问候！

朱雷先生是我国当代著名的历史学家，一生耕耘于敦煌吐鲁番文献整理与研究、唐代经济史等领域，成果丰硕。先生之学术，亲承唐长孺先生之衣钵，为唐门第二代学人中之翘楚，曾执掌武汉大学中国三至九世纪研究所，为弘扬唐门学术传统，培养唐门学术团队做出了重大贡献。此外，先生曾任国务院学位委员会历史学科评议组成员、中国史学会理事、中国唐史学会会长、中国敦煌吐鲁番学会理事等学术职务，为当代唐史研究、敦煌吐鲁番学的繁荣做出了突出贡献，惠泽学林！多年以来，先生一直关心敝所发展，也曾亲临敝所，或指导工作，或开坛讲学，敝所同仁一直感念于心。哲人已逝，珞珈为之含悲；梁厦将倾，瀚海为之动容！

朱先生千古！

兰州大学敦煌学研究所　郑炳林

二〇二一年八月十日

25. 西北师范大学历史文化学院

武汉大学历史学院：

惊悉朱雷先生不幸逝世，深感悲痛！

朱先生是我国著名的历史学家，在魏晋南北朝隋唐史和敦煌吐鲁番学研究领域成果卓著。他的逝世是历史学界的重大损失。我们永远缅怀和感谢朱先生对西北师范大学历史学科建设的关心和支持。谨向朱先生的辞世表示沉痛哀悼，并向其家属表示我们深切的问候！

朱雷先生千古！

西北师范大学历史文化学院

二〇二一年八月十日

26. 西北师范大学敦煌学研究所

武汉大学历史学院暨中国三至九世纪研究所朱雷先生治丧委员会：

惊闻朱雷先生逝世，不任悲痛！朱雷先生是我国著名的历史学家、敦煌学家，在我国历史学界和敦煌学界作出了杰出贡献，并培养和带动了一批优秀的学术人才。先生遽然仙逝，学界失去了一位良师，我们失去了一位前辈。在此表示沉痛哀悼！愿逝者安息，望家属节哀！

西北师范大学敦煌学研究所

2021 年 8 月 10 日

27. 新疆维吾尔自治区博物馆

武汉大学历史学院朱雷先生治丧委员会及先生亲属：

惊闻武汉大学历史学教授、博士生导师，中国敦煌吐鲁番学会顾问朱雷先生不幸仙逝，我馆全体同仁深感震惊和悲痛，对先生的逝世表示深切的哀悼。

朱雷先生是新疆文博界的老朋友，从 1974 年参加唐长孺先生主持的“吐鲁番出土文书”整理小组开始就与新疆结缘，与吐鲁番出土文书结缘，将毕生美好的年华和精力给了吐鲁番出土文书的整理和研究工作，并站在了国际学术的研究前沿。

先生一生在史学领域里辛勤耕耘，恪守学术道德和学术规范；恭谨敬业，矢志不渝，视学术如生命，退而不休；2017 年，在先生前期工作的基础上，新疆博物馆以先生为课题负责人申请的社科基金重点项目《吐鲁番出土文书补编》课题于 2021 年 5 月顺利结项，鉴定良好。此工作前后历经十余年，倾注了先生大量心血，正当我们为结项课题成果做出版准备时，先生却骤然驾鹤西行，给我们留下了终生的遗憾。唯有尽快出版，以告慰先生在天之灵！

朱雷先生千古！

新疆维吾尔自治区博物馆

2021 年 8 月 10 日

28. 吐鲁番文物局、吐鲁番学研究院、吐鲁番博物馆

武汉大学中国三至九世纪研究所并朱雷教授家人：

惊悉著名历史学家、武汉大学中国三至九世纪研究所前所长、中国唐史学会前会长朱雷教授逝世，不胜哀痛！

朱雷先生立身杏坛一甲子，整理坟籍千余件。供职珞珈，牵恋高昌，往返数十，传经布道。耄耋寿年，犹至交河祭旧友。步履艰行，尚在高昌启后学。访考古工地谈晋唐墓型，览惊鸿片羽发高论灼见。先生在吐鲁番考察期间，关心科研队伍构建，指导青年学术研究，多次审读吐鲁番博物馆的陈展大纲，召开数次学术讲座与读书班，将其毕生所学倾囊相授。薪火相传，推动吐鲁番学在其故乡——吐鲁番的发扬光大。

吐鲁番全体文博工作者向朱先生的逝世表示沉痛哀悼，向朱先生家人致以诚挚的慰问，并请节哀！

朱雷先生永垂不朽！

吐鲁番文物局

吐鲁番学研究院

吐鲁番博物馆

2021 年 8 月 10 日

29. 复旦大学历史学系、复旦大学中古中国研究中心

武汉大学历史学院、武汉大学中国三至九世纪研究所：

惊悉朱雷先生于 8 月 10 日不幸逝世，深感震惊与悲痛。朱雷先生是享誉国内外的著名历史学家，长期致力于魏晋南北朝隋唐史、敦煌吐鲁番文书的整理与研究，取得公认的杰出成就，深受海内外同道推重。朱雷先生品格高尚，为人谦和，乐于提携后进，其立身与治学实学界之楷模。朱雷先生的逝世是中国史学界的重大损失，复旦大学历史学系全体同仁深表哀悼，并向朱雷先生的亲属及生前好友转达诚挚的慰问。

朱雷先生千古！

复旦大学历史学系

复旦大学中古中国研究中心

2021 年 8 月 11 日

30. 上海古籍出版社

武汉大学朱先生治丧委员会：

惊闻敦煌研究大家朱雷先生逝世，甚为悲痛，谨致哀悼！朱先生深究隋唐，精研敦煌。其功在“三至九世纪”研究之中，绩存《吐鲁番出土文书》之内。先生与我社多有交往，以《朱雷敦煌吐鲁番文书论丛》襄助我社“当代敦煌学者自选集”丛书，为其论文之精选。朱先生励志于学之精神，将永远激励鼓舞后学努力。

请朱师母及家人、弟子节哀！

上海古籍出版社

2021.8.11

31. 苏州大学历史系

武汉大学历史学院暨中国三至九世纪研究所朱雷教授治丧工作小组：

惊悉著名历史学家、国务院学位委员会学科评议组成员、国家社科基金评审组成员、中国唐史学会前会长、武汉大学中国三至九世纪研究所前所长朱雷先生不幸辞世，苏州大学历史系对此表示沉痛哀悼！

朱雷先生学识渊博，成果斐然，为国育才，在海内外学界享有崇高的声誉和广泛的影响。他一生致力于魏晋南北朝隋唐史暨敦煌吐鲁番文书研究等研究领域的研究，成果丰富，并培养出大批杰出的史学研究人才，为历史学的发展做出了巨大的贡献，是中国历史学界的泰斗。

朱雷先生的辞世，是我国历史学界的重大损失，他的高尚品德和杰出贡献将永远铭刻在我们心中。

朱雷先生千古！

苏州大学历史系

2021 年 8 月 10 日

32. 浙江大学历史学系

朱雷先生治丧委员会并转其亲属：

惊悉著名历史学家、武汉大学历史学院暨中国三至九世纪研究所教授朱雷先生病逝，深感悲痛！

朱雷先生一生致力于魏晋南北朝隋唐史、敦煌吐鲁番文书的整理与研究，在历史学、文献学、古文书学方面功力深厚，学识渊博。他一生奋斗在中国历史学的教学研究领域，为祖国文化和教育事业的发展，做出了巨大的贡献；朱雷先生十易寒暑，克服种种困难，协助唐长孺先生整理出版《吐鲁番出土文书》，撰写诸多高质量研究论著，在国内外学界赢得了极高的声誉；朱雷先生真诚无私，提携后辈，培养了大量优秀学术人才，不少已成为学界的中坚力量，极大地推动了学科、学术的发展。

朱雷先生的逝世，是我国史学界的巨大损失。值此之际，我们谨向武汉大学历史学院暨三至九世纪研究所、并向朱雷先生的亲属表达沉痛悼念和诚挚慰问！恳请期望朱雷先生家属节哀顺变，保重身体。

浙江大学历史学系

2021 年 8 月 11 日

33. 安徽大学历史学院

武汉大学中国三至九世纪研究所朱雷先生治丧委员会并转其家属：

惊悉朱雷先生仙逝，深感悲痛！朱先生是我国著名的历史学家，一生耕耘在魏晋南北朝隋唐史和敦煌学的教学研究领域，为中国中古史的研究做出了巨大的贡献。先生真诚无私提携后学，培养了很多优秀人才。朱先生生前曾拨冗莅临我院，为我院师生传经送宝。先生逝世，是我国学术界的重大损失。我们谨向贵所并通过贵所向朱先生的家属表示沉痛悼念和诚挚慰问！恳切盼望朱先生的家属节哀顺变，保重身体！

安徽大学历史学院

2021 年 8 月 10 日

34. 华中师范大学历史文化学院

武汉大学历史学院、朱雷先生家人、高足：

武汉大学中国三至九世纪研究所同仁：

惊悉朱雷先生逝世，不胜伤悼！

朱雷先生是著名的历史学家，武汉大学历史学院教授，中国三至九世纪研究所前所长，中国唐史学会前会长，学问专精中古，声名享誉中外。

朱雷教授治学严谨，是珞珈史学的杰出代表，毕生致力于魏晋南北朝隋唐史、敦煌吐鲁番文书整理与研究，协助和继承史学大师唐长孺先生将武汉大学的中国魏晋南北朝隋唐史研究发展到国内国际领先水平，将中国的敦煌吐鲁番研究推向海外。一生论著丰厚，言不虚发，学术贡献卓越，在国内外学术界赢得了很高的声誉。

朱雷先生在珞珈山执教耕耘六十载，高度重视学科建设和历史学专业人才的培养，门下弟子无数，很多已经成为学界的中坚力量。

珞珈山与桂子山比邻而居，敝校历史学科的发展和人才培养也多得先生长期关心支持，朱雷先生的离开使我们失去了一位良师益友。我们以后也必将传承学谊，协同共进。

谨以电函，致敬致哀，并向先生家人、高足、同仁们表示慰问，请宽辟哀情，善自珍重。

朱雷先生千古！

华中师范大学历史文化学院

2021 年 8 月 10 日

35. 湘潭大学碧泉书院历史学系

武汉大学朱雷先生治丧委员会：

惊悉朱雷先生不幸逝世，湘潭大学历史学系全体师生万分悲痛。

朱雷先生是我国著名的敦煌学专家。他长期从事历史教学和研究，教书育人，为人师表，治学严谨，成果丰硕，为我国历史学人才培养和学科建设做出了重要贡献。他发表了大量论著，在敦煌学方面成就尤为突出。他培养了大批优秀人才，与我系师生也有不少交往。他的不幸逝世是我国历史学界的巨大损失。我们将继承朱雷先生的事业，努力为历史学人才培养和学科建设做贡献，告慰先生在天之灵。

对朱雷先生不幸逝世，我们深表哀悼！对朱雷先生亲属，我们表示诚挚问候。

朱雷先生千古！

湘潭大学碧泉书院历史学系

2021 年 8 月 10 日

36. 巴蜀书社

武汉大学及田苏华女士：

惊悉朱雷教授仙逝，不胜震恸！谨致深切悼念，并向朱先生的家人致以诚挚慰问。

朱雷教授一生淡泊名利，沉潜学术，把全部精力都奉献给敦煌吐鲁番学与中古史研究，结下了累累硕果，在学术上和人格上，都是我们万分敬重的前辈学者。先生作为吐鲁番学的顶尖学者，长期关心和支持我社《吐鲁番文献合集》及相关图书的编撰出版工作，给予了许多无私的帮助，我们永远铭记在心。在生命最后的岁月里，先生将生平最后一部著作《吐鲁番出土文书补编》委托给我社出版，我们必将全力做好这部遗著，以继承和发扬先生兢兢业业、一丝不苟的治学精神。

哲人其萎，遗芳长存。朱雷先生千古！

巴蜀书社

二〇二一年八月十日

37. 厦门大学历史系

武汉大学朱雷先生治丧委员会：

惊悉著名历史学家、教育家、原国务院学科评议组成员、中国唐史学会会长、武汉大学中国三至九世纪研究所所长朱雷教授逝世，我系同仁曷胜悲痛，专电致唁，谨表深切哀悼！

朱雷先生是我国著名历史学家、教育家，在敦煌吐鲁番文书研究领域享誉国际。朱先生学术视野宽广，学养深厚，一生致力于吐鲁番文书整理和研究，将传世文献与出土文书有机结合，在中国中古史研究领域，取得了开创性的卓越成果。先生高风硕德，授业解惑，桃李满天下，深受后学敬仰。朱先生一生道德文章俱足垂世为楷模，哲人其往，手泽长存，谨此对先生的逝世表示沉痛的哀悼，向先生的家属致以深切的慰问，敬请节哀！

朱雷先生千古！

厦门大学历史系

2021 年 8 月 10 日

38. 福建师范大学社会历史学院

武汉大学历史学院并朱雷先生家人：

惊悉著名历史学家、教育家、原中国唐史学会会长、武汉大学中国三至九世纪研究所所长、教授、博士生导师朱雷先生逝世，深感悲痛！朱先生一生致力于中国三至九世纪历史，特别是敦煌吐鲁番出土文书研究，著作等身，成就卓著，为中古史以及敦煌吐鲁番出土文书研究做出了重大贡献。朱先生同时诲人不倦，桃李芬芳，为中国史学科培养了众多优秀学者，推动了中国史学科的发展。朱先生的道德文章始终嘉惠学林，激励后学。朱雷先生的逝世是中国史学界的重大损失！福建师范大学社会历史学院同仁谨向贵院，并通过贵院向朱雷先生的家属表示沉重悼念和诚挚慰问，并请节哀！

朱雷先生千古！

福建师范大学社会历史学院

2021 年 8 月 10 日

39. 中山大学历史学系

武汉大学历史学院：

惊悉朱雷先生于2021年8月10日凌晨1时40分因病于武汉仙逝，中山大学历史学系全体同仁十分哀恸！

朱雷先生是当代著名历史学家，毕生致力于魏晋南北朝隋唐史和敦煌吐鲁番文书整理与研究，著述宏富，主持整理完成的《吐鲁番出土文书》等大型史料，为海内外学术界所公认和推崇。先生一生潜心向学，品格高尚，淡泊名利，乐于助人，培养了一批杰出人才，都已成为相关学术领域的中坚力量。先生的逝世，是中国史学界的重大损失。

朱雷先生数十年来一直关怀中山大学中国古代史学科的发展，给予长期指导和无私帮助，我们将永久铭记！

先生千古！

中山大学历史学系

2021年8月10日

40. 中山大学历史学系敦煌学研究室

武汉大学历史学院：

惊悉朱雷教授溘然辞世，哀悼之余，备感痛惜！

先生一生治学谨严，望重学林；道德文章，有口皆碑！相识论交逾半纪，亦师亦友慰平生。斯人虽逝，遗泽永存！值此伤逝，谨向贵院及朱夫人与家人致以最沉痛的哀悼和慰问！并望朱夫人及家人保重身体，节哀顺变！

中山大学历史学系敦煌学研究室姜伯勤率

王承文　向群　万毅等敬悼

二〇二一年八月十日

41. 暨南大学历史学系

武汉大学历史学院朱雷先生治丧委员会并转致朱先生家人：

惊悉著名历史学家朱雷先生不幸逝世，不胜悲痛。先生一生致力于中国中古史和敦煌吐鲁番文书研究，学术贡献卓著。先生热心教育，提携后学，培养了一批学术研究骨干力量。朱先生的逝世，使我们失去一位德高望重的长者，更是中国历史学界的重大损失。

我们谨对朱先生的逝世表示沉痛哀悼，并向朱先生的家人表示诚挚的慰问！

朱雷先生永垂不朽！

暨南大学历史学系

2021 年 8 月 10 日

42. 广州图书馆

武汉大学历史学院并转朱雷教授家属：

惊悉朱雷先生病逝，沉痛之情，难以言表。谨表示最沉痛的哀悼，特向朱雷先生亲属致以最深切的慰问，并望忍痛节哀。

朱雷先生是我国著名的历史学家，长期从事魏晋南北朝隋唐史、敦煌吐鲁番文书整理与研究，成果丰硕，成就卓著。先生生前，把六千余册个人收藏的学术著作移藏我馆，具有极高的文献价值、学术价值和文化价值，极大地丰富了我馆的馆藏。我馆特设“朱雷教授藏书专区”，嘉惠广大读者。

我馆将秉持朱雷先生严谨的治学态度，弘扬优秀传统文化，坚持不懈做好公共文化服务，使朱雷先生宝贵的精神物质财富，得到最大层面的传播与运用。

朱雷先生功垂后世，精神永存！

广州图书馆

2021 年 8 月 13 日

43. 广西师范大学历史系

武汉大学历史学院暨中国三至九世纪研究所：

惊悉著名历史学家朱雷先生遽归道山，本系同仁深表哀悼！

朱雷先生毕生致力于魏晋南北朝隋唐史、敦煌吐鲁番文书整理与研究，学识渊博，治学严谨，目光敏锐，学术研究独具风格，成就卓然；还善于培养学生，乐于提携后学，为我国中古史研究做出了突出贡献！

朱先生的辞世，是中国历史学界的重大损失；吾辈当化悲痛为力量，继续先生未竟之业，砥砺前行。

在此谨向朱先生家人表示深切慰问，并请节哀珍重。

朱雷先生千古！

广西师范大学历史文化与旅游学院历史系

2021 年 8 月 11 日

44. 日本东京大学佐川英治教授

惊闻朱雷先生离世，不甚哀悼。

我于 1994 年武汉大学留学期间，屡次拜会朱先生。先生在日本早有高名，堂堂大学者亲切关怀一介留学生的学习生活，让我受宠若惊。在此后的研究道路中，我亦多次有幸与先生交流。回想起当时的点点滴滴，先生的音容笑貌宛在眼前，令人伤情。

高山仰止，景行行止。敬祈先生冥福。

东京大学教授　佐川英治

45. 日本明治大学气贺泽保规教授

武汉大学历史学院中国三至九世纪研究所各位老师：

朱雷先生的各位亲属：

今天，我接到我最为尊敬的代表中国的历史学者、武汉大学教授朱雷先生逝去的消息，内心无比伤痛，在此表达我深切的哀悼。

回想 1986 年 4 月，我前往武汉大学拜访唐长孺先生，那时第一次见到朱雷先生。当时我 40 岁左右，年轻无名，但朱先生却毫不在意，特地安排时间带我去市内的古旧书店，最后一起登上黄鹤楼。站在黄鹤楼上，眼前长江滚滚东流，聆听朱先生讲述整理和研究吐鲁番文书的意义等等，几乎忘记了时间，那个场景一直清晰地印记在我的脑海。这后来成为一个契机让我开始借助吐鲁番文书的成果来进行府兵制的研究。

自那以来 35 年，我每次在学会见到朱先生，或通过他的著作，都学到很多东西。唐长孺先生在世时，朱先生竭力辅助，唐先生过世后朱先生承其衣钵，作为武汉大学的顶梁柱学者，于内于外不断显示武汉大学的存在感。朱先生并不多言，但心情温和，关心备至，我决意保持他留给我的学术指教和研究态度，开拓新的吐鲁番学的领域。

上一次见到先生是在 2016 年 11 月，在中山大学举行的“纪念岑仲勉先生诞辰 130 周年学术研讨会”上。看到先生精神矍铄，我以为他会一直成为我们学习的指南。后来我 2019 年应邀访问武汉大学时，太遗憾由于有病没见。其最后我们得知先生去世的噩耗了。

朱先生的逝去令人痛心，但先生培养出来的武汉大学历史学院中国三至九世纪研究所人才济济，相信以后会在各个领域会有越来越多的发展。

祈愿朱雷先生安息。合掌。

日本·明治大学　气贺泽保规敬上

2021 年 8 月 10 日

46. 日本德岛大学葭森健介教授

昨天从佐川英治教授的邮件惊悉尊敬的朱雷先生仙逝，深感悲伤。

朱雷先生的敦煌吐鲁番文书研究既深亦广，对日本出土文书的研究影响也很大。1993 年，先生访问德岛时指出，德岛的阿波国计帐与吐鲁番文书的计帐的方法相似，让我们深受启发。先生还重视中国历史研究在日本的成果，派遣中国中青年优秀研究者赴日本跟我们交流，使中日两国的中国中古史研究水平大大提高。另外，日本研究者拜访武大时，每次都受到热情接待和无微不至的照顾，为我们的研究提供了最佳条件，给我们留下了美好的印象。

多年来朱雷先生通过各种形式，竭尽全力帮助我们的历史研究的深情厚谊，我们将会永远铭记在心。

在此，感谢朱雷先生在学术上的贡献并向先生致以深切的哀悼。

葭森健介

2021 年 8 月 11 日

47. 中国经济史学会会长魏明孔研究员

刘安志院长并朱雷先生治丧委员会：

惊悉著名历史学家、教育家朱雷教授仙逝，晚学不胜悲恸！先生系学界泰斗，在中古史、吐鲁番学、敦煌学及经济史等领域成就卓著，先生协助唐长孺先生完成的《吐鲁番出土文书》推动了中古社会经济史的研究，先生成果享誉海内外。先生系出色的学术组织者与领导者，曾长期担任中国唐史学会会长、国务院学科评议组成员、武汉大学中国三至九世纪研究所所长等，为推动国内外学术研究殚精竭虑，惠泽学林。先生著作等身，大作《吐鲁番出土北凉赀簿考释》《论麹氏高昌时期的“作人”》《敦煌所出〈唐沙州某市时价簿口马行时沽〉考》等系传世学术精品，在经济史学界影响深远。先生桃李遍天下，高足多为学界中坚力量。自一九八三年十月在唐史学会第二届年会上拜见先生后，一直得到先生的关怀和提携，拙文《隋代军事手工业初探》，收入先生主编《唐代的历史与社会》，我对此感恩不已。

先生的仙逝，是史学界不可弥补之损失，先生之精神永光！

鉴于新冠疫情，不能前来为先生送行，呜呼哀哉！

祈祷朱雷先生一路走好！

请朱先生家人暨高足节哀顺变

晚学魏明孔　敬挽

二〇二一年八月十日

48. 南开大学历史文化研究中心韩铁教授

武汉大学历史学院：

惊悉朱雷先生离世，分外悲痛！武汉大学失去了一位在学问和道德上都令人有高山仰止之感的大师。他是我在武大历史系时见过的最没有官气的系主任，其待人之诚，感人之深，我终生难忘！

请向朱雷先生家属转达我深切的哀悼。

朱雷先生千古！

韩铁

49. 华中师范大学原党委书记、原校长、中国近代史研究所所长马敏教授

惊悉朱雷先生仙逝，特致以沉痛的哀悼！愿朱雷先生一路走好！请家人节哀顺变！

华中师大中国近代史研究所　马敏敬悼

8 月 10 日

50. 郑州大学副校长韩国河教授

惊悉朱雷先生去世，十分悲恸。朱先生一生专心治史，学养深厚，深受学界敬仰；其不断奖掖后学，传承文脉，是吾辈师表！另：已嘱校长办公室发去郑州大学的唁电，悼念先生对我们郑州大学历史学科建设的支持，并缅怀先生的学问风尚。

韩国河

8月10日

51. 原中国人民银行参事、中国钱币博物馆馆长黄锡全先生

武汉大学历史学院：

惊悉著名历史学家朱雷教授不幸因病离世，深感悲痛！朱雷先生毕生为教育事业做出了卓越贡献，为学、为人堪称典范。他的去世是教育界、历史学界的重大损失。我在武大历史系负责考古专业工作期间，正是他出任系主任。他对考古专业及我个人给予的指导、支持与关心，终生难忘。请转达我对朱先生家人的问候。朱雷先生永垂不朽！

原中国人民银行参事、中国钱币博物馆馆长　黄锡全谨奠于北京

8.10

52. 清华大学历史系张国刚教授

惊悉朱雷教授今晨逝世，不胜悲痛。朱雷先生在中古史研究领域做出了巨大成绩，谨致沉重哀悼，并请转告家属节哀顺变。

清华大学　张国刚

2021.8.10

53. 首都师范大学历史学院李华瑞教授

惊闻朱雷先生仙逝，万分悲痛。朱先生在敦煌学及中古历史做出卓越贡献，他的逝世是中国历史学、文献学的重大损失，谨向朱先生的门人和亲属致以最深切的悼念，并请节哀珍重！朱雷先生千古！

后学　首都师范大学历史学院教授李华瑞敬挽

54. 南开大学历史学院王利华教授

惊悉朱雷先生仙逝，非常难过！在我心里，老人家就是一位特别慈祥的邻家伯伯，莫名的亲切！对于他的突然离去，我与兄等同悲！我们唯一能做的，是努力传承他的道业。请转达我对先生家人的问候！

王利华

8 月 11 日

朱雷教授论著目录

一、专著

1.《敦煌吐鲁番文书论丛》，甘肃人民出版社 2000 年。以下简称陇版。

2.《朱雷敦煌吐鲁番文书论丛》，上海古籍出版社 2012 年。以下简称沪版。

3.《敦煌吐鲁番文书研究》，浙江大学出版社 2016 年。以下简称浙版。

4.《吐鲁番出土文书补编》（朱雷著，新疆维吾尔自治区博物馆编），巴蜀书社 2022 年。

二、主编、参编

1.《吐鲁番出土文书》（唐长孺主编，参编）录文本 1—10 册，文物出版社 1981—1991 年；图录本 1—4 册，文物出版社 1994—1996 年。

2.《中国通史参考资料（古代部分）》第二册（魏晋南北朝分卷）（唐长孺主编，参编），中华书局 1965 年；中华书局 1983 年第二版。

3.《中国大百科全书 · 中国历史 · 隋唐五代史》（唐长孺主编，朱雷副主编之一），中国大百科全书出版社 1988 年。

4.《唐代的历史与社会——中国唐史学会第六届年会暨国际唐史学术研讨会论文选集》（主编），武汉大学出版社 1997 年。

5.《唐长孺文存》(朱雷、唐刚卯选编),上海古籍出版社2006年。

6.《湖北文徵》(全本),湖北省人民政府文史研究馆、湖北省博物馆整理、朱雷主审,湖北人民出版社2014年。

三、论文

1.《敦煌石室所出〈唐某市时价簿口马行时沽〉书后》,《魏晋南北朝隋唐史资料》第2期,第22—26页,1979年。修改后为《敦煌所出〈唐沙州某市时价簿口马行时沽〉考》,唐长孺主编《敦煌吐鲁番文书初探》,第500—518页,武汉大学出版社1983年。收入陇、沪版。

2.《吐鲁番出土北凉赀簿考释》,《武汉大学学报》(哲学社会科学版)1980年第4期,第33—43页。收入陇、沪、浙版。

3.《跋敦煌所出〈唐景云二年张君义勋告〉——兼论"勋告"制度渊源》,《中国古代史论丛》1982年第3辑,第331—349页,福建人民出版社1982年。收入陇、沪、浙版。

4.《北凉的按赀"配生马"制度》,《魏晋南北朝隋唐史资料》第3期,第11—13页,1981年。后修改为《吐鲁番出土文书中所见的北凉"按赀配生马"制度》,《文物》1983年1期,第35—38页。收入陇、沪、浙版。

5.《麹氏高昌王国的"称价钱"——麹朝税制零拾》,《魏晋南北朝隋唐史资料》第4期,第17—24页,1982年。收入陇、沪版。

6.《唐代"手实"制度杂识——唐代籍帐制度考察》,《魏晋南北朝隋唐史资料》第5期,第26—34页,1983年。收入陇、沪、浙版。

7.《唐"籍坊"考》,《武汉大学学报》(哲学社会科学版)1983年第5期,第114—119页。收入陇、沪、浙版。

8.《论麹氏高昌时期的“作人”》，《敦煌吐鲁番文书初探》第32—65页。收入陇、沪、浙版。

9.《释“不良人”与“白水郎”——读〈唐大和上东征传〉质疑》，《魏晋南北朝隋唐史资料》第6期，第24—28页，1984年。

10.《出土石刻及文书中北凉沮渠氏不见于史籍的年号》，文化部文物局古文献研究室编《出土文献研究》，第204—212页，文物出版社1985年。收入陇、沪、浙版。

11.《唐开元二年西州府兵——“西州营”赴陇西御吐蕃始末》，《敦煌学辑刊》1985年第2期，第1—10页。收入陇、沪版。

12.《〈伍子胥变文〉、〈汉将王陵变〉辨疑——读敦煌变文札记（一）》，《魏晋南北朝隋唐史资料》第7期，第19—25页，1985年。收入沪、浙版。

13.《〈捉季布传文〉、〈庐山远公话〉、〈董永变文〉诸篇辨疑——读敦煌变文札记（二）》，《魏晋南北朝隋唐史资料》第8期，第20—25页，武汉大学学报编辑部1986年。收入沪、浙版。

14.《敦煌藏经洞所出两种麹氏高昌人写经题记跋》，《魏晋南北朝隋唐史资料》第9、10期合刊，第19—22页，武汉大学学报编辑部1988年。收入陇、沪、浙版。

15.《〈舜子变〉、〈前汉刘家太子传〉、〈唐太宗入冥记〉诸篇辨疑——读〈敦煌变文集〉札记（三）》，《魏晋南北朝隋唐史资料》第9、10期合刊，第23—27页。收入沪、浙版。

16.《东晋十六国时期姑臧、长安、襄阳的“互市”》，黄惠贤、李文澜主编《古代长江中游的经济开发》，第197—208页，武汉出版社1988年。收入陇、沪版。

17.《释道安与襄阳》，谷川道雄主编《地域社会在六朝政治文化上所起的作用》，第154—158页，日本玄文社1989年。后收入刘进宝、张涌泉主编《丝路文明的传承与发展》，第13—20页，浙江大学出版社2017年。

18.《吐鲁番文书》，邓广铭、田珏编《中国历史研究知识手册》，第313—327页，河南人民出版社1990年。收入浙版。

19.《唐代"点籍样"制度初探——吐鲁番、敦煌两地出土"点籍样"文书的考察》，唐长孺主编《敦煌吐鲁番文书初探二编》，第335—369页，武汉大学出版社1990年。收入陇、沪、浙版。

20.《敦煌两种写本〈燕子赋〉中所见唐代浮逃户处置的变化及其他——读〈敦煌变文集〉札记（六）》，唐长孺主编《敦煌吐鲁番文书初探二编》，第503—532页。收入陇、沪、浙版。

21.《释道安南投襄阳疑年考》，《魏晋南北朝隋唐史资料》第11期，第59—68页，武汉大学出版社1991年。

22.《汉末行政区划疆界之更易与诸葛武侯"卧龙处"考》，《魏晋南北朝隋唐史资料》第12期，第46—53页，武汉大学出版社1993年。

23.《龙门石窟高昌张安题记与唐太宗对麹朝大族之政策》，黄约瑟、刘健明合编《隋唐史论集》，第49—53页，香港大学亚洲研究中心1993年。收入陇、沪、浙版。

24.《敦煌所出〈索铁子牒〉中所见归义军曹氏时期的"观子户"》，《武汉大学学报》（哲学社会科学版）1993年6期，第72—79页。收入陇、沪、浙版。

25.《〈李陵变文〉、〈张义潮变文〉、〈破魔变〉诸篇辨疑——读〈敦煌变文集〉札记（四）》，《魏晋南北朝隋唐史资料》第13期，第48—55页，武汉大学出版社1994年。收入沪、浙版。

26.《〈北齐书〉斛律羡传中所见北齐"私兵制"》，《武汉大学学报（哲学社会科学版）》1995 年第 5 期，第 37—40 页。

27.《唐代“均田制”实施过程中“受田”与“私田”的关系及其他》，《魏晋南北朝隋唐史资料》第 14 期，第 80—85 页，武汉大学出版社 1996 年。收入陇、沪、浙版。

28.《吐鲁番出土天宝年间马料文卷中所见封常清之北庭行》，《魏晋南北朝隋唐史资料》第 15 期，第 100—108 页，武汉大学出版社 1997 年。收入陇、沪版。

29.《〈唐律疏议〉中有关“部曲”法律条文的现实意义》，武汉大学中国三至九世纪研究所编《中国前近代史理论国际学术研讨会论文集》，第 465—476 页，湖北人民出版社 1997 年。收入陇、沪版。

30.《唐“职资”考》，朱雷主编《唐代的历史与社会：中国唐史学会第六届年会暨国际唐史学术研讨会论文选集》，第 130—138 页，武汉大学出版社 1997 年。收入陇、沪版。

31.《唐末光州人入闽史实考》，《魏晋南北朝隋唐史资料》第 16 期，第 57—61 页，武汉大学出版社 1998 年。

32.《唐代“乡帐”与“计帐”制度研究》，饶宗颐主编《敦煌文薮（上）》，第 85—103 页，新文丰出版公司 1999 年。

33.《P.3964 号文书〈乙未年赵僧子典儿契〉中所见的“地水”——唐沙、伊州文书中“地水”“田水”名义考》，《魏晋南北朝隋唐史资料》第 17 期，第 105—111 页，武汉大学出版社 2000 年。收入陇、沪版。

34.《唐代“乡帐”与“计帐”制度初探——吐鲁番出土唐代“乡帐”文书复原研究》，《敦煌吐鲁番文书论丛》，第 159—189 页，甘肃人民出版社 2000 年。收入沪、浙版。

35.《敦煌所出〈万子、胡子田园图〉考》，《敦煌吐鲁番文书论丛》，第 306—320 页。收入沪、浙版。

36.《吐鲁番出土唐“勘田簿”残卷中所见西州推行“均田制”之初始》，《魏晋南北朝隋唐史资料》第 18 期，第 100—105 页，武汉大学出版社 2001 年。收入沪、浙版。

37.《敦煌研究院藏〈唐景云二年张君义勋告〉真伪辨》，敦煌研究院编《2000 年敦煌学国际学术讨论会文集——纪念敦煌藏经洞发现暨敦煌学百年（历史文化卷上）》，第 257—263 页，甘肃民族出版社 2003 年。收入沪、浙版。

38.《敦煌藏经洞发现之民间讲唱文艺作品的历史考察——二十一世纪的展望》，项楚、郑阿财主编《新世纪敦煌学论集》，第 258—265 页，巴蜀书社 2003 年。收入沪、浙版。

39.《唐代前期的“差科”——吐鲁番敦煌出土“差科簿”的考察》，张国刚主编《中国中古史论集》，第 39—40 页，天津古籍出版社 2003 年。

40.《唐长孺师与敦煌文书的整理》，《魏晋南北朝隋唐史资料》第 21 期（唐长孺教授逝世十周年纪念专辑），第 41—44 页，武汉大学文科学报编辑部 2004 年。后收入刘进宝主编《百年敦煌学：历史、现状、趋势》，第 32—36 页，甘肃人民出版社 2009 年。收入沪、浙版。

41.《唐长孺师与吐鲁番文书》，《河北学刊》2005 年第 5 期，第 80—82 页。收入沪、浙版。

42.《敦煌写本〈庐山远公话〉中之惠远缘起及〈涅盘经〉之信仰》，刘进宝、高田时雄主编《转型期的敦煌学》，第 279—281 页，上海古籍出版社 2007 年。收入沪、浙版。

43.《丝路文明研究二题》，刘进宝主编《丝路文明》第二辑，第 1—3 页，上海古籍出版社 2017 年。

44.《五代后周〈刘光赞墓志铭〉所见之“涡口都商税使”考》，

《广州文博》（拾贰），第18—22页，文物出版社2018年。

45.《我所认识的姜伯勤先生（代序）》，载向群、万毅编《姜伯勤教授八秩华诞颂寿史学论文集》，第1—3页，广东人民出版社2019年。

46.《记良师益友李征先生二三事》，《吐鲁番学研究》2019年第2期，第1—2页。

47.《岑仲勉先生论著学记》，《纪念岑仲勉先生诞辰130周年国际学术研讨会论文集》，第11—12页，中山大学出版社2019年。

48.《跋西州“白涧屯”纳粮账中的“执筹数函”》，《纪念岑仲勉先生诞辰130周年国际学术研讨会论文集》，第303—305页。

49.《自述》，本书编委会主编《敦煌吐鲁番文书与中古史研究：朱雷先生八秩荣诞祝寿集》，第1—2页，上海古籍出版社2016年。

50.《法门寺两通周唐碑跋（提要）》，韩金科主编《98法门寺唐文化国际学术讨论会论文集》，第92页，陕西人民出版社2000年。

四、序引、书评类

1.《〈魏晋南北朝史论丛〉前言》，唐长孺《魏晋南北朝史论丛（外一种）》，前言1—6页，河北教育出版社2000年。

2.《〈区域历史地理研究：对象与方法〉序》，鲁西奇《区域历史地理研究：对象与方法》，序第1—2页，广西人民出版社2000年。

3.《〈唐长孺文存〉前言》，前言第1—4页，上海古籍出版社2006年。

4.《王启涛〈吐鲁番出土文献词典〉序》，王启涛《吐鲁番出土文献词典》，第1—9页，巴蜀书社2012年。

5.《忆陈翔》，陈翔《陈翔唐史研究文存》，序1—2页，花木兰文化出版社 2013 年。

6.《求其真义，集其大成——王启涛〈吐鲁番出土文献词典〉评介》，2014 年 5 月 6 日《光明日报》第 16 版。

7.《〈碑志与唐代政治史论稿〉序》，黄楼《碑志与唐代政治史论稿》，科学出版社 2017 年。

8.《从“走近”到“走进”——敦煌吐鲁番文书的追求历程》，朱雷《敦煌吐鲁番文书研究》第 1—6 页，浙江大学出版社 2016 年。

9.《〈吐鲁番文献合集〉总序》，王启涛主编、审订《吐鲁番文献合集 · 契约卷》总序第 1—9 页，巴蜀书社 2019 年。

10.《关于我的藏书》，广州图书馆编《广州图书馆藏朱雷教授藏书目録》，前言第 1—2 页，中山大学出版社 2020 年。

说明：

1.《魏晋南北朝隋唐史资料》第 1—7 期，于 1979 年至 1985 年由武汉大学历史系魏晋南北朝隋唐史研究室内部发行，香港中华科技（国际）出版社 1992 年重新排印合订出版。本目录所标页码以 1992 年合订本为据。

2. 本目录的编制得到了马志立师弟的协助。

后　记

2021年8月10日凌晨1：40，朱雷先生在武汉病逝，享年85岁。

朱先生去世时，根据武汉新冠疫情的防控要求，没有举行遗体告别仪式，未能与朱先生做最后的告别成为留在诸多亲朋好友心中的遗憾。

我与朱先生认识将近40年了，跟随先生学习也已经20多年了。2001年我博士毕业离开武汉后，一直与先生保持较为密切的联系，所以在先生去世后，北京、武汉的媒体都曾电话、微信采访我，还让我提供了一些资料和照片。我也撰写了怀念文章，在《光明日报》2021年8月23日“光明学人”发表了《正直的先生走了，精湛的学问长存——怀念我的老师朱雷》，在《中华读书报》2021年8月18日发表了《一位纯粹、可敬的学者——缅怀朱雷老师》。

在撰写和发表怀念文章的同时，我还收到了兰州大学郑炳林教授、陕西师范大学拜根兴教授和敦煌研究院张小刚师兄的怀念文章。郑炳林教授提出，可以在《敦煌学辑刊》出版纪念专号。还有一些学界同仁在微信聊天中也表达了撰写怀念文章的意愿。浙江古籍出版社王旭斌社长看了我的两篇怀念文章后也提出，可以编辑出版一本纪念文集，他认为“让朱老师的治学精神一直传承下去，是对朱老师最好的纪念”。正是由于王旭斌社长的鼓励，我才与孙继民、程存洁等师兄沟通和商量出版纪念文集事，得到了他们的认可和支持后，就于8月23日晚向与朱先生有交往的学界同仁和师友们发出了约稿函。

约稿函发出后，得到了学界同仁的积极响应，最终收到朱先生生前好友的文章23篇，学生撰写的纪念文章13篇，共计36篇。文章依作者年齿排序。由于我本人的交往和联系有限，部分朱老师的生前好友未能联系约稿，深感遗憾。

本书所配照片，除各位作者提供之外，大部分是2016年为纪念朱先生八十华诞编辑纪念文集时，师母田苏华女士从家里的照片中整理挑选的。若干照片涉及的学人比较多，许多是与先生同辈的国内外学人，遗憾的是不知道他们的姓名，拍照时间也不甚清楚。为了使其具有更高的学术史价值，我们请相关学者帮忙辨认，尽可能将相关的比较准确的信息补齐。

本书的编辑出版，得到了武汉大学历史学院党委书记刘礼堂师兄的大力支持，学院同意将朱先生去世后海内外学人和相关单位、学术团体发来的唁函、唁电作为附录收入本书。孙继民、程存洁、马志立等师兄也给予了诸多帮助。

感谢浙江古籍出版社王旭斌社长对本书出版给予的大力支持，编校团队认真、负责、高效的编辑工作，纠正了书稿中的若干错误，保证了本书的顺利出版。当然，本书如有任何的错误和不当之处，概由本人承担责任。

刘进宝

2022年3月1日